J. M. BARRIE

FRANÇOIS RIVIÈRE

J. M. BARRIE

Le garçon
qui ne voulait pas grandir

calmann-lévy

ISBN 2-7021-3544-7

Remerciements

L'auteur tient à remercier chaleureusement
Mrs. Elizabeth Drainer, ex-conservatrice du musée J. M. Barrie *de Kirriemuir, pour son aide précieuse,*

Mr. Marshall Wilkie, pour sa gentillesse et son accueil amical à Lisden House (Kirriemuir), où le fantôme de Jamie est venu lui rendre visite durant la nuit du 16 au 17 février 1990,

Éric Simon, pour ses photographies et son soutien amical durant son exploration hivernale de la ville de Jamie,

Jean-Pierre Croquet, qui a guidé ses pas vers Lisden House,

Colette Haudot, de Snippet Manor, qui l'a renseigné sur Mary Barrie-Cannan,

Jeanne Bluteau, qui lui a opportunément parlé du Major et de Ruby,

Franck Thomas, qui lui a fait découvrir les traductions françaises de Dear Brutus *et de* Mary Rose,

et François Guibilato pour la photo de la statue de Peter Pan à Bruxelles.

Ce livre est pour Gaëtan Bavière

PROLOGUE

Avez-vous déjà vu un enfant tout
seul avec son sabre de bois,
quand il se bat contre le vent,
saute et assène de grands coups
dans le vide ?

Stevenson, *L'Île des voix*

En 1921, lors de son retour très remarqué au pays natal, Charlie Chaplin rendit visite, dès son arrivée à Londres, au dramaturge James Matthew Barrie qu'il vénérait. Il lui avoua qu'il regrettait de n'avoir pu être l'interprète à l'écran de Peter Pan, le héros de la pièce qui avait fait de Barrie, en quinze ans à peine, un auteur mondialement célèbre. Plusieurs versions cinématographiques de *Peter Pan* avaient déjà été tournées à Hollywood et en Angleterre, dont aucune ne satisfaisait Barrie mais qu'il acceptait toutes comme la rançon du succès. Deux ans après la mort du dramaturge, en 1937, le réalisateur de dessins animés Walt Disney acquit les droits de la pièce chère au cœur de tous les enfants de langue anglaise. La réalisation de cet ambitieux cartoon fut toutefois repoussée d'année en année, et ce n'est qu'en 1951 qu'il fut enfin mis en chantier.

Peter Pan, version Walt Disney, fut présenté en première mondiale lors du Festival du film de Cannes de 1953. Le jury était présidé par Jean Cocteau, qui confiait à son journal intime, à la date du 5 avril : « Ce film m'a enchanté par sa grâce et sa technique... Si j'étais le seul juge de Cannes, je donnerais le prix du meilleur acteur à Walt Disney pour le capitaine Crochet. » Quelques jours plus tard, toujours sous le charme, Cocteau ajoutait : « Je remercie le ciel d'avoir préservé mon enfance. »

Dans les années qui suivirent, le public des « baby-boomers » fit un accueil enthousiaste au film de Disney qui reprenait le flambeau des mains d'un Barrie devenu, lui, bien fantomatique : l'œuvre originale avait cédé la place à une version infiniment plus moderne – la forme théâtrale, jugée pourtant si audacieuse et neuve, lors de la création de la pièce, s'étant modestement effacée devant le médium animé. Barrie lui-même aurait certainement applaudi ce merveilleux tour de passe-passe associant son message à la féerie colorée, enjouée, d'un dessin animé. Il aurait jugé fidèle le passage de ses cinq actes, peuplés d'une foule de personnages pittoresques et turbulents, à la mise en scène cinématographique endiablée de Disney. Mais peut-être son sourcil se serait-il froncé en découvrant que le personnage de Peter Pan n'était plus celui qu'il avait imaginé, en tout cas pas exactement ce petit démon surgi des jeux dans les jardins de Kensington et de ses malheurs réunis. Le nouveau Peter, pour attachant qu'il fût, n'était que le cousin américain de la créature crépusculaire, faunesque et cruelle jaillie sous sa plume en 1904. Mais qu'importait, puisque le relais avait été passé et que des millions de jeunes spectateurs, en proie à leurs propres hantises, ne se priveraient certainement pas d'associer les aventures de Peter Pan à celles de leurs imaginaires ?

Ainsi *Peter Pan*, porteur du testament magique d'un dramaturge édouardien particulièrement inspiré, a-t-il franchi allègrement les années, poursuivant sans relâche l'itinéraire amorcé, au siècle dernier, par un jeune garçon écossais né loin du monde du théâtre et du cinéma, au cœur de celui des pirates et des fées...

Première partie

« JE DEVAIS ÊTRE UN SINGULIER
PETIT PERSONNAGE »

1

UNE PETITE VILLE ROUGE EN ÉCOSSE

> Naître, c'est être rejeté par les
> flots sur une île déserte.
>
> J. M. Barrie,
> préface à *L'Île de Corail*,
> de R. M. Ballantyne

Le voyageur qui s'éloigne de la ville de Dundee, établie comme un port méditerranéen sur les bords de la Tay, et prend la direction du bourg de Forfar, aperçoit bientôt sur sa route les sommets des Grampians. À cinq miles de Forfar, au cœur même du comté d'Angus, la minuscule agglomération de Kirriemuir semble vouloir échapper à la curiosité humaine mais certainement pas au regard de Dieu, auquel elle voue depuis longtemps un culte multiple et totalement excentrique. Des poignées de maisons de pierre rouge aux toits d'ardoise s'organisent autour de deux axes qui, vus du ciel, ont vaguement la forme d'une ancre ou, si l'on préfère les symboles, celle d'une croix. La partie sud de l'agglomération dévale, presque à pic, vers les eaux pures de la Glamis, qui ressemble encore à un torrent de montagne. C'est dans ce flot translucide, précisément, qu'au milieu du XIXe siècle, la petite communauté de tisserands, formant le noyau de la population de Kirriemuir, lavait ses écheveaux de lin.

Dominées par le cimetière établi au flanc de la colline de Tillyloss, une rangée de maisons lilliputiennes a reçu la simple appellation de *tenements*, « logements », car elles abritent les familles les plus pauvres de la ville, dans une sorte d'enclave qui tourne résolument le dos à la Brechin Road, l'une des principales voies d'accès à Kirriemuir.

David Barrie et son épouse Margaret Ogilvy (en Écosse, les femmes mariées conservent leurs noms de jeune fille) forment un couple très respecté du reste de la communauté. Un de leurs contemporains, le Dr Alexander Whyte, présente David comme « une figure typique du Forfarshire, doté d'une apparence intelligente, la bouche mobile, les joues larges ornées de favoris soigneusement taillés ». David Barrie est un simple artisan, éduqué dans la tradition puritaine, et c'est un homme discret. Son épouse, que le même Whyte décrit comme « une petite personne pleine de grâce et d'humour, au cœur et à l'âme tendres », est, en revanche, moins effacée. Son puritanisme à elle s'exerce d'une façon exubérante. Depuis son mariage, elle a mis au monde huit enfants, dont deux sont morts en bas âge, et vers la fin de l'été 1859, elle se retrouve enceinte de la petite créature qui nous intéresse. À cette époque, huit personnes vivent sous le toit du très modeste cottage du tisserand, dans quatre pièces exiguës et mal éclairées, de surcroît basses de plafond. L'une des pièces du rez-de-chaussée sert d'atelier à David Barrie, obligeant Margaret Ogilvy à faire la cuisine dans la chambre des enfants... Alexander, l'aîné, vient d'avoir dix-neuf ans, et une bourse lui a été attribuée pour l'aider à continuer ses études à l'université d'Aberdeen. Ses parents rêvent de le voir embrasser la profession d'enseignant. Mary, née en 1845, pourtant douée pour les études, n'aura pas la chance d'Alexander : elle restera à Kirriemuir pour s'occuper de ses frères et sœurs plus jeunes. Plus tard, elle sera maîtresse d'école. Ses sœurs plus jeunes, Jane Ann, Sara et Isabella, accepteront sans rechigner un sort identique.

Lorsque, le 9 mai 1860, vingt-quatrième année de règne de Victoria, vient au monde le neuvième enfant Barrie, prénommé James Matthew, son père prend la décision d'élargir l'espace vital extrêmement réduit dont le plus récent occupant est, à ce moment-là, le jeune David, né en 1853. Le père a très symboliquement passé commande de six chaises rembourrées – un luxe ! – livrées au lendemain de la naissance du petit dernier. Il vient également de louer un atelier, de l'autre côté de la rue.

Pendant les six années qui vont suivre, celui que tout le monde, dans les *tenements*, appelle Jamie (prononcez Jimmy) ne se distingue en rien des autres garnements qui jouent dans la courée. Margaret Ogilvy ne fait pas de son dernier-né l'objet d'un culte particulier. David, qui grandit en intelligence et en beauté, devient, en l'absence de l'aîné des fils de Margaret, le favori de celle-ci. Il incarne à l'évidence le plus grand espoir de cette femme qui souffre peut-être en secret de sa condition. Mais Jamie est loin de ressentir les effets de cette préférence. Ses sœurs l'admirent, surtout Jane Ann, qui est un peu comme sa seconde mère – plus tendre, plus affectueuse que Margaret Ogilvy, dont le tempérament fantasque a sans doute quelque chose d'un peu inquiétant pour un très jeune enfant.

Jamie est un garçonnet terriblement fluet, dont la tête paraît anormalement disproportionnée par rapport au reste du corps. Ses traits sont fins, ses cheveux d'un noir de jais – et le resteront, étrangement, jusqu'à la fin de ses jours. D'immenses yeux clairs, très enfoncés dans les orbites, captent avec avidité les manifestations physiques, mais surtout psychologiques, du monde alentour. Il est très joueur et ne tarde pas à exercer sur son entourage son talent de conteur. Son meilleur ami, dans les *tenements*, est un certain Robb, lui aussi fils d'artisan, et on les voit souvent jouer ensemble dans la buanderie, une minuscule construction de pierre rouge, située au centre de la courée, où les mères de famille viennent laver leur linge. Cet endroit sans mystère devient, pour Jamie et Robb, le lieu rituel de leurs combats de pirates, l'ultime figure de ces joutes sans merci consistant à faire basculer l'adversaire par-dessus le lourd évier de pierre.

Un autre copain de Jamie est Mills, le fils du marchand de journaux de Kirriemuir. Mills possède un théâtre de carton, et Jamie, comme plus tard Chesterton enfant se prend de passion pour les figurines colorées auxquelles il donne vie et parole. Jamie tient de sa mère imagination et faconde. Margaret Ogilvy possède un stock inépuisable d'histoires relatives à la vie d'autrefois, à Kirriemuir et dans les *glens* (vallons) avoisinants. Fille d'un tailleur de pierres, elle appartient à la communauté Auld Licht, autrement dit à un groupe dissident de l'Église d'Écosse. La ville de Kirriemuir a joué en effet un rôle important dans la guerre des Églises. En 1733, l'Église presbytérienne s'est scindée en deux communautés baptisées respectivement Auld Licht (Vieille Lumière) et New Licht (Nouvelle Lumière). Les tenants de la première dissidence ont établi leur lieu de culte dans une chapelle de Bank Street, la Auld Licht Kirck. En 1810, les Auld Licht étaient encore une soixantaine, si l'on en croit *The Regalty of Kirriemuir*, imposant ouvrage de l'historien local Alan Reid, paru en 1909 et d'ailleurs dédié à J. M. Barrie. À la naissance de celui-ci, la communauté a bien rapetissé, mais la foi de ces traditionalistes invétérés s'oppose encore férocement à celle des New Licht, qui se réunissent chaque dimanche dans leur église de Glengate, de l'autre côté de la ville. La religion de Margaret Ogilvy est austère, mais elle n'impose aucunement à cette femme de faire preuve d'étroitesse d'esprit. Tout au contraire, la mère de Jamie se tient au courant de tout ce qui se passe, en Écosse mais aussi chez les Anglais, à travers le seul médium qui soit à sa portée : les livres.

L'imaginaire du petit garçon se forge à l'exemple de cette mère, qui, chaque soir, rassemble autour de son lit mari et enfants pour leur faire la lecture. Religieusement, on l'écoute non seulement lire, mais faire aussi des commentaires, parfois corrosifs, car Margaret est douée d'un fort tempérament critique. C'est de sa bouche que Jamie, tout ouïe, entendra pour la première fois les récits maritimes du capitaine Marryat, l'auteur de *Masterman Ready,* et le célèbre roman de leur compatriote R. M. Ballantyne, *L'Île de corail.* Walter Scott figure aussi parmi les auteurs favoris de cette érudite qui, sans le savoir, est en train de semer dans l'imagination de son plus jeune fils les premières graines des moissons à venir.

Jamie est un être très sensible et déjà quelque peu fantasque, ainsi qu'en témoignent plusieurs anecdotes – qui ne sont peut-être que des légendes, mais peu importe. La maison contiguë à celle des Barrie abrite une très vieille femme, Bell Lunan, chez laquelle Jamie se réfugie chaque fois qu'éclate un conflit entre ses parents. Mais la malice l'emportant très vite sur la frayeur, il profite de son passage chez sa protectrice pour s'emparer cruellement de sa canne. Le destin, encore plus malicieux, voudra qu'après la mort de Bell les enfants de la voisine fassent don de la canne à Barrie...

On raconte aussi qu'un jour Jamie, alors âgé de six ans, demande à l'un de ses camarades d'école portant le deuil d'une grand-mère, sans montrer de réelle affliction, la permission d'échanger avec lui ses vêtements. Ainsi, l'autre, soulagé, peut s'en aller jouer en toute impunité, tandis que Jamie, soudain métamorphosé, se met à pleurer comme une fontaine.

Le petit garçon élargit son univers au-delà de l'espace clos des *tenements*. En compagnie de Mills ou de Robb, il s'en va escalader la colline de Tillyloss, d'où l'on découvre les monts Grampians aux sommets souvent enneigés, ou bien court jusqu'au bout de la ville, sur les bords de la Glamis, pour y pêcher la truite. Margaret le laisse aller et venir assez librement. Celui qu'elle couve, c'est le joli David, ce « petit gars à la mine alerte, se souviendra plus tard Jamie, qui grimpait aux arbres comme un écureuil et lançait des cerises dans mon tablier ».

À sept ans, Jamie est inscrit au cours des demoiselles Adam, dans Bank Street. Ces deux vieilles filles, progéniture d'un ministre du culte Auld Licht, ont ouvert une école où Jamie puisera l'inspiration de quelques pages savoureuses d'un de ses futurs romans, *Sentimental Tommy*. Mais pour l'heure, le gamin observateur cède aux malices de son âge. Plongé au sein d'un univers plein de conventions désuètes qui deviendra, plus tard, sous sa plume, la Hanky School de son espiègle Tommy, il n'est pas le dernier à faire des niches aux demoiselles Adam. Ainsi le mouchoir blanc que les élèves sont priés d'apporter avec eux, pour mettre sous leurs genoux pendant la prière, devient dans l'univers de Tommy un couvre-chef qui provoque le fou rire de ses camarades. Invention de romancier, ou farce de Jamie ?

Les hivers sont rudes à Kirriemuir, en dépit de la proximité de la mer du Nord. Celui de 1866 se révélera très rigoureux, et, en janvier de l'année nouvelle, tous les étangs de la région vont geler. David Barrie junior s'apprête à fêter son quatorzième anniversaire. Son grand frère Alec (c'est le surnom que la famille donne à Alexander) veille sur ses études à Bothwell, dans le Lanarkshire tout proche. Alec lui a offert une paire de patins à glace et, la veille de l'heureux jour, ils se rendent ensemble à la patinoire de la petite ville.

Ce qui suit appartient désormais davantage à la légende de J. M. Barrie qu'au destin de la famille Barrie de Kirriemuir. Ce jour-là, sans raison particulière, David a renoncé à patiner. Resté sur le bord de la piste, il a prêté ses patins à un de ses camarades d'école. En se penchant vers celui-ci pour lui parler, il est soudain précipité au sol par un patineur et se fracture gravement le crâne. Alec télégraphie aussitôt à leurs parents afin de leur annoncer l'accident. Margaret Ogilvy, au comble de l'angoisse, décide de se rendre à la gare et d'y prendre le premier train pour Bothwell. « Tous ensemble, racontera Jamie, nous descendîmes vers la petite gare de bois, et je crois bien que j'enviais ma mère de voyager dans les mystérieux wagons du train. Il me semble aussi que nous jouions autour d'elle, fiers du droit d'être là, mais je ne sais plus très bien, je parle seulement par ouï-dire. Son billet pris, elle nous fit ses adieux, avec sur le visage une expression combative que je ne parviens plus vraiment à retrouver. À ce moment, mon père sortit du Télégraphe et dit d'une voix sourde

« – Il a passé.

« Nous nous en retournâmes très lentement et remontâmes chez nous par l'étroit sentier du raccourci. Mais, à dater de cette minute, je ne parle plus par ouï-dire : à présent, je connaissais ma mère, pour toujours. »

2

DUMFRIES ET ÉDIMBOURG

En 1920 Barrie fera dire à l'héroïne de sa pièce *Mary Rose* qu'elle a cessé de grandir « car la gelée nocturne peut stopper la croissance d'une fleur sans l'empêcher de fleurir ». Ainsi, consciemment ou non, il fait écho à la catastrophe qui le frappe lui-même en janvier 1866 à la mort de David. Du jour au lendemain, la vie de Jamie est comme paralysée par la disparition de son frère. Son corps est brisé dans son élan naturel, et son esprit, traumatisé par l'attitude de sa mère. Margaret Ogilvy, retranchée dans la tour d'ivoire d'une douleur qu'elle paraît incapable de surmonter, inflige au jeune garçon le spectacle de cette injustice. Dans ses lamentations, la mère au « doux visage » ne cesse de répéter que David était le plus beau, le plus doué, le plus aimant des fils, ce que Jamie, songe-t-il, n'est peut-être pas lui-même. Margaret sera désormais la proie de toutes les maladies, emblème de cette malédiction qui couvre de honte les survivants de l'horrible accident de David. Jamie est l'objet de tous les soupçons, mais il supporte sans rébellion apparente cette effarante culpabilité.

Le jeune garçon éprouve brutalement ce que sera le ressort de sa vie future : l'évasion par le rêve, vers un monde de fantaisie. La figure de sa marâtre n'en demeure pas moins obsédante. Elle hante, tel un fantôme, les jours et les nuits du garçon de six ans. Il relatera dans son livre *Margaret Ogilvy* :

« Ma sœur Jane Ann, lors dans sa vingtième année, vint à moi un soir, le visage anxieux et se tordant les mains, pour m'enjoindre d'aller trouver ma mère et de lui dire qu'elle avait encore un garçon. J'y allais tout ému, mais il faisait noir dans la chambre et, quand j'entendis la porte se refermer sans que nul son ne vînt du lit, j'eus peur et me tins coi. Sans doute respirai-je fort, ou peut-être me suis-je mis à pleurer car, au bout d'un moment, une voix distraite qui, jusqu'à ce jour, ne l'avait jamais été, dit :

« – Est-ce toi ?

« Le ton dut me blesser, car je ne répondis pas. La voix reprit avec inquiétude :

« – Est-ce toi ?

« Je crus que c'était au mort qu'elle parlait et répondis d'une petite voix solitaire :

« – Non, c'est pas lui, ce n'est que moi.

« Alors j'entendis un sanglot, et ma mère se retourna dans son lit et, bien qu'il fît noir, je sus qu'elle me tendait les bras. »

Cette nuit-là, Jamie reste des heures assis près de sa mère à tenter de lui faire oublier l'autre. « C'était ma façon de jouer au médecin. »

Souvent, le garçon tiendra ce rôle singulier auprès de celle qu'il voudrait voir rire et prendre la vie du bon côté. Souvent, Jane Ann l'oblige à retourner se coucher, mais la chambre de Margaret Ogilvy est à présent le centre du monde, pour Jamie, qui en devient insomniaque et le restera, peu ou prou, toute son existence.

Cette femme déroutante, insaisissable, qu'il tente de séduire à sa façon, le repousse et l'attire sans cesse. La vie de Jamie est un enfer étrange, mais il n'en voudra jamais à sa mère. Il tente seulement de recourir aux faibles moyens de séduction dont il dispose – car il n'est ni beau ni d'un naturel affectueux au sens où les enfants le sont, spontanément. Son amour est souterrain et complexe, comme celui de Margaret, mais Jamie est plein de malice, de ruse et d'invention, et il ne désarmera jamais.

Il pourrait fuir Kirriemuir, à la façon de tant de héros de romans, mais telle n'est pas sa nature. L'idée de trahir Margaret Ogilvy est sans doute la dernière à laquelle il succomberait. La mort de David les lie à présent de façon indissoluble. Alors, il s'organise en créant à l'intérieur du petit monde de Lilybank un univers à lui, fait de tout ce qu'il a conservé de sa prime enfance – les histoires de fées, de pirates et de brigands – et de tout ce qu'il a inventé pour nouer des liens très forts entre ce monde et lui-même : un personnage mythologique qui est le double de Jamie, avec lequel sans cesse il dialogue, et qui n'est rien d'autre en lui que la graine du futur écrivain J. M. Barrie.

Margaret Ogilvy ne sera jamais associée physiquement, comme la mère de Stevenson (qui se prénommait elle aussi Margaret), à la vie littéraire de son fils, sinon à travers les pages de ce curieux livre, que Barrie publiera en 1890, et dans lequel, non sans habileté – voire cynisme –, il confisque littéralement David et leur mère au profit d'une errance sentimentale à travers le Kirriemuir des années 1860...

Cette mère « admirable », Jamie la contemple d'un regard curieusement détaché, et parle d'elle comme il l'a fait des personnages de la communauté Auld Licht, dans ses chroniques de la vie écossaise qui, au moment où *Margaret Ogilvy* paraît en librairie, l'ont déjà rendu célèbre... Il décrit sa mère, avant tout, comme une lectrice enragée, non seulement des classiques, mais aussi des romancières contemporaines, notamment George Eliot, l'auteur du *Moulin sur la Floss* et d'*Adam Bede*, et Mrs. Oliphant. Cette dernière (1828-1897), peu ou pas connue de ce côté du Channel, fut l'auteur des *Chroniques de Carlingford*, une série de romans écossais faisant écho à ceux de Walter Scott. Margaret appréciait sans doute ses ouvrages historiques, *Les Fondateurs de Venise et de Florence*, et ses monographies sur Dante, Molière et Cervantès. Mais les lectures de la mère de Jamie couvraient aussi l'actualité, avec une prédilection chauvine pour les auteurs écossais. Stevenson est l'objet de son attention, tout à la fois dévote et acerbe. « Elle disait : "Ce Stevenson", avec un ricanement, et cela ne lui avait jamais été facile de ricaner... Si vous voulez savoir quel crime impardonnable avait commis cet homme, je vais vous le dire : il écrivait de meilleurs livres que les miens », confesse-t-il dans *Margaret Ogilvy.*

Pour l'heure, Jamie apprend à lire, et l'exemple de sa mère est décisif : « Ma mère aimait tant lire que dix minutes avant que l'amidon fût à point, il ne lui en fallait pas plus pour se plonger dans l'*Histoire de la décadence et de la chute de l'Empire romain* de Gibbon. Les mots étrangers dans le texte l'agaçaient et lui faisaient déplorer son manque d'éducation classique – elle n'avait jamais fréquenté qu'un pensionnat modeste, pendant quelques mois d'aisance relative ; mais jamais elle ne laissait passer un de ces mots-là sans se le faire expliquer et, à leur prochaine rencontre, c'était déjà un ami... Je me la rappelle lisant *L'Île au trésor,* le livre tendu à toucher la grille du foyer, parce qu'elle n'aurait pas voulu perdre une minute pour se lever et allumer la lampe à gaz, et comment, à l'heure du coucher, nous l'entendîmes déclarer, se cramponnant au volume : "Je n'irai pas au lit avant de savoir comment ce gamin se sortira du tonneau." » (*Margaret Ogilvy.*)

Si, sous certains aspects, la négligence maternelle rend la vie de Jamie assez difficile, sa situation n'est pas réellement catastrophique. À Lilybank, il est l'objet des soins d'un véritable gynécée. Mary et Jane Ann sont assidues aux travaux domestiques. Les mères de famille de la communauté Auld Licht savent se faire obéir et servir. Studieux, Jamie veille à ne pas décevoir ses parents et fait de son mieux au cours des demoiselles Adam. Celles-ci le trouvent solitaire, mais sans doute serait-il plus exact de dire qu'il est observateur. Avec une acuité certaine, il s'imprègne de ce petit monde provincial qui l'entoure et le fascine mais dont il se sent curieusement détaché. On peut sans doute y voir l'un des effets pervers de la mort de David.

Cette période de son existence, toutefois, sera de courte durée, car bientôt se profile un séjour à Glasgow où Alec enseigne à présent. Le 19 août 1868, Jamie fait son premier grand voyage en train. Il détestera toujours cette ville aussi

noire et laide que l'Enfer. Il regrette les parties de pêche avec
Robb, comme peut-être aussi – de façon inconsciente forcément – l'atmosphère morbide soigneusement entretenue par
Margaret Ogilvy, qui obligeait le garçon à vivre dans le rêve
la plupart de ses jours et de ses nuits à Kirriemuir. Alec est
attentionné avec son petit frère, il l'emmène faire de longues
promenades, ensemble ils rendent visite à leur oncle le
Révérend David Ogilvy, qui emploie un valet de chambre.
Jamie est ébloui par un tel faste.

Pendant ce temps, la situation des tisserands de Kirriemuir se dégrade. Avec la croissance économique, on a
construit des usines à Forfar et l'usage des métiers à main
devient caduc. Le père de Jamie, âgé de cinquante-six ans,
décide d'émigrer à Forfar, où il acquiert une maison de cinq
pièces. Alec Barrie est nommé inspecteur d'académie et,
comme il doit beaucoup voyager, il est contraint de renvoyer
son jeune frère auprès de leurs parents. À Forfar, le nouveau
domicile des Barrie est spacieux et possède un jardin donnant sur l'allée Limepots (actuellement Canmore Street).
Jane Ann vient d'avoir trente-trois ans et c'est elle qui pré-
side aux destinées du ménage et qui, surtout, veille sur la
santé fragile de Margaret. Celle-ci est de plus en plus avide
de lectures en famille et Jamie la relaie souvent, à la veillée,
lisant interminablement des pages du *Pilgrim's Progress* ou de
Robinson Crusoe. Lui-même dévore les classiques et, bien sûr,
tous les romans de Walter Scott. La nuit, il rêve des exploits
d'Ivanhoé qu'il évoque le lendemain à l'école à son nouvel
ami, David Elder Anderson.

En 1872, Mr. Barrie ayant saisi l'opportunité d'une situation, la famille revient à Kirriemuir et prend possession
d'une maison située, cette fois, hors des *tenements*. Dans cette
assez jolie villa baptisée Strathview, Jamie, à présent âgé
de douze ans, dispose d'une chambre à lui où commencent à
s'accumuler les livres. « La littérature était mon seul jouet »,
dira-t-il plus tard. Un jouet dont il apprend l'amère saveur et
le pouvoir immense. Chez Mr. Mill, le libraire, il lorgne sur
les *penny dreadfuls*, ces fascicules illustrés d'un tel mauvais
goût qu'aucun d'eux n'a jamais pénétré chez les Barrie. Il les

feuillette avec envie et se laisse charmer par leurs couvertures bariolées. Margaret lui donne de l'argent pour acheter de la lecture ; elle-même ne dédaigne pas les romans d'aventure, mais pas au point de tomber dans les bas-fonds des thrillers fabriqués à la petite semaine par des Anglais !

« Vers douze ans, je remisai la littérature. » Quittant le giron maternel, Jamie va souvent rendre visite à son oncle David, dont la nouvelle servante n'est autre que sa sœur Sara. Son père lui demande ce qu'il voudrait faire plus tard, Jamie répond qu'il ne sait pas. Alec s'est établi à Dumfries et ne perd pas de vue son petit frère qui, à treize ans, devrait fréquenter un collège enfin digne de ce nom. Il propose d'inscrire Jamie à l'académie de Dumfries. L'adolescent est ravi : l'établissement est réputé pour son équipe de cricket, sport qui l'attire plus que tout. L'affaire est conclue. C'est la première fois que Jamie effectue un aussi long voyage : Glasgow est à mi-chemin de Forfar et de Dumfries, mais un sourd désir d'émancipation rend cet éloignement agréable, presque enivrant.

À l'académie, Jamie se fait très vite des amis. Stuart Gordon, fils d'un édile local, devient son confident. Preuve qu'il avait tout de même lu en cachette quelques fascicules maudits, Jamie est appelé « Dare Devil Dock » par Stuart qu'il affuble du sobriquet de « Sixteen-String Jack » ! Tous deux se lancent à corps perdu dans la découverte de Fenimore Cooper, l'auteur de la saga du *Tueur de daims*, chantre des pionniers américains.

Commence alors la période la plus faste de la jeunesse de Barrie. La vie de pensionnaire, malgré ses contraintes, exalte son âme et son corps. Jamie étudie juste ce qu'il faut, passe beaucoup de temps avec ses amis, participe à tous les jeux. Pendant les vacances à Kirriemuir, il retrouve avec sérénité sa mère et Jane Ann. Margaret lui offre une *Vie de George Washington* qu'il rapporte à l'académie comme un trophée. Mais Cooper, Mayne Reid et surtout R. M. Ballantyne, l'auteur de *L'Île de corail*, restent ses auteurs favoris. Nous évoquerons plus loin l'influence de Ballantyne, écossais comme Scott et Stevenson, et son influence directe sur l'œuvre de Barrie. Mais, pour l'heure, Jamie *absorbe*, passablement aidé par son entourage. Alec lui prête énormément de livres, notamment ceux de Jules Verne, et Jamie ne cesse de s'identifier à tous les héros des récits d'aventure, comme des millions de garçons avant et après lui. À la différence près que le fils de Margaret Ogilvy a décidé dans le secret de son cœur de ne jamais grandir et de garder intacts dans sa cervelle enfiévrée les compagnons de ces instants bénis.

En mai 1875, Wellwood Anderson, dit Wedd, l'un de ses compagnons d'études, fonde un journal baptisé *The Clown*, auquel il collabore. Jamie fréquente assidûment le théâtre de Dumfries, une minuscule salle à l'italienne : au cours de l'hiver 1876, il y voit jouer les pièces de Shakespeare, *Hamlet*, *Othello*, *Richard III*, par la compagnie de J. T. Clynes. *Macbeth* surtout l'impressionne. La magie des planches le submerge, il est envoûté par les lieux qui lui paraissent à sa mesure, comme les textes qui y sont joués. L'idée leur vient alors, à Wedd et à lui, de créer un club d'art dramatique. Au cours de leur première saison (1876-1877), ils ne vivent plus qu'au rythme des répétitions et des séances, dans la salle de spectacles de l'académie aimablement prêtée par le recteur. Jamie écrit lui-même une pièce intitulée *Bandelero the Bandit*, composée d'après les « souvenirs » de ses lectures de Scott. Dans *Paul Pry*, une comédie de Toole adaptée par Wedd, Jamie sera Phoebe, la fille d'un major général, aucune personne du sexe n'ayant été conviée à participer aux activités du club... Certains membres de la communauté universitaire de Dumfries voient d'un mauvais œil ces garçons se livrer à une dramaturgie jugée « peu convenable ». Une véritable campagne de presse oblige bientôt le recteur à prendre la défense de ses élèves. Une pétition est envoyée à quelques grands noms de la scène à travers le pays ; Henry Irving et William Terriss, les « stars » du Lyceum de Londres, répondent aimablement, appuyés par l'honorable Pr Blackie, d'Édimbourg, dont l'intervention mettra un terme à cette ridicule levée de boucliers puritains. Quelque peu dégoûté, Jamie abandonne provisoirement le théâtre.

Alec Barrie a épousé la fille d'un bijoutier d'Édimbourg, Mary se fiance à l'assistant d'Alec, bien décidée à se marier l'année suivante. Jamie est toujours l'hôte d'Alec à Victoria Terrace et s'entend très bien avec sa belle-sœur. Il est un peu leur enfant, et le mot n'est pas trop fort : Alec, depuis plusieurs années, a pris en charge l'éducation de son cadet, ému peut-être par les séquelles visibles de la mort de David sur l'évolution de la personnalité de Jamie. Mais dans les familles du genre de celle des Barrie, ces choses-là ne se disent pas. Le sens du devoir prévaut chez Alec Barrie. Son souci à présent, concernant Jamie, consiste à se demander si l'on doit ou non inscrire le garçon à l'université d'Édimbourg. Son frère n'est-il pas encore bien jeune pour entrer de plain-pied dans l'organisation plutôt sévère et la solitude obligée de cette vieille institution ? L'apparence encore si juvénile et la fragilité de constitution de Jamie font hésiter Alec. En outre et peut-être en raison des activités théâtrales intenses de Jamie, le grand frère n'est pas très satisfait de ses résultats scolaires. Jamie parviendra-t-il à s'adapter aux exigences de l'enseignement rigoureux de l'université ? Contre toute attente, l'admirateur de Scott et de Ballantyne s'enthousiasme à l'idée de connaître de nouveaux horizons. Naïvement, sans doute, mais c'est assez pour inciter Alec à l'inscrire à la fin du mois d'octobre 1878 sur l'album des matricules de l'université d'Édimbourg. Jamie vient d'avoir dix-huit ans.

Mince comme un crayon, le voici qui découvre, nullement intimidé, les splendeurs architecturales de l'Athènes du Nord. La femme d'Alec a retenu pour lui une petite chambre dans une pension pour étudiants de Cumberland Street. Il partage ce logement sous les toits avec un autre garçon nommé Harrison – qui mourra un an après de malnutrition. L'époque n'est pas facile pour ceux qui, bien que pauvres, s'acharnent à faire des études. Plus tard, Barrie évoquera ces trois garçons qui partageaient, non loin de chez lui, une chambre meublée seulement de deux lits. « Deux d'entre eux étudiaient jusqu'à trois heures du matin, puis réveillaient le troisième qui se plongeait dans ses livres tandis que les deux autres dormaient à leur tour. »

Jamie souffre plutôt des cours eux-mêmes : les mathématiques, sa bête noire, sont dispensées par un certain Pr Chrystal sur la porte duquel un potache a gravé au couteau : « Toi qui entres ici, laisse toute espérance. » L'algèbre lui paraît absurde, mais la philosophie l'enchante. Il prendra un jour un malin plaisir à plonger dans l'hébétude un étudiant en médecine en lui prouvant sa non-existence. Berkeley et Descartes sont ses préférés, mais les notes retrouvées à leur sujet dans ses carnets montrent que Jamie n'hésite jamais à extrapoler. Il adore son professeur de grec, John Stuart Blackie, un natif des Highlands – celui-là même qui avait accepté de se porter garant du club des comédiens amateurs de Dumfries.

Lorsqu'il n'étudie pas, sur les bancs vétustes ou dans sa petite chambre, Jamie marche. Il a d'abord exploré la partie nord d'Édimbourg, la *new town*, où se trouve Cumberland Street, puis il entreprend de parcourir, infatigable, la cité immense que l'on appelait encore à cette époque *the auld rikky*, « la vieille enfumée ». Toute sa vie, Barrie sera un grand marcheur. Ce sport simple suscite chez lui la réflexion, la rêverie, la découverte. C'est un passe-temps nécessaire selon lui à la création, laquelle, qu'on le veuille ou non, procède autant de la réflexion que de l'observation.

Le dimanche, il fréquente l'église et s'intéresse avec passion aux prêches des savants Whythe et Walter C. Smith, ses orateurs préférés. Jamie est amoureux du verbe : il absorbe, absorbe encore. Il est très disponible, peut-être même un peu trop. Car même s'il n'en fait pas état, on peut légitimement penser qu'il s'ennuie, loin des siens et de ses amis. Les vacances le voient bien sûr retourner à Kirriemuir, ou rendre visite à Alec et à sa femme. Ces séjours rendent supportable la précarité de sa vie d'étudiant pauvre. Jamie n'oublie pas que ses parents se privent pour subvenir à ses besoins qu'il tente héroïquement d'alléger. Réduit à l'état de sybarite, il nourrit son esprit davantage que son corps, qui est encore celui d'un garçon de douze ans. Mais, peu importe, Jamie a du tempérament. C'est l'époque où il commence à souffrir d'effroyables maux de tête, qui le prennent n'importe quand et n'importe où. Le seul remède est d'attendre qu'ils passent, en écrivant ou en lisant.

Il entretient une correspondance assidue avec ceux de Kirriemuir et de Dumfries. Il remplit de son écriture en pattes de mouche d'innombrables carnets. Mais cela ne lui suffit pas. Il décide d'entamer une activité nouvelle, tout aussi bénévole que les précédentes mais qui pourra cesser de l'être un jour : la critique littéraire et théâtrale. Il place ses premiers articles dans l'*Edinburgh Courant*. Le malin Jamie peut donc désormais fréquenter gratuitement tous les théâtres de la ville et se faire envoyer des livres pour en rendre compte. Dans un de ses agendas, retrouvé bien plus tard par Denis Mackail, le biographe attentif de Barrie, sont consignés pêle-mêle ses états de santé (maux de tête), ses visites – visiblement il déteste déranger les autres, qui s'obstinent, eux, à vouloir l'inviter pour le thé –, les titres des pièces vues et des livres lus. Il y parle de lui à la troisième personne, se désignant sous les initiales J. M. B., comme s'il était déjà certain de mériter un jour cette distinction que suscite en Angleterre la notoriété. Troublant Jamie, qui se sent différent des autres et en souffre certainement beaucoup, déjà.

Il s'emballe pour *Mignon* et *Les Cloches de Corneville* (chose étrange car, tout au long de sa vie d'adulte, il détestera l'opéra !) tout autant que pour les philosophes les plus ardus, passant de la fantaisie au sérieux avec une agilité spirituelle qui ferait l'admiration de son entourage, s'il en avait un. N'est-ce pas la nécessaire réaction d'un esprit frondeur, enfin libre après tant d'années de puritanisme absolu, seulement parsemées, çà et là, de lectures sanctifiantes ? Jamie a besoin de fuir dans l'imaginaire. Dans la réalité, il s'enthousiasme pour un de ses condisciples, Joseph Thompson, futur grand explorateur de l'Afrique centrale, dont le portrait figurera plus tard dans son recueil d'essais malicieux sur les « Onze d'Édimbourg » qui l'ont le plus marqué. Thompson, qui est un adepte du cricket, a tout pour s'entendre avec Jamie : d'abord, parce qu'il est un grand marcheur, ensuite parce qu'il a gardé son âme de jeune garçon. Jamie discute avec lui des questions à la mode, comme le droit de vote des femmes. Joseph l'accompagne au théâtre et donne son avis, dont Jamie tient souvent compte dans ses articles pour le *Courant*.

La vie estudiantine est rythmée par les fameux soupers au cours desquels s'épanche le trop-plein d'humeur de jeunes gens soumis à de dures contraintes. Jamie, perdant toute retenue, s'y révèle un parfait imitateur : sous les yeux ébahis de ses coreligionnaires, il devient un Henry Irving plus vrai que nature, alors qu'il n'a bien sûr jamais vu jouer cet acteur célébrissime...

Au cours de l'hiver 1879 survient un épisode dont Barrie ne parlera que beaucoup plus tard, en 1925, dans une lettre à la veuve d'un de ses maîtres à l'université. Un soir, traversant Princes Street, il aurait été accosté par un grand jeune homme au visage en lame de couteau. Celui-ci l'aurait convié à venir boire avec lui dans une auberge qui restera à jamais liée dans l'esprit de Barrie aux *Trois Mousquetaires*... Durant plusieurs heures, le jeune homme va régaler Jamie de verres de chambertin. Ensemble, ils parlent du poète Robert Burns, leur héros commun, et, dans leur ivresse, décident d'aller sonner à toutes les portes de la ville pour célébrer avec la population d'Édimbourg les mérites de Burns et de Walter Scott... Ce n'est, dit Barrie, que quelques années plus tard qu'il comprendra, au vu des portraits reproduits dans les journaux, que son mystérieux hôte d'une nuit n'était autre que Robert Louis Stevenson !

Au cours des vacances de Noël 1880, passées à Kirriemuir, Jamie assiste au mariage de sa sœur Isabella avec un certain Dr Murray. David et Margaret Barrie, pour une raison inconnue, n'assistent pas à la cérémonie. Jamie récite un poème (*Le Rêve d'Eugène Aram*[1]) mais soudain, pris d'une timidité incompréhensible, quitte aussitôt la salle du banquet.

---

1. Héros d'un célèbre roman de Bulwer-Lytton.

En 1881, il entame sa dernière année à l'université. Il a vingt et un ans et beaucoup de projets littéraires, dont il ne parle guère autour de lui. Seuls ses agendas révèlent nombre de notes relatives à des idées de livres – des essais surtout. Il poursuit sa collaboration critique au *Courant*, tout en cherchant désespérément à écrire dans d'autres journaux. Ses études marchent bien. Jamie ne se distingue pas particulièrement du lot des jeunes provinciaux venus conquérir à Édimbourg le droit de connaître une vie sociale décente dans le futur : ses excentricités sont modestes, sa timidité, son physique plutôt étriqué l'aident à se fondre dans l'ombre de ces héros qui focalisent l'attention de tous.

Le 21 avril 1882, Jamie est fiévreux : c'est le jour où sont proclamés les résultats des *Master of Arts* (M.A.). Il a toutes les raisons d'être fier de lui, car il est reçu et peut désormais accoler les deux lettres magiques à son nom. Pour cinq shillings, il loue une toge, puis s'en va défiler en compagnie de ses heureux camarades jusqu'au Synod Hall afin d'y recevoir la barrette. Une photographie nous montre Jamie couronné, l'air recueilli et, surtout, paraissant beaucoup plus âgé que ses vingt-deux ans.

C'est la consécration. À Kirriemuir, dès son arrivée, il est reçu par une Margaret Ogilvy rayonnante. L'ombre de David, certes, plane sur ces retrouvailles, mais cette fois Jamie peut garder la tête haute : il a franchi la première étape dans la reconquête de cette mère exigeante et fantasque. L'étape suivante, songe-t-il, sera d'une nature plus originale. Sa peau d'âne, acquise au prix d'une certaine souffrance, à Édimbourg, n'avait d'autre finalité que d'apaiser le tourment maternel.

Cette illusion familiale assumée, Jamie va songer à son ambition personnelle, nettement plus dévorante que son aptitude aux études. Après la période heureuse de Dumfries, et celle, plus difficile, d'Édimbourg, il entend bien voir s'ouvrir une ère d'intense maturation de son talent littéraire. Car l'écriture, pour lui, représente la vie.

3

L'APPRENTISSAGE

Outre-Manche, les années 1880 voient l'apothéose du règne de Victoria. « Elle était devenue, écrira plus tard Lytton Strachey, une sorte de divinité nimbée de la plus pure gloire. » Et il ajoute ces mots lourds de sens : « Toute critique s'était tue. » Pour un jeune provincial, écossais de surcroît, donc peu enclin à aimer sans réserve tout ce qui se faisait à Londres en matière d'art et de littérature, l'ère victorienne finissante avait déjà un goût de rance, de dépassé. La vieille reine, idole des familles anglaises tout autant qu'écossaises, représentait pour Jamie la convention la plus terne, la plus exaspérante. Les poésies de lord Tennyson, les romans à l'eau de rose de Marie Corelli étaient la panacée d'une petite bourgeoisie qui saisissait encore mal le caractère subversif, voire sulfureux, des œuvres de Lewis Carroll, par exemple.

Jamie Barrie, toutefois, n'éprouve aucun attrait particulier pour le Mouvement esthétique, né principalement à Oxford de l'enseignement hédoniste de Walter Pater et de ses disciples. À dire vrai, il se sent lui-même indifférent à l'émulation artistique propre aux *public schools* anglaises – toute sa vie, d'ailleurs, il se montrera très réticent à l'égard de cette élite snob qu'il s'efforcera souvent de tourner en dérision. Mais, si Édimbourg est loin de Londres, le snobisme de Jamie, en matière littéraire, s'exerce à l'égard d'œuvres secrètes, accordées à son sentimentalisme : les romans du Wessex, du jeune Thomas Hardy (*The Poor Man and the Lady*), pas encore célébré pour *Jude l'Obscur* ou *Tess d'Uber-*

ville et les histoires extravagantes de George Meredith. Et aussi bien sûr Robert Louis Stevenson...

Margaret Ogilvy, bien informée de tout ce qui se fait de nouveau, suit elle aussi avec intérêt les premiers essais de « ce Stevenson » – quelques pièces admirables sur le poète Robert Burns et un récit de voyage dans les Cévennes, à dos d'âne –, mais elle n'est pas encore jalouse de lui. Jamie et elle, à Kirriemuir, se délectent d'une prose aussi peu victorienne que possible et attendent beaucoup de celui que le critique Edmund Gosse qualifiera de « plus séduisant exemple de l'originalité écossaise du XIXe siècle finissant ».

Lorsqu'il rend visite à son frère Alec, au cours de l'été 1882, Jamie lui confesse enfin son désir de devenir écrivain. Alec n'y voit rien à redire. Il connaît depuis longtemps la sensibilité de son jeune frère et devine peut-être aussi ses ambitions secrètes. Mais il songe à leur père, David Barrie, qui a consenti à de grands sacrifices pour payer les études de Jamie et aura du mal à admettre une telle décision, jugée forcément « déraisonnable ». Alec a été positivement impressionné par les débuts de son frère comme journaliste à Édimbourg et il considère cette profession comme tout aussi honorable que celle qu'il exerce. Il conseille alors à Jamie d'expédier le plus possible de « papiers » à des journaux de la région. Rentré à Kirriemuir, le garçon s'exécute, mais ces envois resteront sans écho.

Le fin fond de l'Écosse ne constitue évidemment pas le lieu idéal pour se livrer à la profession de journaliste. Aussi Jamie décide-t-il de retourner à Édimbourg. À l'automne, il prend à nouveau pension dans une petite chambre sous les toits. La propriétaire est une Mrs. Edwards, dont le fantôme viendra bien des années plus tard lui inspirer le personnage principal d'une courte pièce intitulée *The Old Lady Shows her Medals*. Il s'inscrit au club des Débats et commence les recherches nécessaires à l'écriture d'un livre qu'il désigne pompeusement, dans ses carnets, sous le titre : *La Poésie satirique en Grande-Bretagne*. Jamie défie le destin. Il a besoin de se donner de l'importance – tous les apprentis écrivains font cela.

Jamie a déjà beaucoup de projets littéraires. Leurs plans, griffonnés sur des calepins à couverture noire, sont le fruit de ses longues méditations solitaires. Il n'en oublie pas pour autant ses articles pour le *Courant*, qui lui en demande de plus en plus. Ses revenus sont aussitôt convertis en repas, que lui prépare la chère Mrs. Edwards. La matrone écossaise est attendrie par ce mince garçon si différent de ses congénères. Il est discret, serviable et drôle. Mais, surtout, il se montre assidu aux services religieux où elle le retrouve, émerveillée par sa ferveur. Rien à voir, vraiment, avec les étudiants braillards, buveurs, et qui oublient toujours de payer leur loyer...

Mais cette nouvelle vie, malheureusement, n'aura qu'un temps. Le *Courant* ne paie pas bien ses jeunes collaborateurs, et la demande s'amenuise assez rapidement. Jamie reçoit de plus en plus souvent des lettres de Margaret Ogilvy qui se plaint de le savoir éloigné et se livre à une sorte de chantage affectif. Avant de ne plus pouvoir payer sa chambre et de sombrer dans la dépression, Jamie décide, la mort dans l'âme, de regagner Kirriemuir.

Durant l'hiver 1882-1883, enfermé dans sa chambre à Strathview, où il écrit sans relâche, comme pour montrer à Margaret Ogilvy que le petit frère de David n'est pas un paresseux, Jamie attend le moment propice pour avoir avec ses parents une conversation décisive. Ce jour arrive, et le garçon a l'heureuse surprise de découvrir David et Margaret déjà résignés à voir leur dernier fils « vivre de sa plume ». Alec avait bien préparé le terrain. C'est le cœur plus léger que Jamie contemple à présent, par sa fenêtre, la neige qui recouvre les toits de Kirriemuir et les bords de la Glamis. Sa lointaine province lui paraît soudain moins triste, et il se sent moins seul.

Chaque soir, comme au bon vieux temps, Jamie et sa mère s'abîment dans la lecture des classiques ou d'œuvres contemporaines sur lesquelles Margaret jette un regard critique. Jane Ann se joint parfois à eux. Mais la jeune fille, qui veille amoureusement sur ses parents et son jeune frère, reste d'une grande discrétion. Chaque matin, minutieusement, elle lit les pages du *Scotsman*, la feuille écossaise officielle. C'est ainsi qu'un jour – mais le hasard n'y est sans doute pour rien –, elle tombe en arrêt sur une annonce passée par le *Nottingham Journal*, en quête d'un rédacteur débutant. Elle montre aussitôt l'entrefilet à Jamie. Sur le moment, le garçon fait la grimace. Il se sent bien en famille et l'idée d'abandonner la rédaction de son essai sur la poésie satirique anglaise l'ennuie beaucoup. Il cède cependant aux instances de Jane Ann et écrit à Nottingham. Par retour du courrier, on lui demande d'envoyer des échantillons de sa prose journalistique ! Il s'exécute et, quelques jours plus tard, se voit offrir un poste de rédacteur.

Il débarque à Nottingham, en janvier 1883. De cette ville pour lui inconnue et, surtout, non écossaise, il ne connaît que la foire aux oies, l'équipe de cricket et, bien sûr, l'incontournable figure de Robin des Bois, dont le fantôme hante encore la forêt de Sherwood. Il se rend aussitôt aux bureaux du *Nottingham Journal*, dans Pelham Street, où il est très bien reçu. On lui attribue un bureau, et le rédacteur en chef lui explique ce qu'on attend de lui : deux colonnes par jour, sur les sujets les plus divers, des chiens écrasés à la chronique théâtrale. En quelques jours, Jamie comprend qu'il lui suffit de remplir sa mission d'autant de mots qu'il est nécessaire pour qu'on lui fiche la paix. Rapidement, il ajoute à son activité principale celle de critique littéraire, ce qui lui permet de recevoir des livres en service de presse. Chaque lundi, il signe « Hippomenès » et, le jeudi, « Le marcheur moderne ». Il prend le temps de composer des articles destinés, eux, à différents journaux de Londres, car il sait que cette sinécure n'est qu'une étape sur la route qui le mènera vers la consécration littéraire. C'est à la même époque que le jeune George Bernard Shaw, fraîchement débarqué de son Irlande natale, commence à Londres une existence infiniment plus âpre, dont les maîtres mots sont « pauvreté, pommes de terre et politique ».

Mais voici que, sans crier gare, la plume de Hippomenès se

tourne vers la fiction. À Kirriemuir, quelque temps avant de faire sa valise, Jamie avait entrepris la rédaction d'un roman *three-decks*, les trois volumes réglementaires de l'époque victorienne. Un projet ambitieux que le garçon décide d'adapter sous forme de feuilleton pour son journal. Il intitule cette œuvre *Chronique de la vie dans une université du Nord*. Le récit est à la fois picaresque, humoristique, romantique et un tantinet policier, et s'inspire beaucoup des souvenirs de sa vie passée à Édimbourg.

La vie privée de Jamie à Nottingham est d'une solitude absolue. Il écrit à jet continu, enfermé dans l'étroit réduit qui lui sert de bureau. Il fume la pipe, une nouvelle passion que lui a sans doute transmise Alec. Quelques années plus tard, Barrie publiera *My Lady Nicotine*, véritable ode au tabac, cette toxicomanie qu'il vient de découvrir et qu'il pratiquera obstinément jusqu'à ses derniers moments.

Jamie ne restera qu'un an à Nottingham. Il y effectue le parcours sans faute d'une initiation à la polygraphie journalistique. La seule rencontre réellement importante qu'il fait dans cette ville est celle de Thomas Lennox Gilmour, un jeune ex-employé de banque également recruté par le *Nottingham Journal* comme rédacteur. Les deux jeunes gens ont immédiatement sympathisé. Très différents pourtant l'un de l'autre, assez, en tout cas, pour s'estimer et se quereller comme des frères, ils se retrouvent et communient dans une même admiration pour le théâtre. Assis côte à côte dans la pénombre de la salle, ils tombent amoureux des mêmes actrices puis, privilège de courriéristes, les emmènent souper dans le but avoué de les « interviewer » pour le *Journal*. Jamie et Gilmour s'amusent comme des collégiens. Mais, pour Barrie, la fréquentation assidue des théâtres, même de province, attise en lui une passion de plus en plus dévorante. À Dumfries, déjà, au cours de ses années de collège, le virus du théâtre lui avait été inoculé : la féerie de la scène lui était apparue comme la métaphore de la vie telle qu'il désirait la vivre, loin d'une réalité souvent lugubre, voire effrayante, qu'il ne maîtrisait pas. Désormais, habitué aux conventions de la dramaturgie, familier des roueries du spectacle, il s'intéresse davantage aux êtres qui s'agitent sur la scène. Les jeunes comédiennes, souvent plus jolies que talentueuses, le captivent et font naître en lui une émotion plus pure qu'il ne le laisse entendre à son ami Gilmour. L'excitation de Barrie est toute cérébrale, c'est un émoi supérieur à la frénésie qui l'agitait à Dumfries. Cette « dissipation », comme aurait dit un clerc Auld Licht, s'accompagne d'une sourde mélancolie. Jamie commence à percevoir la nature d'une différence née, certainement, au lendemain de la mort de David, mais sans songer un instant à l'analyser. Il met sur le compte de ce que tout le monde nomme sa « timidité » l'impossibilité dans laquelle il se trouve d'aller plus loin que le simple flirt dans ses rapports avec les actrices très disponibles que Gilmour et lui emmènent dîner après le spectacle. Sa camaraderie un peu rude avec Gilmour, le jeu de la convoitise, de la jalousie lui sont d'un secours appréciable : Jamie ne peut se permettre le luxe d'afficher la complexité de son caractère...

L'envie d'aller vivre à Londres le tenaille de plus en plus. Durant l'été 1884, il va s'y rendre pour un séjour éclair qu'il considère comme une sorte de « reconnaissance » des lieux où se passera sa vie future. Cela fait à présent plusieurs mois qu'il s'acharne à écrire des articles de critique littéraire ou des billets d'humeur qu'il envoie aux rédactions de la St. James Gazette et de la Pall Mall Gazette. Il n'a reçu encore aucune réponse mais pour rien au monde il ne désespérerait.

Au mois de décembre, il retourne à Kirriemuir. Ses parents et Jane Ann manifestent une sourde inquiétude pour l'avenir d'un garçon dont ils ne perçoivent pas clairement les ambitions. À leurs yeux, Jamie perd son temps à Nottingham. Et le voir s'enfermer dans sa chambre sous les toits, occupé à écrire sans relâche le « grand roman » dont il ne leur a pas dit grand-chose, n'est pas pour les rassurer. Gilmour ne lui a pas caché qu'il aurait beaucoup de mal à sortir de l'ornière que représente la rédaction du Nottingham Journal. Mais Jamie ne doute pas de son talent de polygraphe.

Les différents biographes de Barrie ne sont pas d'accord

sur la date exacte à laquelle fut accepté le premier « papier »
de Jamie dans la presse londonienne. Il semblerait que
des magazines moins en vue que la *Pall Mall Gazette* et la
St. James Gazette aient accepté la prose de Jamie au cours de
cet hiver, en échange de quelques livres sterling. Dans une
lettre écrite de Strathview au rédacteur en chef du *Liverpool
Post*, Barrie signale qu'il est en Écosse afin d'y réaliser des
interviews pour la *Pall Mall Gazette* et qu'il figure parmi les
pigistes les plus publiés dans la *St. James Gazette*. Il ment
effrontément, mais sa stratégie est habile.

Il compose ses chroniques d'humeur dans le goût des
humoristes de l'époque, héritiers de Thackeray et de Sterne,
teintées d'une ironie plus acide et d'une légèreté de ton qui
fait fi des valeurs victoriennes. Un texte daté du 28 janvier
1884, intitulé *Les Gentils Garçons*, est prémonitoire du style
futur de Barrie. « Les gentils garçons sont gentils en toutes
circonstances et celui-ci a l'air aussi délicieux, allongé par
terre qu'assis devant l'âtre, dans son ravissant costume de
velours. Mais songez à ce que va dire sa chère maman !
Lorsque vous prenez congé, le gentil garçon se glisse jusqu'à
la porte d'entrée et tend la joue pour un baiser. Si vous voulez rester en bons termes avec la mère, faites tout ce qu'il
désire et si vous décidez de rester un homme quoi qu'il
advienne, n'hésitez pas en revanche à lui flanquer une
bonne paire de gifles, sous l'œil ahuri de la mère et celui,
poliment détourné, du père. N'allez quand même pas jusqu'à
trucider le gentil garçon, car on ne sait jamais ; il ôtera
peut-être un jour son costume de velours et demandera à se
faire couper les cheveux. Sa mère n'est-elle pas entièrement
responsable de tout cela ? » Il y a quelque chose de swiftien,
d'irréel et de mièvre qui déroute l'esprit cartésien. Barrie,
déjà, s'initie à l'observation du monde de l'enfance et de ses
rapports singuliers avec l'univers des adultes tel que l'ap-
prenti écrivain les met en cause. L'encre dans laquelle il
trempe sa plume est mêlée de nostalgie, sentiment dominant chez cet être qui vient de quitter un monde rassurant –
mais qu'il ne peut plus supporter – et se sent sur le point
d'aborder un univers en accord avec ses plus secrets désirs.

Sa vie ne lui inspire pour l'instant aucun commentaire écrit – plus tard, son séjour à Nottingham servira de matière à un roman, *When a Man's Single* (*Quand un homme est célibataire*). Mais ce que Margaret Ogilvy ignore encore, c'est que les pages que Jamie couvre de sa fine écriture dans la mansarde de Strathview plongent avec insolence dans son propre passé. Les innombrables récits de la communauté Auld Licht, entendus soir après soir, au pied du lit maternel, ont fini par opérer une sorte de déclic. Jamie, en quête d'un sujet susceptible de fournir la matière de récits picaresques, d'un véritable « exotisme » au regard du public londonien qu'il vise avec obstination, a compris que ce matériau se trouvait à portée de sa main.

Très excité, il s'attelle à une première histoire utilisant quelques-uns des souvenirs rapportés par Margaret Ogilvy avec un luxe de détails, au point que Jamie n'a que très peu d'efforts d'imagination à fournir. Il donne à sa chronique, présentée comme une fiction, le titre *Auld Licht Idylls* (*Idylles Auld Licht*), et l'expédie au rédacteur en chef de la *Pall Mall Gazette*, Frederick Greenwood. Très intéressé, celui-ci répond au jeune écrivain : « J'aime beaucoup votre truc écossais – en avez-vous d'autres ? » Jamie bondit de joie. Et se remet aussitôt à écrire. Sa première collaboration londonienne paraît dans le numéro de la *Pall Mall Gazette*, le 17 novembre 1884, sous le titre *Communauté Auld Licht*.

À Kirriemuir, Jamie s'enferme de longues heures en compagnie de sa mère et de sa sœur, couvrant de notes ses carnets afin d'amasser le plus possible de sujets à traiter. Les deux femmes sont aussi enthousiasmées que lui par l'intérêt porté par Mr. Greenwood à la communauté écossaise. Margaret Ogilvy est loin d'imaginer que son rejeton, en donnant un léger « tour d'écrou » à la vision du monde de son enfance, en le caricaturant de sa plume incisive, moqueuse, met en évidence les ridicules de la puritaine religion Auld Licht. Elle ne se doute pas que certains membres de cette même communauté, encore bien vivante à Kirriemuir et dans les environs, risquent fort d'en prendre ombrage. Mais encore faudrait-il que les écrits de Jamie rencontrent un certain succès, ce qui est loin d'être le cas...

Jamie n'éprouve plus guère l'envie de retourner à Nottingham. Il décide d'aller rendre visite à son frère Alec, à Dumfries, après être allé livrer quelques articles commandés par le *Courant*, à Édimbourg. Le pauvre Alec se débat au milieu de sombres problèmes matrimoniaux. Il avoue en confidence à Jamie que sa vie de famille est un enfer et qu'il aimerait bien pouvoir, comme lui, connaître la grande aventure londonienne. Car il ne fait plus de doute que le dernier des fils du tisserand David Barrie va prendre le large. Tout l'y incite, et l'avis de son frère aîné va l'aider à rompre les dernières amarres. L'affection qui les lie se double à présent d'une réelle admiration de l'aîné pour le cadet. Alec n'est pas insensible à l'honneur qui est fait à Jamie de côtoyer dans les pages de magazine *Home Chimes*, qui vient tout juste d'accepter un de ses articles, des auteurs comme Swinburne, Coventry Patmore, Bret Harte ou le jeune Jerome K. Jerome.

4

LES AVENTURES LITTÉRAIRES DE MR. JAMES ANON

> Dès le moment où vous possédez un compte en banque, vous n'avez plus besoin d'un haut-de-forme.
>
> J. M. Barrie, *alias* Anon

James Matthew sera le premier Barrie à émigrer vers l'Angleterre. Margaret Ogilvy et son mari n'y ont jamais mis les pieds, mais ils ont beaucoup lu sur Londres et savent que cette ville immense, cosmopolite, n'est pas de tout repos. La détresse de sa mère, à l'annonce de sa décision irrévocable, n'entame pas le moral de Jamie, qui se sait soutenu par Alec, Jane Ann et son autre sœur Maggie, elle aussi favorable à ce départ.

Londres, en 1885, est le théâtre de graves tensions sociales, les ouvriers se révoltent, les « socialistes », qui fascinent et enrôlent le jeune Bernard Shaw, font entendre leur voix mais la vieille reine et ses ministres tiennent bon. Jamie n'a que faire de ces problèmes qui sont d'un autre monde que le sien. Il connaît la Babylone de ses rêves à travers les pages des magazines dont il a longtemps fait le siège et qui s'ouvrent à lui comme les portes d'une arche devant laquelle il a longtemps dansé. Il sait qu'il n'est rien, mais il se sent déjà important. Lorsqu'il prend, à Dundee, le train pour St. Pancras, ce petit bout d'homme chaplinesque, vêtu d'une redingote noire un peu élimée, chaussé de brodequins qui feront parfois sourire les rédacteurs de la *Pall Mall Gazette*, part à la conquête d'une ville imaginaire qui, de ce fait, ne lui fait pas peur.

Et lorsque, au matin du dimanche 29 mars, les reins endoloris par une longue station dans le wagon de troisième classe, Jamie débarque sur le quai enfumé, bruyant, de la gare de style gothique, il considère sans surprise un placard de la *St. James Gazette*, au sommaire de laquelle figure un article de lui, expédié quelques jours plus tôt de Kirriemuir. C'est en tout cas ce qu'il prétendra plus tard dans son livre de souvenirs *The Greenwood Hat*, mais la coïncidence semble un peu trop belle.

Barrie n'a pour tout bagage qu'une petite valise noire qui ressemble plutôt à une caisse, contenant quelques vêtements et son écritoire fétiche, offerte par Alec. Son ami Gilmour, déjà installé à Londres, où il est secrétaire de lord Rosebery – un parlementaire écossais dont Jamie ne manquera pas de fustiger la servilité à l'égard de la Couronne –, lui a donné rendez-vous à son meublé de Bloomsbury.

Dans le fiacre qui l'emmène vers le West End, Jamie observe attentivement la population qui va devoir inspirer ses premiers écrits londoniens. Il connaît tous les lieux de réunion du monde artistique et littéraire, le Café Royal, les galeries de Grosvenor, etc., mais la réalité quotidienne des gens simples – ses semblables – lui est totalement étrangère. Il va falloir s'acclimater, imaginer des histoires à raconter, pour être aussi inspiré que Jerome K. Jerome, F. Anstey, l'humoriste à la mode, ou Pett Ridge...

Gilmour est un brave garçon. Il a déniché pour Jamie une petite chambre non loin de celle qu'il occupe. Mais c'est chez lui que les deux jeunes gens se retrouveront la plupart du temps, dans la fumée de leurs pipes ou des cigares que Jamie a pris l'habitude de fumer en compagnie d'Alec. Gilmour et Barrie vont former durant plus de cinquante ans une singulière paire d'amis. On peut s'en étonner car rien ne semble devoir les rassembler, à la vérité, hormis le caractère pratique de leur cohabitation londonienne. Quelque chose justement, dans cette situation, fait penser à Sherlock Holmes et Watson, et à leurs rapports très insolites. Jamie et son ami auraient toutes les raisons du monde de se détester, l'un excentrique et rêveur, l'autre au contraire pragmatique et conventionnel. Mais de ces différences naît précisément la fraternité, une de ces solides amitiés d'hommes auxquelles les autres ne comprennent parfois rien et dont la clef est très souvent une curiosité réciproque jamais relâchée. Dépourvu de tempérament artistique, Gilmour prouvera son attachement au fantasque et lunaire Barrie en l'épaulant de son mieux sur le plan pratique. Il deviendra même, comme nous le verrons, une sorte de *business-manager* de Jamie.

Au lendemain de son arrivée, Jamie s'élance d'un pas pressé à travers le labyrinthe des rues du West End parfumées au crottin de cheval. Il se moque bien de savoir qu'on a posé des bombes sous les murs du Parlement ou qu'une manifestation d'ouvriers en colère bloque les abords du Mall. Il n'a qu'un but : aller faire la connaissance de Frederick Greenwood, le patron de presse qui, le premier, a manifesté de l'intérêt pour sa prose. Il a tout juste le temps de remarquer les affiches de la dernière comédie à succès des fameux duettistes Gilbert et Sullivan, *Le Mikado*, ou celles annonçant que Miss Jenny Lee fait un malheur au Royal Strand dans une adaptation de *La Maison d'Âpre-Vent* de Dickens. À Angel Court, une impasse où stagne l'âcre fumée qui rend souvent irrespirable l'air de la capitale – les bronches du malheureux Jamie vont en souffrir –, il est reçu par son idole. Mr. Greenwood, quinquagénaire replet, aux joues rouges ornées de favoris, accueille l'Écossais avec gentillesse et montre de nouveau beaucoup d'intérêt pour ses « récits folkloriques »; Jamie est invité à proposer encore des histoires Auld Licht.

Sa petite chambre de Guilford Street est située non loin du British Museum, lieu privilégié des écrivains en herbe. Samuel Butler, l'auteur d'*Ainsi va toute chair*, a raconté qu'il avait, vers cette époque, élu la salle de lecture du musée comme second domicile. L'endroit est des plus excentriques : les adeptes des théories de Marx y côtoient des ecclésiastiques venus se documenter sur la vie des saints. Et Barrie s'y retrouve peut-être au coude à coude avec Bernard Shaw, récemment évincé de la *St. James Gazette*, mais qui fait ses

débuts comme critique dramatique à la *Saturday Review.* L'Irlandais végétarien, « timide comme une souris d'église », ne
change pas plus souvent de vêtements que son futur rival,
mais il vilipende l'usage du tabac.

La grosse bouteille d'encre apportée de Kirriemuir va se
vider rapidement. Jamie n'arrête pas d'écrire, sur tous les
sujets imaginables que lui inspirent la rue, l'aspect physique
des Londoniens, mais aussi quelques événements moins
politiques que mondains, vus de l'extérieur. Jamie se glisse
partout où il peut – rédactions, salles de réunions, galeries,
foyers de théâtres. Ces derniers sont les véritables anti-
chambres de tous les pouvoirs. Jamie y hume un air qui
l'enivre, saisit au passage des répliques de gens célèbres
qu'il mêle un peu plus tard, dans sa chambrette, aux scènes
qu'il imagine et qu'il saupoudre de son humour « bizarre », au
dire de Greenwood. Gilmour, qui, par sa position, côtoie les
grands du royaume, lui glisse des informations et commente
avec lui les journaux. Pour ne pas afficher une apparence
trop minable, Jamie fait l'acquisition d'un haut-de-forme
qu'il coiffe, aussitôt franchies les limites du quartier des
clubs et des ministères. C'est ce couvre-chef qu'il baptisera le
« Greenwood hat », en hommage à son premier patron, mais
aussi peut-être parce que celui-ci lui a recommandé d'amé-
liorer son apparence quelque peu provinciale...

Jamie, tout dévoré d'ambition qu'il soit, n'ignore pas qu'il
va lui être difficile de se faire – au sens propre – un nom.
Tous ses articles, billets d'humeur, papiers critiques, etc.,
sont invariablement signés « Anon » (pour Anonyme), car,
à l'époque, seuls les grands journalistes ou les écrivains
renommés signent de leurs patronymes la prose qu'ils
publient. Alors, le fils facétieux de Margaret Ogilvy décide
de s'attribuer le sobriquet de James Anon, sous lequel il écrit
à sa famille et à ses amis d'Écosse.

L'humour avec lequel Jamie aborde la plupart des situations de la vie trahit à l'évidence un secret désarroi devant
les composantes de cette existence nouvelle, si différente
de celle qu'il a menée à Kirriemuir et à Édimbourg. En dépit
de lettres enthousiastes à sa mère et à Alec, il serre les dents.

Sa situation financière ne sera pourtant jamais précaire, parce qu'il travaille beaucoup et fréquente avec une telle assiduité les rédactions qu'il parvient à vendre une grande partie de sa production.

Il contemple les premiers chèques reçus avec une sorte d'effroi enfantin. Le cher Gilmour, mieux rompu que lui à la vie moderne, vient à son secours en proposant de les endosser sur son propre compte. Gilmour imagine sans doute que Barrie va lui aussi ouvrir un compte, mais rien ne se passe. Jamie trouve cet arrangement très commode et, les mois passant, Gilmour constate avec un amusement mêlé d'agacement qu'il est devenu *le* banquier de son ami !

Les très rares témoins des débuts de J. M. Barrie à Londres, comme Gilmour, apprennent à goûter la fantaisie qui auréole chacun des gestes de ce garçon fluet, au visage blanc et maigre, aux grands yeux rêveurs, doué d'un véritable charisme. Barrie tire ce charme d'un mélange de romantisme assez peu victorien, de la nostalgie constante des jeux de l'enfance et de toutes sortes de fascinations qui n'ont rien à voir avec les goûts des garçons sortis d'Eton ou de quelque *public school*. Gilmour est un vrai provincial. Il n'a que plus de mérite à savourer l'excentricité de Barrie. Mais ce qui le frappe surtout, c'est la culture « marginale » de ce fan de Meredith, ses mille projets littéraires et sa vision distanciée d'un Londres engoncé dans la pompe d'une ère finissante. La douce excentricité de Barrie semble évidemment bien pâlote au regard du mouvement esthétique sévissant alors dans les cercles les plus mondains de la capitale, et dont le chef de file n'est autre qu'Oscar Wilde. Les disciples du maître de ce que le journal satirique *Punch*, quelques années plus tôt, appelait la « société d'admiration mutuelle », forment une véritable cour. Les princes de l'opérette, Gilbert et Sullivan, en en faisant l'un des personnages de leur *Patience*, ne l'ont pas non plus ménagé. Mais le talent de l'auteur de *Vera et les Nihilistes*, de *La Duchesse de Padoue*, les dons de l'analyste raffiné des toiles de Whistler dans la *Pall Mall Gazette* (où sa plume côtoie la sienne) n'inspirent guère Jamie. Ils sont de deux mondes différents, qui jamais ne se croiseront. Wilde est un pur esthète, un novateur aussi. Barrie, lui, n'innove pas, il contemple seulement, de façon décalée, le monde qui l'entoure et s'en amuse sans vouloir le révolutionner. L'humour est son arme, ce qui n'est pas le cas de Wilde, homme du monde arrogant et plutôt voyant. On peut toutefois penser que Jamie goûte le charme enfantin des histoires que Mrs. Constance Wilde publie l'année où son mari se fait remarquer pour la qualité des contes rassemblés sous le titre *Le Prince heureux et d'autres contes.*

Le royaume de Barrie ne sera jamais celui des apparences, chères aux tenants du mouvement esthétique. Lorsque, au cours de l'été 1885, Maggie, sa sœur, vient lui rendre visite, elle retrouve un Jamie inchangé mis à part le haut-de-forme et fort peu londonien. Il connaît déjà bien les arcanes de cette ville, mais il n'a rien d'un snob. Comme à Nottingham, il tombe souvent amoureux de jeunes actrices, mais se trouve toujours aussi « gauche et inarticulé ». Maggie et lui vont se rendre pour quelques jours à Bristol et, au cours de ce voyage, il confie à sa sœur que, malgré tous ses efforts, « les femmes le trouvent insignifiant ». Mais fait-il vraiment des efforts ? La vie de garçon lui plaît, et il n'entend guère changer « ses manières pleines de clous, comme ses brodequins ». Pour donner le change ou noyer son chagrin, ce jeune homme hypersensible se voue aux sentiments de pacotille et adore en secret les héroïnes de Gilbert et Sullivan...

Le Londonien Jamie retrouve, toujours durant l'été 1885, Kirriemuir et les soins attentifs de Margaret Ogilvy et de Jane Ann. Ses débuts dans la presse anglaise ne sont pas passés inaperçus de ses concitoyens. Plus précisément, la communauté Auld Licht s'est émue du contenu sarcastique des chroniques parues dans la *St. James Gazette.* Elles n'étaient pas signées, mais le secret de leur paternité n'a pas résisté à quelques fuites dans l'entourage familial de l'auteur. La pauvre Margaret Ogilvy se retrouve prise entre la fierté légitime d'être la mère d'un « écrivain londonien » et l'opprobre qu'elle ressent d'avoir mis au monde un renégat de la religion dissidente dont elle a toujours suivi la règle. L'humour de Jamie n'a pas séduit le peuple rude dont il est issu, mais sa mère ne lui en fera pas longtemps grief. L'avenir, d'ailleurs, fera surgir la plus belle réponse possible à tous ces grincheux.

Barrie, revigoré par l'air pur des Grampians, rentre à Londres, où l'attendent d'innombrables collaborations. Au cours de l'automne, il va écrire simultanément pour le *Graphic*, le *Spectator*, le *Boys Own Paper*, magazine pour garçons auquel contribuent la plupart des humoristes de l'époque, et au très sérieux *English Illustrated Magazine*. Sans oublier deux colonnes hebdomadaires, comme correspondant d'un journal écossais. Une quantité ahurissante de chèques afflue sur le bureau du malheureux Gilmour, qui ne cesse d'exhorter Barrie à ouvrir un compte à la succursale de la Bank of Scotland la plus proche. Mais Jamie est entêté : il persiste à échanger ses chèques contre de l'argent liquide, même s'il doit pour cela patienter durant les voyages de plus en plus fréquents que fait Gilmour sur le continent.

Son imagination fonctionne comme une machine bien réglée. Il peut écrire sur tout et à propos de n'importe quoi, mêlant à ses souvenirs d'enfance ou d'adolescence des aventures récentes, vécues dans la réalité ou rêvées. Dans un de ses « papiers », il reprend même l'argument d'une saynète écrite à Dumfries. Mais, la plupart du temps, il s'efforce de détraquer, d'un coup de plume, le monde dans lequel il vit, et d'en faire surgir des personnages fantasques qu'il promène ensuite au gré de longs délires à travers les quartiers chic de Londres – Kensington, Chelsea – dont il parcourt lui-même interminablement les rues, les squares et les parcs. Jamie est snob à sa façon, enfantine, discrète mais insistante. Il ne cesse, sans se l'avouer vraiment, de renier les paysages misérabilistes de son passé, qui furent le décor de sa très grande détresse. Le souvenir de son frère David l'habite encore – il ne pourra jamais l'oublier –, et la vie qui recommence, loin de Margaret Ogilvy, mais avec sa bénédiction, doit se dérouler dans un monde différent. L'amateur de théâtre léger trouve dans l'opulence et le confort du

Londres *fashionable* des toiles de fond et des ambiances propices à son imaginaire.

Mais dans la réalité de sa chambre exiguë, Jamie commence à éprouver des maux de tête persistants – la tabagie permanente pourrait bien en être la cause –, et Gilmour lui propose d'aller passer les week-ends à bord d'une *houseboat* (maison flottante) sur la Tamise. Jamie découvre et s'émerveille d'un univers tout à fait digne des comédies qu'il adore, et que son confrère Jerome K. Jerome mettra en scène, en 1889, dans son roman *Trois Hommes dans un bateau*. Avec Gilmour et quelques autres célibataires, il va passer des moments de franche gaieté à bord de ces embarcations fleuries, où ils palabrent interminablement... « jusqu'au moment où les voix se taisent et les pipes s'éteignent ». Un texte de cette époque, plus tard intégré à *My Lady Nicotine*, restitue bien l'atmosphère des lieux et la psychologie des locataires des *houseboats*. Il s'intitule *Une villégiature* : « Un jour, nous dûmes casser un carreau pour laisser la fumée s'échapper. Puis Gilray renversa le fourneau et envoya un gigot de mouton dans la boîte à charbon. Jimmy eut la mauvaise inspiration de faire sécher nos verres sur le bord de la fenêtre. Un coup de vent les envoya dans la rivière, où ils sont encore. Autre détail : à bord de ce bateau, les courants d'air étaient une calamité. Le quatrième jour, en descendant par hasard au salon, je surpris mon chapeau de paille en flagrant délit : il partait par le hublot, emporté sur les ailes du vent. » La suite de l'histoire évoque l'embauche d'un *boy*, mélange de *butler* et de mousse, dont la personnalité va bien entendu exaspérer Gilray (Gilmour ?), Jimmy (Jamie ?) et leurs compères. « Il aimait surtout casser le charbon au-dessus de nos têtes jusqu'à ce que l'un de nous, se précipitant hors de la cabine, le menaçât de le noyer s'il ne restait pas tranquille jusqu'à neuf heures. Ce garçon gâchait toutes nos récréations. Nous ébauchions un whist : "Yaho! Tohi! Toho!" C'était le *boy* qui revenait du marché avec les légumes. Il fallait aller le chercher sur le chemin de halage. Nous lisions des romans : "Yaho! Tohi! Toho" C'était le *boy* avec l'eau potable. Nous faisions la sieste : etc. » L'histoire se termine avec l'arrivée d'un certain Pettigrew. « Quand il monta à bord, il nous trouva distribués ainsi : je fumais, assis dans le salon ; Marriott fumait, assis dans la chambre ; Gilray faisait de même dans la chambre n° 2 ; Jimmy était dans la chambre n° 3 ; et Scrymgeour s'était réfugié dans la cuisine. »

Le Marriott auquel Barrie fait allusion pourrait bien être la projection romanesque de son nouvel ami, Henry Marriott Watson – rencontré au Lord's, club de cricket à la mode où il se rend très souvent. Ce jeune géant venu de Nouvelle-Zélande est romancier. Ils ont sympathisé de manière très naturelle, à force de se retrouver assis côte à côte sur l'herbe du terrain... L'idée d'une collaboration de plume naîtra un peu plus tard.

À l'automne 1886, Gilmour et Barrie emménagent dans Grenville Street. Jamie a désormais son banquier à domicile. C'est dans ce nouveau cadre, un logement de « vieux garçons » – à l'instar de celui que, deux ans plus tard, les héros de Conan Doyle occuperont dans la fiction –, que Jamie se lance dans un nouveau projet d'écriture : un roman. L'idée, certes, n'est pas neuve. Combien de romans n'a-t-il pas déjà ébauchés, à Dumfries, à Édimbourg ou à Kirriemuir ? Mais, cette fois, il envisage sereinement et de façon réaliste la mise en chantier d'un récit de fiction. C'est à partir d'une de ces nouvelles, parue dans la revue de Greenwood, qu'il élabore le plan de son livre : *Better Dead* (*Mieux vaut mourir*). *Better Dead* évoquera les agissements d'une « Société pour la suppression de quelques personnalités », procédant à une série de meurtres perpétrés pour le plus grand soulagement de la population. Les personnalités visées sont celles qui intoxiquent l'environnement, à force de se répandre dans la presse à propos de tout et de rien, de manière toujours déplacée. Barrie a des têtes de Turc, le contraire serait surprenant, et imagine de régler ses comptes par l'intermédiaire d'une fiction qui prend les allures d'un roman policier. Il anticipe, ce faisant, sur l'essor d'un genre qui ne sévit encore que sous la forme de *penny dreadfuls* (fascicules à bon marché) ou, épisodiquement, sous la plume de romanciers comme Wilkie Collins. Barrie n'est pas à proprement parler un disciple de Poe, et son livre ne restera pas comme une date importante dans l'histoire de la fiction policière, quand bien même le hasard, malicieux, ait voulu le faire paraître la même année qu'un autre roman de mystère, dû à un jeune médecin écossais nommé Arthur Conan Doyle, *Une étude en rouge*.

Son livre terminé, Jamie se lance aussitôt à la recherche d'un éditeur. Du Strand à Bond Street, le haut-de-forme vissé sur son crâne, il fait la tournée de toutes les grandes maisons d'édition – sans succès. Il faut dire que, dans son manuscrit, le jeune auteur se moque ouvertement de figures éminentes, telles que lord Rosebery, Joseph Chamberlain, lord Randolph Churchill, le père de Winston, Ruskin, Robert Browning et même le grand, l'intouchable poète lord Tennyson. Il a mis dans sa prose suffisamment de fiel pour que les éditeurs hésitent avec juste raison à le publier. Mais leur refus tient avant tout au manque de relief de cette pochade. Barrie, obstiné dans son effort à être publié, aura recours au compte d'auteur. Et c'est sous la bannière d'un obscur éditeur de Paternoster Row, Swan Sonnenschein, que *Better Dead* voit le jour. La couverture s'apparente à celle des *penny dreadfuls*, et le livre sera mis en vente dans les aubettes à journaux de la firme W. H. Smith. Pour la première fois, le nom de J. M. Barrie est imprimé sur la couverture d'un livre...

Jamie, mort de trac, attend les premières critiques. Il a eu la précaution d'aller porter lui-même des exemplaires au domicile de personnalités du monde littéraire – à l'exception des victimes de sa « Société pour la suppression, etc. ». Il reçoit en retour quelques remerciements aimables, mais les articles seront très rares, et toujours négatifs.

Dépité, mais nullement découragé, Barrie décide de tourner provisoirement le dos à la création romanesque et de poursuivre une carrière journalistique plus que prometteuse.

1887 est l'année où Greenwood abandonne son poste de directeur de la *St. James Gazette*. Jamie abandonne du même coup sa collaboration et commence à signer de courts essais

dans le *Scots Observer* d'Édimbourg. Le premier est consacré
à George Meredith, sa grande admiration littéraire depuis
longtemps. Peu après son arrivée à Londres, ils se sont ren-
contrés, et Meredith a lu avec plaisir quelques-unes des chroniques de Barrie. C'est par l'intermédiaire de Greenwood que
le fan du grand romancier a pu s'entretenir longuement avec
lui dans sa maison de Box Hill. Ils se sont plu immédiatement, et comme preuve de cette intimité littéraire, qui
durera jusqu'à la mort de l'auteur victorien sans doute le plus
sophistiqué et le plus secret, demeure une photographie que
Barrie tiendra à reproduire dans son livre de souvenirs *The
Greenwood Hat*.

L'une des passions de Jamie est le théâtre. Il s'y rend le
plus souvent possible, faisant profiter Gilmour de ses billets
de faveur. Ils iront applaudir ensemble Ellen Terry et Henry
Irving dans *Faust*, au Lyceum, et *Ruddigore*, le nouveau spectacle musical de Gilbert et Sullivan, au Savoy. Marriott Watson les accompagne quelquefois, et, au cours d'un souper, le
Néo-Zélandais annonce à Barrie qu'il a un projet de pièce : il
aimerait trouver un collaborateur. Mais Jamie fait la sourde
oreille. Il est vrai qu'il est alors, au début de 1888, très excité
à l'idée de pouvoir donner enfin son congé à « James Anon »,
signant à présent la plupart de ses écrits de ses initiales
ou de son nom complet. Il vient de faire la connaissance de
W. H. Henley, un homme de presse écossais influent qui
apprécie beaucoup sa prose. Quelques semaines plus tard, il
est également sollicité par un autre éditeur, William Robertson Nicoll, encore un Écossais, directeur de la *British Weekly*.
Nicoll a aimé le ton et l'originalité des chroniques Auld Licht.
Travaillant comme éditeur chez Hodder et Stoughton, il propose à Barrie d'en faire un recueil. Ce sera chose faite en
avril 1888, Jamie ayant retravaillé le texte de manière à créer
un fil conducteur.

Cette fois, c'est le succès. Les critiques, enthousiastes, ne
se font pas attendre : *Auld Licht Idylls* apparaît aux yeux des
courriéristes les plus exigeants comme un petit chef-d'œuvre
d'observation et d'humour. Le livre de Barrie se singularise
parmi la production typiquement anglaise du moment : les

romans de Jerome K. Jerome, d'Anthony Hope (*Le Prisonnier de Zenda*), de son ami Marriott **Watson**, sans parler de vétérans victoriens comme Anthony Trollope, Walter Besant et Charles Reade et, bien sûr, les contes anglo-indiens de Kipling. L'humour écossais est quelque chose de neuf dans le paysage littéraire, et l'on ne doute plus qu'un nouvel auteur est né.

Stimulé par cette bonne fortune et encouragé par son éditeur W. R. Nicoll, Barrie se lance dans un roman plus traditionnel, inspiré par sa vie de journaliste solitaire à Nottingham (*When a Man's Single*). Il mesure à présent l'accélération de sa vie : depuis son arrivée à Londres, son destin s'est emballé. Son nom est connu d'un milieu qu'il rêvait de conquérir et auquel il a encore beaucoup à prouver. Il n'est plus solitaire – du moins en apparence, car nous ne savons pas grand-chose de la vie privée de Jamie. Gilmour connaît son inclination pour les jolies artistes lyriques, mais en vérité, Jamie fréquente bien davantage les terrains de cricket que les appartements des dames qu'il admire sur scène. Ses chroniques témoignent elles aussi d'un état amoureux permanent, celui d'un certain nombre de célibataires dont Barrie offre l'image presque caricaturale.

5

PREMIERS PAS D'UN MAGICIEN

Ce qui séduit les lecteurs d'*Auld Licht Idylls,* dans l'Angleterre encore très pudibonde et corsetée de 1888, c'est avant tout la liberté de ton, l'insolence enfantine avec lesquelles leur auteur, ce jeune Écossais inconnu du plus grand nombre, décrit la vie quotidienne d'une contrée à la fois très proche et très lointaine. Tandis que son compatriote Stevenson, qu'il admire de plus en plus, s'embarque, à San Francisco, pour les îles du Pacifique devenues sa seule raison de vivre, ou de survivre, Jamie fait tout simplement découvrir à l'Angleterre, qui l'accueille sans trop de réticences, le décor de la vie de ses ancêtres, transfiguré comme par magie. Notre immigré n'éprouve pas le besoin, comme Bernard Shaw, de prendre parti pour les plus défavorisés. Tout au contraire, il lorgne déjà, les yeux brillants, vers les jolies maisons de South Kensington avec vue sur le parc! La détermination, chez lui, remplace l'arrivisme, car il ne s'abaisse jamais à faire le jeu des gens influents qui pourraient l'aider à sauter quelques obstacles et gagner ainsi du temps. Il a tout son temps. Son admiration pour Meredith ne lui est d'aucun secours pour sa carrière, et, d'ailleurs, il ne fréquente aucun des salons littéraires où se bouscule la clique des amis d'Oscar Wilde. Barrie n'est le snob que de son propre snobisme, qui est celui d'un petit provincial écossais désireux de faire découvrir aux autres le monde étrange, sans pareil, qu'il porte en lui.

Les critiques n'ont sans doute pas totalement perçu l'originalité d'une œuvre encore balbutiante, à travers les douze

chapitres d'*Auld Licht Idylls,* dont le narrateur est le *dominie,*
c'est-à-dire le maître d'école de la petite communauté de
Thrums, double imaginaire de Kirriemuir. La langue parlée
est celle pratiquée naguère par la petite Margaret Ogilvy, et
la plupart des personnages sont ceux si souvent évoqués par
elle aux oreilles attentives de Jamie. Des êtres qui vivent,
parlent comme les acteurs d'un conte de fées sarcastique
plutôt que comme les habitants d'une petite ville d'Écosse
« avec ses vieilles églises, ses ateliers de tissage et son
humble population », comme le remarque un journaliste
séduit seulement par la surface des choses. Comment lui
en vouloir de ne pas avoir capté, d'emblée, la singularité de
Barrie ?

Le roman suivant de Jamie ne facilitera du reste pas
cette compréhension. *When a Man's Single* est un livre beaucoup plus classique que le précédent, et c'est la raison pour
laquelle Barrie, lors de sa publication en feuilleton, a préféré
le signer du pseudonyme d'Angus Ogilvy. Le héros, Rob
Angus, est un journaliste débutant, et le récit de son existence est pittoresque, amusant, mais sans plus. H. G. Wells,
dans ses Mémoires, rend à ce livre un hommage inattendu
et vibrant, déclarant que le livre de Barrie lui a « dévoilé les
mystères du journalisme ». La part vécue de l'histoire ne lui
inspirera que la réflexion suivante : ce qui fait du personnage
central un authentique journaliste, c'est qu'il peut aborder
tous les sujets, les plus humbles ou les plus triviaux, avec le
même enthousiasme. « Alors que, dans mon cas, ajoute
Wells, plus j'étais éconduit, plus je choisissais des sujets abs-
cons, j'aurais dû comprendre qu'il eût été plus avisé de viser
moins haut et de faire mouche à chaque fois. »

Le succès de ce livre sera bien inférieur à celui du précédent, les Anglais lui préférant le langage imagé des habitants
de Thrums et les emportements de Mr. Dishart, le ministre
du culte, ou les palinodies de Snecky Hobart, le carillonneur,
véritables figures à la Dickens, mais évoquées avec une éco-
nomie langagière tout écossaise... Le Clochemerle inventé
par Barrie captivait un auditoire bien plus large que les états
d'âme du héros du roman, sous-titré *Un conte de la vie litté-*

raire, mais c'est aussi, peut-être, parce que *When a Man's Single* est un roman, et n'est que cela. Depuis longtemps, Barrie ne rêve que d'écrire des romans. Ses carnets sont couverts de notes relatives à d'innombrables gros chefs-d'œuvre qu'il envisage de produire, et l'on est en droit de se demander s'il ne s'aveugle pas sur ces projets. Lorsque Rob Angus, qui a juré de ne jamais enterrer sa vie de garçon, tombe amoureux d'une jolie provinciale et qu'il la demande en mariage, quelque chose sonne faux : l'art du romancier n'a pas su remédier au flou évident du vécu...

L'année 1888 n'en demeure pas moins une année charnière, et prolifique. Barrie trouve le temps, au milieu d'un nombre phénoménal d'articles à écrire, de composer un troisième livre, intitulé *An Edinburgh Eleven* (*Le Onze d'Édimbourg*). Il s'agit d'un recueil de portraits des personnages qui, à titre divers, ont compté – ou continuent d'avoir une extrême importance à ses yeux. Des Écossais, bien sûr : Robert Louis Stevenson y côtoie lord Rosebery – décidément mis à toutes les sauces ! –, l'explorateur Joseph Thompson, ainsi qu'un certain nombre de ses maîtres à l'université d'Édimbourg, l'helléniste John Stuart Blackie, le Pr Masson, le Pr Tait, etc. C'est l'ancien *fellow* (condisciple) qui s'exprime à travers les pages de ces courts essais impertinents, voire sarcastiques – souvent un peu obscurs pour le non-initié. Tout de même, Barrie réussit à se montrer captivant à travers ces souvenirs très codés, comme lorsqu'il décrit l'émotion du très lettré Pr Masson à l'annonce du décès de Carlyle. Le fétichisme littéraire de Barrie y apparaît déjà dans toute sa splendeur. Mais c'est bien sûr l'essai sur Stevenson qui requiert le plus notre attention. « De tous les auteurs vivants, écrit Barrie, aucun mieux que Mr. Stevenson ne parvient à ensorceler le lecteur, jouant avec les mots comme avec les notes d'une musique. » Un peu plus loin, il conte une anecdote plus personnelle : « En lisant *L'Île au trésor*, j'ai laissé mon feu s'éteindre, en plein hiver, sans me rendre compte que je gelais. » Néanmoins, Barrie se montre critique : à ses yeux, Stevenson n'est pas un vrai romancier. Il le compare à Henry James, « maître de cette école qui nous raconte en trois volumes comment Hiram K. Wilding fait sa cour à Miss Alice Sparkins sans que rien ne se passe ». Et c'est James qui, selon lui, a le mieux analysé l'auteur de *Docteur Jekyll et Mister Hyde*. Il renonce à se livrer à l'exégèse, affirmant seulement qu'il préfère *Kidnapped*, « le plus beau livre qu'on puisse offrir à un garçon d'aujourd'hui », à *La Flèche noire*. Il reproche à Stevenson de ne pas être un grand poète, de ne rien connaître à la religion des Écossais, puis conclut de façon assez contradictoire en lui reconnaissant de grands mérites comme auteur de fiction. En un mot, il l'adore, mais sa propre fierté de compatriote et de concurrent l'empêche de succomber tout à fait à l'admiration.

Le livre paraît au début de 1889, au moment où Jamie décide de se remettre courageusement à l'écriture d'un roman. Son grand roman, qu'il intitulera *The Little Minister* (*Le Petit Ministre*). L'histoire ayant pour cadre l'Écosse, il part s'installer à Kirriemuir, à l'abri des murs épais de la maison familiale. C'est la première fois, semble-t-il, que Jamie ne craint pas d'affronter Margaret Ogilvy et son tempérament fantasque, autoritaire, qui risquerait de venir troubler la mise au monde d'une œuvre littéraire. Ou bien c'est un défi. Mais le fils de cette femme difficile, ayant accompli déjà une partie importante du chemin de la reconnaissance, se dit qu'il n'a plus rien à craindre. Margaret peut à juste titre se considérer comme une des sources d'inspiration du travail de Jamie. Et cette cabotine ne peut qu'être secrètement flattée de voir revenir son Londonien de rejeton sur la scène Auld Licht, à la recherche de nouveaux sujets de fiction. Dans le livre qu'il écrira sur elle, Barrie a brossé de sa mère un portrait au quotidien qui date précisément de cette période : « Elle commence la journée au coin du feu, le Nouveau Testament sur les genoux. C'est un vieux volume aux pages recollées, à la couverture cousue et recousue par elle. Il est à moi, maintenant, et pour moi, le fil noir dont elle l'a consolidé fait comme partie du texte. Les autres livres, elle les lisait à la façon ordinaire, mais il n'en allait pas de même pour celui-là. Ses lèvres remuaient à chaque mot, comme si elle lisait à voix haute, et son visage était solennel. Je l'ai vue lire d'autres ouvrages dans les premières heures du jour, toujours d'un air coupable, car elle estimait à peine bienséant le plaisir de la lecture avant le soir venu.

« Elle passe sa matinée à ne rien faire, selon ses dires. Cela pourra consister à faire des ourlets – ou bien, on la trouvera perchée sur une table, avec des clous dans la bouche, ou bien elle sera sous son lit à la recherche de certains cartons... Nous la complimenterons, au dîner, d'abord parce qu'elle le mérite, ensuite pour qu'elle accepte de manger quelque chose. Je doute qu'elle ait jamais donné une heure de sa vie à des pensées gourmandes. Quand je suis à Londres, j'exige quotidiennement un bulletin de ses repas. On les brandit, paraît-il, devant elle et elle soupire : "Dites-lui que je vais manger un œuf." Puis on attend, plume en main, qu'elle ait mangé son œuf.

« Elle n'est jamais allée "se promener" une fois dans sa vie, même si elle a beaucoup couru les chemins au temps de son enfance. Je suis, moi, un de ceux qui "se promènent" et, lorsque je sors, nos conventions exigent qu'elle se repose jusqu'à mon retour. Pour m'assurer de leur exécution, je tiens à la voir au lit avant de partir. Mais le bruit de la porte refermée la fait se mettre à la fenêtre pour me guetter. Il y a un endroit sur la route où mille fois je me suis retourné pour lui faire signe en agitant ma canne, tandis qu'elle hochait la tête, souriante, et m'envoyait des baisers. Ces baisers qu'on envoie de la main, c'est la seule coutume anglaise qu'elle ait jamais apprise.

« Le jour tombant, elle le suit, son ouvrage à la main, vers la fenêtre, puis bientôt le gaz flambe et il n'est plus honteux de se mettre à lire. Si le livre est un roman de George Eliot ou de Carlyle, elle lira, en extase, durant des heures. »

Jamie nous montre ensuite sa mère furetant à la porte de la chambre où il écrit. « Il est neuf heures, ou le quart, ou la demie, puis peu importe car je m'acharne sur une phrase qui ne veut pas venir. Ma sœur est allée dire à ma mère : "Je suis montée à neuf heures le prévenir et il m'a dit 'Dans cinq minutes.' Alors j'ai mis le bifteck au chaud." "Oh! Damnées écritures", fait ma mère qui, bientôt, ouvre ma porte. Quand je vois que c'est elle, je me lève et lui passe un bras autour de la taille. "Quel gaspillage", dit-elle, en regardant la corbeille où s'entasse la plus grande partie du travail de ma soirée. Avec un tendre geste, elle ramasse une feuille déchirée et l'embrasse : "Pauvre petite, lui dit-elle, tu aurais pourtant bien voulu qu'on t'imprime." Et elle met la main sur mon pupitre pour m'empêcher d'écrire. »

Dernière image, plus sombre, mais révélatrice des sentiments plus secrets que dissimulent les phrases maniérées de Jamie. Margaret Ogilvy pousse son fils vers la salle à manger. « "Tu vas laisser ton ouvrage, mon garçon, manger sans tarder, puis tu monteras tenir compagnie à ta mère un brin de temps, car bientôt tu t'en iras la conduire au cimetière." Nous gravissons les marches ensemble. "Nous avons changé de rôle, dit-elle. Je t'aidais à monter dans le temps, mais à présent c'est moi le bébé." Elle reprend le Nouveau Testament, toujours à portée de sa main. Et, après avoir lu longtemps, elle me donne un clin d'œil et je me retire pour la laisser seule avec Dieu. »

Un projet qu'on pourrait qualifier de « paralittéraire », parce qu'il implique la participation d'un certain nombre de gens de plume, se concrétise en cette année 1889 : la création d'une équipe de cricket amateur. Jamie et Gilmour (fiancé à une jeune Écossaise rencontrée dans l'entourage de Joseph Thompson) et Marriott Watson en ont eu l'idée en assistant à un match sur le terrain de Shere, dans le Surrey. Thompson et l'explorateur Paul du Chaillu (« célèbre chez les gorilles », selon Barrie) vont se joindre aussitôt à eux, emballés par ce projet. Ils formeront la base de l'équipe dont Jamie est l'âme véritable, le technicien. Tous ces amis s'accordent à lui reconnaître un superbe « bras gauche », et le nom que vont adopter les Onze concrétise l'hommage qu'ils entendent bien lui rendre, avec un jeu de mots assez audacieux mais digne de lui : the Allahakbarries[1].

Ces Allahakbarries réalisent un rêve adolescent intégrant à la fois le goût du jeu et l'accomplissement de l'amitié virile telle que la conçoivent les Anglo-Saxons. C'est une sorte d'excroissance de la notion de club, dédiée au grand air et permettant de tenir à distance la compagnie des femmes. Barrie aime les clubs, de façon moins mondaine que viscérale, pourrait-on dire, car ce solitaire de corps n'aime pas la solitude d'esprit. Il la trouve même insupportable, en souvenir peut-être d'une enfance qui ne fut pas vraiment heureuse. L'existence de cette équipe de cricketers, mythique dès sa création, flatte Jamie dans toutes les composantes de sa singulière personnalité. C'est presque une forme de spectacle pour ce grand timide qui ne songe qu'à exhiber son âme romantique. Elle est aussi l'expression un peu collégienne, farceuse, de son sens immodéré – et très écossais – de la famille. Bref, elle se révèle une pure création de son esprit, une de ses premières œuvres marquantes – et durables.

Sa notoriété naissante fait de Barrie un hôte à présent recherché. Il dîne chaque soir en ville où l'on raffole de ses anecdotes interminables, pleines d'un humour absurde ou enfantin, ou supposé tel par les autres convives. Mais les contacts superficiels de ces réunions mondaines ne sont pas vraiment ce qu'il recherche. Jamie prend un plaisir extrême à connaître les familles de ses amis, et plus précisément les enfants. Il est ainsi devenu le complice des fils de Robertson Nicoll, son éditeur chez Hodder, de la jolie Margaret Henley, âgée de quatre ans, fille du journaliste-éditeur W. H. Henley, et de Bevil, dit Pippa, fils unique de l'écrivain Arthur Quiller-Couch que toute l'Angleterre déjà ne nomme plus que « Q ».

Le futur sir Arthur, de trois ans plus jeune que Jamie, partage sa vie entre l'enseignement dans un collège de Cambridge et sa propriété de Fowey, en Cornouailles, où il réside en compagnie de sa femme et de son fils. Il a connu en 1887

---

1. « Allahakbar » est la transposition phonétique de l'invocation musulmane « Dieu est grand! ».

un premier grand succès littéraire avec *Dead Man's Rock* (*Le Rocher de l'homme mort*), roman dans la tradition déjà revendiquée de Stevenson. « Q » est un homme d'une vaste culture, de santé fragile et aussi peu mondain qu'il est possible. Sa maison de Fowey domine les rochers sauvages d'une région d'Angleterre que Jamie découvre au cours des nombreux week-ends qu'il passe en compagnie de « Q », de sa femme et de Bevil. Mais, pour Barrie, « Q » incarne avant tout le père idéal.

Le mariage de Gilmour oblige Barrie à trouver un appartement, qu'il choisira du côté de Kensington. Ses moyens le lui permettent, et il a enfin condescendu à ouvrir un compte en banque, au grand soulagement de son vieil ami qui commençait à trouver cette plaisanterie écossaise un peu longue. Il élit domicile dans un petit meublé d'Old Quebec Street, non loin de Marble Arch. Puis il décide d'aller trouver au pays de ses ancêtres le calme nécessaire à la rédaction de son « grand roman ». Il loue une maison à Glen Clova, tout près de Kirriemuir, et il y invite ses parents, Jane Ann, Maggie, ainsi qu'Alec, sa femme et leurs enfants. Margaret Ogilvy a soixante-dix ans et ne cache plus à personne sa fierté d'être la maman d'un écrivain connu. Elle s'inquiète toutefois des maux de tête qui assaillent de plus en plus régulièrement son pauvre Jamie. Mais les longues marches à travers la campagne, les parties de pêche dans la Glamis vont contribuer à le retaper.

Songe-t-il déjà au livre qu'il publiera quelques années plus tard sous le titre *Margaret Ogilvy*, en hommage à cette femme singulière, aussi attachante que déroutante, et à son enfance à Kirriemuir ? L'émoi suscité par la publication d'*Auld Licht Idylls* entretient l'obsession qu'il doit à sa mère son premier vrai succès littéraire. Dans ce futur livre, il écrira : « Nos innombrables conversations m'avaient rendu sa jeunesse aussi présente que la mienne et bien plus merveilleuse, car, pour un enfant, la plus étrange des choses, le livre d'images le plus richement colorié, c'est l'idée que sa mère a été petite, elle aussi. Du contraste entre ce qu'elle est et ce qu'elle fut jaillit peut-être la source de tout *humour.* » C'est Barrie qui souligne le mot « humour », et cette définition très personnelle de l'humour pourrait bien constituer, aussi, la définition de la fiction selon Barrie.

Rentré à Londres, Jamie laisse provisoirement de côté le manuscrit de son roman pour répondre à la demande pressante de W. Roberston Nicoll et des éditions Hodder, qui aimeraient publier une suite à la première série de chroniques écossaises de leur poulain. Il s'exécute et, quelques mois plus tard, leur soumet le contenu d'une seconde série d'aventures de la communauté néo-presbytérienne, qui paraîtra en librairie en 1889 sous le titre *A Window in Thrums* (*Une fenêtre à Thrums*). La critique anglaise renouvelle ses éloges : « Sûrement la tentative d'évocation la plus réussie, la plus authentiquement littéraire, de la vie écossaise d'autrefois », peut-on lire dans le *Spectator.* Les « amis » de Margaret Ogilvy, à Kirriemuir et dans la région, ne sont pas du même avis. Une fois de plus, à leurs yeux, ce chenapan de James Matthew Barrie vient de les ridiculiser. Il a même poussé l'outrecuidance jusqu'à y caricaturer sa propre mère sous le nom de Jess McQumpha, une épouse de tisserand dont le fils Joey est tué dans un accident. La biographie familiale affleure sans cesse dans ce « roman » qui transforme à peine certains éléments dramatiques de la vie des Barrie. Nous ne saurons malheureusement jamais ce que Margaret Ogilvy pense vraiment de son romancier de fils car, dans le livre qu'il lui consacrera, les confidences supposées d'un fils sur sa mère apparaîtront souvent plus romanesques que les intrigues des chroniques Auld Licht...

À Londres, Jamie publie dans les pages du très chic magazine *Contemporary* un essai, *Thomas Hardy, historien du Wessex,* résultat de longues années de lectures admiratives d'une œuvre qu'il chérit particulièrement. Cet article passionné renforcera des liens d'amitié littéraire plus étroits que ceux établis avec George Meredith. Barrie rendra souvent visite à Hardy et à son épouse, à Max Gate, dans le Dorset.

En 1890, Jamie déménage pour Old Cavendish Street, tout

près de l'endroit où la commerçante Oxford Street se jette dans la verdure du Park. C'est à cette nouvelle adresse qu'il reçoit un jour un petit mot d'un certain Thomas Wemyss Reid, journaliste et l'un des directeurs de la maison d'édition Cassell et Cie. Wemyss Reid lui propose de collaborer à un journal, *The Speaker*. Il accepte aussitôt. Cassell et Cie deviendra, quelques années plus tard, l'éditeur d'une partie de sa production. En attendant, toujours avide de le publier, W. R. Nicoll lui suggère de rassembler en volume un certain nombre de chroniques. Barrie a l'idée plaisante de constituer une sorte d'anthologie de ses textes relatifs à son amour du tabac, souvenirs et fictions mêlés à la manière des *Idle Thoughts of an Idle Fellow* (*Pensées paresseuses d'un paresseux*) de son confrère Jerome K. Jerome. Le livre s'intitulera joliment *My Lady Nicotine.* On constate avec amusement en le lisant que le narrateur, dont le meilleur ami est un certain Gilray, y parle de son épouse... Il y évoque aussi son frère aîné. Les dernières pages font référence au grand critique théâtral William Archer, traducteur d'Ibsen et responsable de la mode « ibséniste » qui commence à sévir en Angleterre. Mauvais esprit comme toujours, Barrie est un opposant farouche au goût des snobs pour ce dramaturge étranger. Et ce, au point de composer une insolente petite pièce intitulée *Ibsen's Ghost* (*Le Fantôme d'Ibsen*), au ton léger et railleur mais dénotant cependant une grande connaissance de l'œuvre qu'il pourfend. Il la propose au grand J. L. Toole, qu'il admirait tellement du temps de ses études à Dumfries, à présent propriétaire d'un minuscule théâtre au bas de Haymarket. Toole adhère aussitôt à cette idée farfelue consistant à mettre en boîte Ibsen, au moment même où *Hedda Gabler* fait salle comble au Vaudeville et où *La Maison de poupée* déclenche l'admiration de la critique londonienne. Ainsi Barrie entre-t-il comme par effraction, par la petite porte en tout cas, dans ce monde du théâtre qui l'attire depuis toujours sans qu'il ose vraiment se l'avouer. En mai 1891, alors que Bernard Shaw, son confrère, à peine connu de lui, publie une passionnée *Quintessence de l'ibsénisme*, il fait entendre, pour la première fois sur scène, par le truchement d'acteurs peu négligeables, dont Toole lui-même et la jeune et belle Irene Vanbrugh, sa voix de dramaturge.

Puis il se remet à son roman. *The Little Minister* poursuit en fait la chronique inspirée de Thrums. Le narrateur en est, de nouveau, le *dominie*, réduit au rôle d'observateur puisque le héros de l'histoire est un jeune homme du nom de Gavin Dishart, âgé de vingt et un ans, futur ministre du culte dans la petite ville. Gavin est arrivé à Thrums en compagnie de sa mère Margaret. Bientôt, son regard et ses sens sont attirés par la troublante et mystérieuse gitane Babbie.

Les autres protagonistes sont la « Femme peinte » et sa fille illégitime, Grizel, une enfant de sept ans qui ne supporte pas son demi-frère Tommy, un peu plus âgé qu'elle. Tommy et Grizel vivent dans un monde irréel, celui qu'évoque sans cesse pour eux leur étrange marâtre. Tel le Jamie des années 1860, Tommy, stimulé par les récits de sa mère, s'approprie en imagination les aventures de *Waverley*, le roman de Walter Scott, y mêlant les souvenirs de la vie jacobite à Thrums. Chaque samedi soir, Grizel et lui retrouvent Gavin et quelques autres habitants de la petite cité pour « jouer » ces histoires débridées. Le roman se termine sur un au revoir de Tommy et Grizel aux lecteurs...

Plus romanesque que les précédents essais de Barrie, *The Little Minister* plonge délibérément dans l'univers de la féerie, alimentée par le matériau familial – la mythologie de Margaret Ogilvy. Il baigne dans une ambiance onirique entretenue subtilement par le style de Barrie. Un style quelque peu maniéré, émaillé de termes empruntés au langage des générations disparues de Kirriemuir...

Alors qu'il termine la première version du roman qu'il remaniera au cours de l'année suivante, pour ne le publier qu'en 1891, chez Cassell et Cie, Barrie revient au pays natal. Il constate alors que sa célébrité n'est pas seulement locale, puisque, au dire de sa mère et de Jane Ann, des voyageurs anglais abordent parfois les habitants de la ville en leur demandant : « Pouvez-vous nous indiquer la maison qui a servi de modèle à celle de *A Window in Thrums*? » Margaret Ogilvy, très flattée mais aussi agacée de voir des gens venir rôder sous ses propres croisées, aura bientôt l'idée de montrer aux gêneurs le petit cottage situé de l'autre côté de la rue, et dont une fenêtre surplombe le vallon où coule la Glamis, en leur disant : « C'est elle, la fenêtre sur *Thrums*! » Les années passant, la petite maison au toit de chaume, voisine de celle des Barrie, deviendra, aux yeux de tous, la maison du roman de Jamie, au point qu'elle porte encore aujourd'hui, un siècle plus tard, le nom, fièrement peint sur le linteau de sa porte de A WINDOW IN THRUMS.

6

MARY ANSELL

> Maintenant, je pouvais revoir
> ma mère et les bancs de Hyde
> Park n'apparaissaient plus aussi
> menaçants sur notre carte de
> Londres.
>
> J. M. Barrie, *Margaret Ogilvy*

Jamie vient d'être élu au Savage Club. Cet honneur – une extravagance aux yeux de sa mère, ainsi que le lui confiera plus tard Jane Ann – est un nouveau pas sur le chemin de la reconnaissance. Toutefois, Barrie, contradictoire en bien des domaines, se montrera souvent très irrévérencieux à l'égard des institutions britanniques. Mais la réussite a un prix. Et tout réussit à cet homme de trente ans, dont l'apparence est toujours celle d'un clerc de notaire, vêtu de noir, son pâle visage aux immenses yeux clairs se dressant au-dessus d'un col cassé d'où pend une cravate également noire. En dehors de l'écriture, le grand pouvoir de Jamie réside dans sa parole et dans son regard. Sa voix est douce, gentiment rocailleuse, entêtante, et les enfants y succombent infailliblement. Son regard, profond, nostalgique, est plein de malice et de douceur.

Lorsqu'il est à Fowey, chez les Quiller-Couch, Jamie passe de longues heures à jouer avec Bevil. Les adultes ne cachent pas leur étonnement à le voir devenir à volonté l'absolu complice, par la voix comme par les attitudes, de ces gentilles énigmes que sont souvent les enfants en bas âge pour leurs parents eux-mêmes. Il éprouve une passion également très grande pour Margaret, la fille de l'éditeur W. H. Henley. Son affection pour elle s'accroît encore du jour où il apprend que l'enfant est très gravement malade – elle mourra à l'âge de six ans. Margaret Henley adore Jamie, qu'elle appelle « *My Friendy* ». Lorsque le mal qui la ronge l'empêche presque de parler, la malheureuse fillette accueille l'écrivain d'un « *My Wendy* » que celui-ci n'oubliera jamais, au point qu'il l'immortalisera dans *Peter Pan*, le plus beau cadeau qu'il pouvait faire à Margaret devenue ange...

Pendant l'hiver, tout en travaillant à son roman, il écrit une pièce qu'il baptise *The Houseboat*. Elle a pour décor une maison flottante, théâtre de tant d'heures facétieuses passées en compagnie de Gilmour et de leurs amis. Il va rendre visite à Henry Irving, au Lyceum, qui l'encourage mais lui suggère de vendre sa pièce à J. L. Toole. Celui-ci accepte *The Houseboat*; puis on perd la trace de cette embarcation, qui réapparaîtra bientôt sous un autre nom et jouera un rôle non négligeable dans la suite des aventures de J. M. Barrie.

Cinq ans après son arrivée à la gare de St. Pancras, Jamie publie enfin le « grand roman » dont il rêve depuis longtemps. Quel que soit l'accueil que la critique et le public réserveront à cette œuvre, ses arrières sont assurés. Ce livre est le sixième, et le succès des précédents atteste de son existence indiscutable comme romancier de valeur. Des centaines d'articles, de chroniques et de billets d'humeur lui donnent du poids face à l'impitoyable jury anglais qui guette le moindre faux pas de l'Écossais, mais cette angoisse est peut-être simplement une illusion de celui qui a toujours fait cavalier seul.

À l'automne 1891, au moment où l'éditeur Cassell s'apprête à mettre en vente *The Little Minister*, les concurrents sérieux se nomment Jerome K. Jerome – ses *Trois Hommes dans un bateau* ont été un best-seller des deux côtés de l'Atlantique; Kipling – les *Simples Contes des collines* datent de 1888 et il vient tout juste de publier la première version de *La Lumière qui s'éteint*; Conan Doyle, dont les *Sherlock Holmes* font fureur; et H. Rider Haggard, grand maître du roman d'aventure. Il faut y ajouter un certain nombre de romancières comme Mrs. Humphry Ward, Rhoda Broughton ou Mrs. Riddell, dont les œuvres maintiennent une tradition gothique très populaire. Il y a bien sûr les Américains, comme le très talentueux Mark Twain, qui fait de longs séjours à Londres, où ses romans et nouvelles connaissent une large audience.

Le 28 octobre, le livre est dans toutes les bonnes librairies d'Angleterre et d'Écosse. L'effet est immédiat : lecteurs et critiques sont unanimes à saluer le bonheur d'une œuvre « fraîche, nouvelle, surprenante », et les exemplaires du premier tirage disparaissent comme par enchantement des rayons. « Enchantement » est le mot. Barrie n'en revient pas : son talent de romancier est enfin consacré. À Kirriemuir, Margaret Ogilvy dévore le livre et, pour autant qu'on puisse le savoir, ne se plaint pas de s'y reconnaître sous les traits d'une femme fantasque. Sans doute aussi a-t-elle la tête ailleurs, car Maggie est sur le point de se fiancer au révérend James Winter, que Jamie connaît bien car c'est un ami de la famille.

Mais voici que J. L. Toole accepte enfin de monter *The Houseboat*, sous son nouveau titre : *Walker, London!* (*Walker* désignait à l'époque un « gogo » mené par le bout du nez par une cocotte). L'héroïne sera jouée par Irene Vanbrugh – beauté brune aux grands yeux expressifs, dont les débuts ont impressionné la critique –, mais Toole et Barrie cherchent désespérément une comédienne pour le second rôle. Jerome K. Jerome vient en aide en signalant l'existence d'une toute jeune actrice du nom de Mary Ansell, qui a joué dans l'une de ses pièces. Barrie rencontre Miss Ansell et se montre favorable à sa participation au spectacle.

Mary Ansell n'en est pas à son premier rôle d'ingénue. Elle joue précisément, au Criterion, dans une reprise de *Brighton*, comédie légère de l'Américain Bronson Howard. C'est l'anti-Ellen Terry par excellence que cette jolie *brunette* – en français dans le texte anglais – qui ne va pas laisser Jamie indifférent. Elle incarne à la perfection ce qu'il aime chez les femmes : une beauté sophistiquée, presque irréelle. Les descriptions enthousiastes que Barrie fait d'elle à ses amis, après avoir assisté à une représentation de *Brighton*, ne laissent planer aucun doute – il est tombé amoureux. Dès lors, il vit dans l'angoisse de la réponse que doit faire la comédienne à la proposition de Toole. Lorsque, enfin, elle dit : « Oui », Jamie exulte... et commence sa cour ! Il invite Mary à souper, et ils parlent longuement, se racontent leurs histoires respectives. Mary est elle aussi enfant de la province. Elle a vingt-neuf ans et, depuis la mort de son père, marchand de volailles, a quitté la maison familiale car elle ne s'entend pas avec sa mère. Elle vit seule à Londres et nourrit, semble-t-il, une grande ambition de comédienne. Elle a commencé par la simple figuration jusqu'à ce que la chance lui sourie avec son engagement dans *Brighton*, un des succès du moment. Barrie est très touché par le récit que lui fait Mary de ses débuts, au point qu'il convainc Toole de lui verser un salaire supérieur à celui de Miss Vanbrugh – laquelle sera, bien sûr, furieuse, mais pas rancunière au regard de sa participation aux futures pièces de Barrie...

La première de *Walker, London !* a lieu le 25 février 1892. Les Allahakbarries, venus au grand complet applaudir cette première véritable pièce de leur ami, tombent eux aussi sous le charme de Mary Ansell. Jamie et elle sont inséparables : leur « amitié » s'est renforcée au cours des répétitions, et le succès immédiat de la pièce va lui aussi jouer un rôle éminent dans la grande aventure qui s'ébauche. Mary, en femme de tête, voit clairement quel parti elle peut tirer de sa relation avec un jeune dramaturge à qui tout le monde prédit un bel avenir. J. M. Barrie, à tous égards, constitue un beau parti pour une jeune femme mondaine, mais pour Mary, il n'est pas de célébrité qui compte hors du milieu théâtral. Le grand homme à la mode est Arthur Pinero, qui triomphe au St. James Theatre avec *La Seconde Mrs. Tanqueray*. Il a permis le succès d'une jeune comédienne, Mrs. Patrick Campbell, qui sera plus tard la maîtresse de Bernard Shaw. Mary n'occupe encore qu'une position très précaire au sein de cet univers particulièrement cruel. Aussi n'a-t-elle rien à perdre en faisant confiance à l'espoir qu'incarne à ses yeux l'au-

teur de *Walker, London!* On peut légitimement penser qu'elle
éprouve pour lui une certaine affection, comme on comprendra l'épanouissement de ce sentiment à mesure que sa
pièce se change en succès. Celle-ci restera à l'affiche jusqu'au milieu de l'année 1893, puis partira en tournée pour de
longs mois.

Notons l'énorme différence de contenu et de ton qui
sépare cette comédie, qui va faire de Barrie un des nouveaux
auteurs à succès du théâtre londonien, de son roman *The
Little Minister*, best-seller du moment. On dirait que deux
plumes, trempées dans des encres de couleurs incompa-
tibles, lui ont servi à écrire, d'une part, cette pièce pleine de
stéréotypes, de répliques faciles, de coups de théâtre conve-
nus et de situations coquines et, d'autre part, une fiction
mythologique, intemporelle, plongeant ses racines dans le
terreau de sa propre histoire, complexe et austère.

Le Barrie qui séduit Mary Ansell et les spectateurs du
Toole's Theatre est le Mister Hyde du Barrie auteur de
romances écossaises qui plaisent à un public peut-être plus
exigeant et lettré. Ce second Barrie, nous continuerons à
l'appeler Jamie, par opposition au J. M. Barrie officiel, est
celui qui continue de rendre visite à George Meredith, qu'il
vénère de façon, pour nous, incompréhensible. C'est ainsi
qu'il se retrouve à Box Hill, un dimanche de 1893, auprès de
son vieil ami, en compagnie d'Arthur Quiller-Couch et de
leur confrère Conan Doyle, auréolé et peut-être agacé, déjà,
par l'immense succès des enquêtes de Sherlock Holmes.
Conan Doyle et Jamie sympathisent et au soir de cette rencontre, décident qu'un jour prochain ils collaboreront à une
œuvre commune...

Surmené, Jamie accepte en mars 1892 l'invitation que lui
fait « Q » d'aller respirer l'air vivifiant de la Cornouailles. Il
restera presque un mois à Fowey, marchant de longues
heures en compagnie d'Arthur, ou devisant avec lui dans
son immense studio surplombant la mer – un lieu magique
auquel Barrie fait souvent référence dans sa correspondance

avec « Q ». Il accapare aussi longuement Bevil. Lorsqu'il regagne Londres, c'est pour y apprendre une triste nouvelle : James Winter, le fiancé de Maggie, vient de se tuer dans une chute de cheval. Jamie prend le premier train pour Kirriemuir, où il trouve Maggie prostrée et leur mère en lamentations. Il jure à sa sœur qu'il veillera sur elle jusqu'à sa mort. Il reste en Écosse près de six semaines, puis se met en quête d'un lieu de repos pour Maggie. Robertson Nicoll lui propose alors d'aller vivre quelque temps avec Maggie à Shere, où il possède un cottage. Ce que feront le frère et la sœur.

C'est donc à Anchor Cottage, non loin de son terrain de cricket favori – où viendront, pendant l'été, s'entraîner les Allahakbarries –, que Jamie se remet au travail. Il prend des notes pour une pièce provisoirement intitulée *The Bookworm* (*Le Rat de bibliothèque*) : « Premier acte à Londres – sœur en Écosse – il est étrange, ne parvient pas à travailler, appelle un médecin qui lui dit qu'il est amoureux, etc. »

Il s'agit du premier état d'une pièce qui aura pour titre *The Professor's Love Story* (*L'Histoire d'amour d'un professeur*), mais dont les ingrédients font songer à la situation psychologique présente de l'auteur. Jamie, à dire vrai, se complaît dans les ambiances douloureuses. Son goût du pathos se nourrit de la possibilité qu'il a maintenant d'écrire ce qu'il veut et d'affermir ainsi son style.

Les affections de famille lui ont-elles fait perdre de vue la jolie Mary Ansell ? Sa correspondance et ses carnets ne font nullement mention de la comédienne durant le printemps et l'été 1892. Barrie vit la plupart du temps éloigné de Londres, et ses seules préoccupations semblent être d'ordre familial et littéraire.

Arrive un jour à Anchor Cottage une lettre signée Robert Louis Stevenson. Elle est datée de février et a cheminé longuement depuis Vailima, dans l'île de Samoa, où R. L. S. a établi sa retraite. Le contenu de cette missive va droit au cœur de Jamie. Stevenson le complimente pour ses chroniques de Thrums : « Nous sommes tous deux de racines écossaises, mais je soupçonne les vôtres d'être encore plus profondes ; nous avons tous deux fait nos débuts dans la

métropole des Vents, c'est un lien de plus entre nous. » L'auteur du *Maître de Ballentrae* termine en affirmant le grand
intérêt qu'il prend à suivre la carrière de Barrie. L'admiration
est réciproque, et l'on a tout lieu de croire que Barrie a lu
avec attention, dans un récent numéro du *London Illustrated
News*, le superbe texte de Stevenson intitulé « La Côte à
Falesa », ainsi que dans le *National Observer* cet autre texte,
« L'Île aux Voix », qui figurera l'année suivante au sommaire
du recueil *Veillées des Îles*. Car ce qu'exprime Stevenson est
fait pour toucher l'âme et le cœur de Jamie. À quarante-deux
ans, Stevenson arrive au terme d'une existence tourmentée
et d'une œuvre qui reste aujourd'hui infiniment mieux
connue que celle de son compatriote. À travers quelques
lettres, et d'autres confidences – dont l'une, faite à Henry
James, affirmant : « Kipling, Barrie et vous êtes mes trois
muses littéraires » –, il entend bien transmettre le flambeau
d'une tradition littéraire qu'à sa façon, admirable, il a réussi
à fixer pour longtemps.

7

MR. ET MRS. BARRIE

> Pendant des années, je me suis
> préparé à la mort de ma mère.
>
> J. M. Barrie, *Margaret Ogilvy*

De retour à Londres à la fin de l'été, Jamie s'établit en compagnie de Maggie dans un appartement tranquille de Camden Hill. Pour la première fois, peut-être, depuis son installation en Angleterre, il reçoit une lettre de sa mère :

Mon cher et bien-aimé Jamie,
Mon cœur te bénit et te remercie, mais je ne puis trouver de mots pour te dire mon amour. Mon fils bien-aimé, que Dieu te bénisse et continue à te venir en aide. Tu es un cadeau divin pour moi, la lumière de mes yeux, et je sais ma chère Maggie en sûreté auprès de toi et de Dieu.
Ta mère qui t'aime.

Cet hommage au lyrisme appuyé donnera le coup de fouet nécessaire au jeune écrivain. Jamie ne songe alors qu'à se remettre à écrire un roman, une suite aux aventures de Tommy et Grizel, très attendue par les lecteurs et l'éditeur Cassell. Le livre s'intitulera *Sentimental Tommy*, tout un programme !

Un mode de vie étrange s'est instauré entre Jamie et Maggie : ils vivent comme un véritable couple, replié sur le chagrin de la jeune femme. Jamie a fait sienne la douleur de sa chère sœur, et la bénédiction de leur mère ne peut que l'inciter à persévérer dans son attitude quasi pathologique.

Il revoit néanmoins Mary Ansell, qui s'apprête à partir en

tournée à travers l'Angleterre avec *Walker, London!* La comédienne s'apitoie sur le sort de Maggie et se prend d'amitié pour elle. Elle accompagne le frère et la sœur à Édimbourg. Là, Jamie tombe malade – un mélange de bronchite aiguë et de dépression nerveuse –, et les deux femmes le ramèneront à Londres en piteux état. Maggie et lui s'installent bientôt au 113 Piccadilly. C'est là qu'il reçoit la visite de Conan Doyle et du producteur Richard d'Oyly Carte (que Gilbert et Sullivan ont rendu riche et célèbre), venus lui proposer de collaborer à une comédie musicale dont ils ont eu l'idée. C'est Barrie qui trouvera le titre (*Jane Annie, ou le prix de bonne conduite*) de cette œuvre à quatre mains, qui doit succéder aux *Gondoliers*, le dernier succès en date de Gilbert et Sullivan. Un difficile challenge, que nos deux Écossais, malgré toute leur bonne volonté, ne parviendront pas à relever. La soirée du 13 mai 1893 sera celle de la honte pour Barrie et Conan Doyle qui ne devront qu'à une bonne dose d'humour de ne pas se fâcher, comme cela se passe en pareil cas. Quelque temps plus tard, Conan Doyle recevra un exemplaire de *The Little Minister* orné, en page de garde, de l'écriture en pattes de mouche de Jamie, du premier pastiche de Sherlock Holmes jamais composé : *L'Aventure des deux librettistes*. Ce très court texte met en boîte les deux hommes, Barrie apparaissant comme un piteux auteur écossais ayant dans sa poche un exemplaire d'un livre intitulé *Auld Licht Something*. Holmes tient à préciser : « Seul l'auteur oserait transporter un livre affublé d'un tel titre. » Ayant pris goût à la parodie littéraire, Barrie publiera au cours du mois de décembre, dans la *St. James Gazette,* un autre faux Conan Doyle, *The Late Sherlock Holmes* (*Feu Sherlock Holmes*).

Tâchant d'oublier l'échec de *Jane Annie*, Barrie fait, en compagnie de Mary Ansell, de longues promenades dans les jardins de Kensington, ou l'emmène déjeuner à Richmond, sur les bords de la Tamise. Maggie se joint parfois à eux car leur communion d'esprit est totale. Jamie commence à croire Mary sérieusement éprise de lui et ne relâche pas sa cour. Mary, elle, ne vit pas les choses de la même manière. Des années plus tard, une lettre de la romancière Mary Belloc-

Lowndes à la veuve de Thomas Hardy révélera quelques confidences éclairantes de Miss Ansell à sa meilleure amie du moment. À plusieurs reprises, apprend-on, elle a repoussé les propositions de mariage de Jamie. Elle ne désire rien d'autre qu'entretenir – un peu cyniquement, peut-être – une amitié amoureuse avec celui qui a été la chance de sa carrière. Elle résume son attitude d'une formule : « J'aime les hommes intelligents. » Pour ne pas briser ce rêve, ne devra-t-elle pas consentir enfin à l'épouser ?

Toujours est-il que les échotiers de la presse londonienne vont bientôt divulguer la nouvelle des « fiançailles » de J. M. Barrie et de Mary Ansell. Difficile de n'y pas croire, en voyant, presque chaque soir, aux foyers des théâtres ou dans les restaurants à la mode, le petit Écossais rayonnant donner le bras à l'héroïne de sa pièce à succès.

Les voici à présent face à face, Maggie s'étant engagée dans une providentielle idylle avec le propre frère de son malheureux fiancé, William Winter. Jamie quitte l'appartement de Piccadilly, et, tandis que Maggie regagne l'Écosse, il emménage dans Bryanston Street, à l'angle d'Edgware Road et de Marble Arch. L'un des plus célèbres célibataires de Londres envisage avec optimisme l'avenir : tôt ou tard, Mary finira bien par succomber. Son obstination a toujours payé. Cette fois, plus que jamais, l'enjeu est capital : Jamie entend prouver à Margaret Ogilvy qu'il est un fils digne des ambitions de sa mère. Ce mariage sera le couronnement de son apprentissage de la gloire...

Sur ces entrefaites, Margaret Ogilvy tombe sérieusement malade, et, aussitôt, Jamie se rend à son chevet. Il y retrouve la dévouée Jane Ann, mais aussi Alec. Durant quelques jours, autour du lit maternel, se recrée l'ambiance de naguère, de façon presque magique. Mais leur mère est très affaiblie. « Elle s'en allait usée, finie, écrira Barrie dans *Margaret Ogilvy*. Le docteur nous conseilla de prendre une garde, mais ce seul mot effraya ma mère et nous nous mîmes entre elle et la porte de la chambre, comme si l'intruse montait déjà l'escalier. »

C'est au cours de ce séjour à Kirriemuir que Jamie reçoit,

de l'île de Samoa, plusieurs lettres de Stevenson. Dans l'une d'entre elles, datée de Vailima, Jamie a la joie de découvrir un commentaire élogieux et détaillé de *The Little Minister*. Sa surprise est immense, mais sa joie est mitigée pour une raison très précise : « Rarement, je crois, j'ai pu aller jusqu'au bout d'une de ces lettres. Parvenu au milieu, je me rappelais soudain *qui* se tenait là-haut et alors, je montais quatre à quatre la retrouver, lèvres serrées, mains jointes, image de la douleur.

« – J'ai une lettre de...

« – On me l'a dit.

« – Voulez-vous que je vous la lise ?

« – Non.

« – Vous ne pouvez décidément pas le souffrir.

« – Je ne peux pas le sentir.

« – Vous pensez que c'est un misérable ?

« – C'est tout cela. »

Bien que théâtralement jalouse du rival de son fils – au dire de celui-ci –, Margaret Ogilvy n'en est pas moins fière d'apprendre que Stevenson considère Barrie « comme un génie ». Il l'invite à venir le rejoindre à Vailima, lui donne ces indications, que nous retrouverons plus tard, presque mot pour mot dans *Peter Pan* : « Vous prenez le bateau à San Francisco, après cela, le premier tournant à gauche [...]. »

Durant les premières semaines de 1894, à Londres, les promenades de Jamie et de Mary et leurs soupers en tête à tête deviennent de plus en plus fréquents. Jamie se fait pressant. Mais, de nouveau, la maladie de Margaret Ogilvy vient, comme par malice, contrecarrer cette ardeur du fiancé. « Vingt fois, j'en suis sûr, on m'a mandé là-bas de cette manière subite et j'ai débarqué, tremblant, dans notre petite ville, la tête passée par la portière du wagon, guettant le visage familier qui répondrait à l'angoisse du mien. » Jamie dramatise certainement la réalité. Il feint même de croire que ces contretemps familiaux nuisent à sa vie sentimentale, alors que le destin, ironiquement, va les mêler intimement.

En effet, Mary, qui l'accompagne en Écosse, se prend d'une pitié presque filiale pour la vieille maman de Jamie. Dans la demi-conscience où elle a sombré, Margaret Ogilvy ne considère nullement Mary comme une rivale. Elle l'accepte comme n'importe quel autre visage vers lequel elle tourne le sien, crispé par la douleur, émacié par le manque de sommeil.

Jamie, épuisé par trop de tension nerveuse, tombe soudain malade. Bronchite aiguë, maux de tête épouvantables. Le médecin diagnostique même un début de pneumonie. Durant de longs jours, il délire, allongé sur un lit installé à quelques mètres de celui de sa mère. Jane Ann et Mary se relaient à son chevet, assez inquiètes. Jamie abuse-t-il de son état et de la situation hautement dramatique pour provoquer l'effet tant attendu ? Toujours est-il que Mary accepte enfin de l'épouser... Depuis son lit, Margaret bénit le futur couple. Jamie, alors, se remet lentement, passant du chevet de sa mère de plus en plus faible à son bureau, situé sous les combles de la maison de *Strathview* où il poursuit l'écriture de son roman *Sentimental Tommy* – parvenu au moment où Tommy est sur le point, lui-même, d'épouser Grizel...

Jamie et sa mère relisent ensemble *L'Île au trésor*, devenu le livre fétiche de Margaret Ogilvy – le seul roman de Stevenson qu'elle préfère aux livres de son fils ! L'un et l'autre ignorent que R. L. S. est alors au plus mal. Il succombera à une attaque d'apoplexie, le 3 décembre de cette même année, sur l'île où, disait-il, il aurait tant aimé accueillir son jeune confrère. Celui-ci écrira deux ans plus tard : « Quant à Vailima, c'est le seul endroit du globe que j'aurais eu grand plaisir à visiter, mais je crois bien que ma mère a toujours su que je ne la quitterais jamais. Quelquefois, elle disait qu'elle aurait aimé que j'y allasse, mais pas avant qu'on l'eût mise en terre. »

Jamie reprend sa vie sociale. Il est élu au Reform Club de Londres, parrainé par ses amis Wemyss Reid et Quiller-Couch. Mary, qui ne le quitte plus, est tout autant sa garde-malade – car il est encore convalescent – que sa fiancée. La maladie laisse Jamie dans un état de faiblesse physique qui deviendra, peu ou prou, celui de tout le reste de son existence. Seule une énergie peu commune parviendra à contrebalancer cette fragilité due pour une grande part, sans doute, à l'abus de tabac. Lady Nicotine demeurera, jusqu'au bout, son exigeante et dangereuse maîtresse.

Sa nouvelle pièce, A *Professor's Love Story*, est à l'affiche et son succès immédiat fait affluer les royalties. Le moment semble donc venu de passer aux choses sérieuses, c'est-à-dire au mariage. On retient la date du 1er juillet. Dans une lettre à « Q », Jamie écrit : « Nous avons fait tout ce que nous avons pu pour cacher la chose aux journalistes, mais ce fut en pure perte. Dans une semaine, les dés seront jetés. Nous comptons prendre le large pendant un mois. » Le mariage aura finalement lieu le 9 juillet, dans la plus stricte intimité. J. M. Barrie a trente-quatre ans, Mary Ansell, trente-deux. La nuit même, ils partent pour le continent et sont deux jours plus tard à Lucerne. C'est là qu'ils vont s'éprendre d'un adorable chiot de saint-bernard dont ils deviendront les heureux maîtres. Mais, quarantaine oblige, l'animal ne les retrouvera que plus tard à Londres. Leur lune de miel se poursuit, dont Mary dira plus tard qu'elle fut un pur échec sur le plan sentimental. À leur retour, l'entourage du jeune couple n'a d'yeux que pour le bébé-chien, baptisé Porthos. Ils sont reçus tous les trois à Fowey, en Cornouailles, chez les Quiller-Couch et y resteront jusqu'aux premiers jours de l'automne.

Porthos reprend le nom du chien de Peter Ibbetson, le héros du roman de George Du Maurier. C'est une énorme boule de poil marron et blanc, aux yeux immenses et faussement tristes. Jamie se prend d'une vive affection pour ce compagnon attentif et attendrissant. Leur absolue complicité deviendra bientôt légendaire, le chien servant d'alibi à son maître lorsque celui-ci éprouve le besoin de fuir le tête-à-tête avec Mary.

Les Barrie vont habiter quelque temps à l'hôtel, puis décident de faire l'acquisition d'une maison digne des rêves de Jamie et des ambitions mondaines de Mary. Ils jettent

leur dévolu sur le 133 Gloucester Road, en plein cœur de
South Kensington, le quartier fétiche de Barrie. C'est une
superbe demeure de brique rouge, à trois étages, aux pièces
magnifiquement lambrissées, entourée d'un vaste jardin,
presque un parc. Le quartier est à cette époque très ver-
doyant, et Porthos peut s'ébattre en toute liberté, au cœur de
Londres. Une maison de maître ne va pas sans la domesticité
qu'implique la vie qu'on y mène – une existence que Jamie
n'avait que très vaguement envisagée, mais que Mary, quant
à elle, a toujours voulu connaître. La jeune Mrs. Barrie est
une femme de goût. Elle va s'atteler sans tarder à une tâche
qui l'enchante : la décoration intérieure de la grande maison
où elle compte bien recevoir aussi souvent que possible le
Londres *fashionable* dont elle se sent faire partie.

Jamie, lui, accapare l'une des grandes pièces à bow-win-
dows du rez-de-chaussée pour en faire sa tanière. Ainsi, tandis que Mary passe ses journées en compagnie d'une armée
de tapissiers et de peintres, lui s'enferme dans son bureau et
se noie dans le travail. Plus guère de journalisme – ses revenus de dramaturge à succès l'en dispensent, et puis il y a ce
damné roman à terminer, que l'éditeur réclame à grands
cris. L'écriture de *Sentimental Tommy* a suivi l'évolution
rapide de l'existence de son auteur et la reflète de façon souvent malicieuse. Le mariage de Tommy et de Grizel n'est pas
de tout repos, mais l'univers onirique de Thrums n'a rien
de commun avec la réalité londonienne dans laquelle Jamie
se débat : le célibataire, qui passait d'une chambre enfumée
au salon d'un club, d'une rédaction bruyante au foyer d'un
théâtre du Strand ou de Charing Cross Road, a laissé place à
l'auteur moins accessible de livres et de pièces qui font l'admiration non seulement des lecteurs et des spectateurs, mais
aussi des gens de la bonne société. Mary va pousser son
époux à frayer avec des êtres qui ne sont pas à proprement
parler du goût de Barrie, mais dont la fréquentation flatte
l'appétit qu'il a des milieux raffinés. Il n'en abandonnera pas
pour autant les Allahakbarries qui sont très souvent conviés,
Gilmour en tête, aux soupers de Gloucester Road.

En mars 1895, le jeune ménage est appelé d'urgence par

Jane Ann à Kirriemuir. Mais le subit malaise de Margaret Ogilvy n'était qu'une fausse alerte. En revanche, Jamie et Mary succombent sur-le-champ à une mauvaise grippe. Durant l'été, ils rejoignent les Allahakbarries à Shere, puis retournent pour quelques semaines en Écosse, où ils apprennent la triste nouvelle de la mort de Joseph Thompson. Très touché par la disparition de cet ami d'autrefois, Jamie effectue un long pèlerinage sur les lieux de son adolescence – Dumfries, Forfar, Édimbourg puis Kirriemuir encore, où Porthos se fait remarquer en assistant au service dominical de la South Free Kirk en compagnie de ses maîtres, on a envie de dire : ses parents.

Au cours de l'automne, à Londres, les mères de famille, les gouvernantes et les enfants circulant dans les parages de Kensington font connaissance avec un singulier duo : Jamie et Porthos s'en vont chaque après-midi par les rues tranquilles et bordées d'arbres jusqu'au Park pour s'y livrer à des ébats enfantins, qui les mènent, de courses brèves en haltes essoufflées, jusqu'aux bords de la Serpentine, ce mince cours d'eau où des garçonnets joliment vêtus font voguer leurs voiliers. Le petit homme et son grand chien – on dit que Porthos et Jamie sont de la même taille – vont rapidement faire la conquête des enfants les moins timides, ou de ceux qui ne résistent pas au charme de Porthos et aux histoires fabuleuses qu'invente son compagnon. Une femme au maintien réservé les accompagne parfois. Tout se passe comme si Jamie, pour échapper à la malédiction – pourtant désirée – du mariage, inventait avec malice ou désespoir, ou les deux à la fois, un jeu qui renoue avec ceux d'autrefois, à Kirriemuir.

Certains se marient pour « enterrer leur vie de garçon ». Jamie, au sens propre, vient au contraire de déterrer cette existence à peine interrompue par cinq années d'intense activité créatrice. Accédant enfin à la notoriété, ayant plus ou moins convaincu sa très curieuse mère de son talent d'écrivain, le frère « indigne » de David se laisse aller, enfin, dans le cocon chic d'une union qu'il sait déjà malheureuse, à la vie de ses rêves de garçon inassouvi. Et ce que l'entourage des Barrie prend, bien sûr, pour de l'enfantillage, des coquetteries d'auteur comblé par le succès, s'affirme bel et bien comme l'expression d'un désarroi profond. L'intimité du couple ne nous est pas connue, mais il n'est pas difficile – au vu de ce qui se passera ensuite – d'imaginer qu'il n'existe, entre ces deux êtres, aucune intimité. La vie de Mr. et Mrs. Barrie n'est en quelque sorte qu'une façade pour magazines aux pages glacées. Le chauffeur et les domestiques, les belles robes de Mary Barrie, les dîners qu'ils donnent à Gloucester Road, les galopades de Jamie et de Porthos dans les allées de Hyde Park sont les belles images d'un album qui dissimule la solitude d'un homme pris au piège de ses contradictions et le malheur d'une femme abusée par son désir d'accéder à une vie qu'elle a eu tort de croire possible.

Ce n'est pas un hasard si Jamie, dans le grand bureau où Mary n'a pas le droit de pénétrer, commence alors la rédaction de son livre le plus étrange, *Margaret Ogilvy par son fils*, récit autobiographique aux accents sophistiqués, où les souvenirs de l'enfance à Kirriemuir – la mort de David, les lectures dans la chambre de sa mère, les anecdotes sur celle-ci – sont tout autant imaginés que retrouvés. Ces pages restent éclairantes pour le biographe, car la vérité s'y trouve enfouie sous les mots, à travers l'émotion de propos jamais anodins, même lorsqu'ils s'efforcent de l'être. À la lecture du livre, on comprend que la seule femme qui ait compté jusque-là dans la vie de Barrie est sa mère, attendrissante et incompréhensible, attachante et sauvage, elle-même retorse et solitaire – indomptable comme il le sera toujours lui-même... Barrie fait à la vérité moins le portrait de sa mère que le sien par justification, avec une roublardise qu'on lui reprochera souvent par la suite. Certains lecteurs de son entourage, à la sortie du livre, en 1896, en voudront surtout à l'auteur d'avoir accompli la prophétie morbide énoncée dans son roman *When a Man's Single* à propos du héros et double évident de Jamie :

« Il serait capable, en bon journaliste, d'écrire un article sur le cercueil de sa mère. »

L'état de santé de Margaret Ogilvy est toujours stationnaire lorsque Jamie se rend, seul, à Strathview pour lui lire le manuscrit enfin achevé de *Sentimental Tommy*. Mais l'esprit de la vieille femme est totalement dérangé. « Elle croit, note Barrie à son chevet, qu'elle est redevenue petite fille et que je suis en réalité son père. Elle est heureuse. Ceci montre à quel point les impressions de l'enfance sont capitales. À l'approche de la mort, tout le reste s'évanouit et nous retrouvons les mots que nous n'avions plus utilisés depuis longtemps. Ma mère prononce les mots de son enfance. »

Les Barrie prennent de nouveau le chemin de la Suisse. Ils ont réservé une suite à l'Hôtel Malojà, à Engadine. Ils ne prennent aucun plaisir à ce séjour, guettant chaque matin l'arrivée du courrier qui leur apporte des nouvelles de Kirriemuir. Et chaque matin, l'écriture de Jane Ann leur restitue l'atmosphère exacte de la maison de Strathview, leur décrivant en détail l'état de Margaret Ogilvy.

Le télégramme qu'ils reçoivent le 1ᵉʳ septembre les plonge dans la stupéfaction. En cinq mots, celui-ci leur apprend la mort de... Jane Ann ! La sœur de Jamie, qui négligeait tant sa santé depuis des années, a été victime d'une crise cardiaque. Ils quittent aussitôt l'hôtel et commencent un voyage éprouvant jusqu'à Kirriemuir qu'ils atteignent le 6 au matin. Ce qu'ils ignorent, c'est qu'ils ont, sans le savoir, entamé une course contre la mort – celle de Margaret Ogilvy. À l'aube, tandis que le couple arrive en gare d'Édimbourg, attendant fébrilement la correspondance pour Forfar, Margaret, à qui on a caché la mort de sa fille, murmure à plusieurs reprises : « David, est-ce toi, David ? » Puis, elle exprime le souhait de toucher encore une fois la robe de baptême qu'ont revêtue naguère chacun de ses enfants. Deux heures à peine plus tard, lorsque Jamie et Mary pénètrent dans la maison de Strathview, Margaret Ogilvy a rendu l'âme. Fou de douleur, son fils se jette au pied de son lit de mort et pleure longuement. Puis il gagne la chambre où repose le corps de Jane Ann et pleure encore. Jour terrible de remords indicible, de désespoir. Jamie est lui-même d'une pâleur mortelle, et Mary lui prodigue sans réticence toute l'affection qu'il attend de la mère et de la sœur par procuration qu'elle est devenue à ses yeux, à son corps défendant.

Deux semaines plus tard, les Barrie ont regagné Gloucester Road. Barrie termine la rédaction de son livre de souvenirs – peut-être même le remanie-t-il entièrement, dans la perspective à présent ouverte, ce qui expliquerait le ton morbide du texte qu'il a laissé et qui se termine par ces lignes : « Et maintenant je reste ici-bas sans elles, mais je sais que mon souvenir retournera toujours vers ces temps heureux, non pour les parcourir en hâte, mais flânant de-ci de-là, tout comme fait ma mère à travers mes livres. Et si je dois moi-même vivre jusqu'au jour où l'âge obscurcira mon esprit et où le passé reviendra d'un vol silencieux, comme celui des ombres nocturnes sur la route nue du présent, ce n'est pas, j'en jurerais, ma jeunesse qui m'apparaîtra, mais la sienne – non pas un gamin cramponné aux jupes de sa mère, criant "Attendez que je grandisse et vous dormirez dans la soie !" – mais une petite fille en robe violette et sarrau blanc qui vient à moi par les longues prairies, chantant toute seule, portant, dans son panier, le dîner de son père. »

Deuxième partie

« TOUTES LES POUSSETTES
MÈNENT AUX JARDINS DE KENSINGTON... »

8

LE PETIT OISEAU BLANC

> Pauvre Tommy! Il était encore
> un garçon – il serait toujours un
> garçon, essayant parfois, comme
> à présent, d'être un homme...
>
> J. M. Barrie,
> *Sentimental Tommy*

Par la suite, les pièces à succès de J. M. Barrie éclipseront pour toujours, pourrait-on dire, son œuvre romanesque, et c'est regrettable. On trouve en effet dans celle-ci le reflet malicieux et cruel à la fois de sa propre vie, décrite avec une telle candeur qu'on fit mine de ne pas reconnaître dans le Tommy Sandys du livre paru en 1896, après plusieurs modifications dues – ironie et cruauté suprêmes – aux incidents de la vie même de l'auteur, le mari de la trop jolie Mrs. Barrie.

Dans la fiction, l'enfant de Thrums tente de manière pathétique, en tout cas très touchante et drôle, d'accorder sa vie à celle de sa fiancée puis de sa femme. Le garçon fantasque, pétri d'histoires de pirates et de fées de *The Little Minister*, n'a jamais réussi à aimer véritablement quiconque, hormis lui-même. Acteur-né, il joue à la perfection le rôle de l'amoureux transi, du frère ardemment protecteur, mais celui de l'amant, il ne peut pas et s'en excuse longuement auprès de celle qu'il aime et qu'il ne voudrait pas faire souffrir. Dans la vie réelle, Jamie n'a jamais douté de ses sentiments à l'égard de Mary. Il en est profondément amoureux, à sa façon. Mais, qu'il le veuille ou non, le mariage non consommé qui l'unit à une jeune femme atrocement déçue va devenir leur cauchemar à tous deux.

Dans la maison de Gloucester Road, Jamie travaille beaucoup, ne parle presque pas. Les visiteurs sont très intrigués par les longs silences qui planent entre Mr. et Mrs. Barrie. Porthos, seul, crée une animation salvatrice, lorsque l'atmosphère devient trop lourde. Le brave et cher Porthos fait diversion à une absence plus cruelle que toute autre : celle de l'enfant que Mary et Jamie n'auront pas.

Autre diversion : le voyage aux États-Unis que le couple effectue en septembre 1896 en compagnie de Robertson Nicoll. Ils sont accompagnés de l'agent théâtral de Barrie, Addison Bright. À New York, Jamie fait la connaissance d'un personnage qui va considérablement influer sur sa vie professionnelle, et devenir aussi un grand ami : le producteur Charles Frohman. D'origine juive, né dans l'Ohio, ce petit homme replet au large sourire est déjà l'une des figures célèbres de Broadway. Mais le destin va en faire l'instigateur de rapports fructueux et durables entre la scène new-yorkaise et le West End. Frohman va, en quelques jours, vaincre les résistances de Jamie à voir adapter *The Little Minister.* Lorsqu'il présente au dramaturge têtu la star de son nouveau spectacle *Rosemary*, Jamie tombe en pâmoison et ne veut plus qu'elle pour jouer le rôle de Babbie dans la pièce. Maude Adams va devenir le coqueluche de Broadway et du West End, et l'une des actrices favorites de J. M. Barrie.

Ils sont de retour à Londres en septembre. Porthos, longtemps abandonné, se sent revivre. Jamie et lui reprennent leurs jeux et rendent visite à leurs amis. Pamela, six ans, la fille du comédien Cyril Maude, fait leur conquête. Des années plus tard, Pamela se rappellera : « J. M. Barrie était un petit homme au visage très pâle, aux grands yeux toujours cernés. Mes parents l'appelaient Jimmy. Il ne ressemblait à aucune personne que j'aie pu rencontrer jusque-là. Il avait une apparence fragile, mais il devenait intrépide lorsqu'il luttait avec Porthos. Il parlait beaucoup de cricket et aurait voulu que ma sœur Margery y joue avec lui, comme un garçon. L'instant d'après, il nous parlait des fées, comme s'il savait tout sur elles. Il sombrait parfois dans de longs silences, mais cela n'avait rien de gênant : à travers eux, il s'exprimait autant qu'en parlant. »

Sentimental Tommy paraît le 17 octobre chez Cassell. Les critiques manifestent une certaine surprise à la lecture de cette suite aux aventures du héros du roman précédent, mais les lecteurs, eux, sont ravis et s'arrachent ce roman, dédié par Barrie à sa femme. Il sort peu après chez Scribner's, de l'autre côté de l'Atlantique, et le public américain lui fera un triomphe. *Margaret Ogilvy* est en librairie au début du mois de décembre. Plus de quarante mille exemplaires de ce singulier livre de souvenirs vont disparaître des rayons – et, du côté de Kirriemuir, des commentaires grinçants se mêlent à la légitime fierté des compatriotes du grand écrivain...

Pour Jamie, l'année s'achève en Écosse, par un discours qu'il prononce à Édimbourg à la mémoire de Stevenson. Le souvenir de l'exilé de Vailima le hante. Lorsque, en février 1897, l'exécuteur testamentaire de R. L. S. lui demande s'il accepterait de conclure *St. Ives*, le roman inachevé de Stevenson, Barrie hésite longuement puis, se sentant indigne de cette tâche, passe le flambeau à Quiller-Couch, qui fera de son mieux. Dans une lettre à « Q » datée du 20 avril, il se félicite de le voir travailler sur le livre à l'aide des notes laissées par Stevenson. Et il annonce à son ami qu'il termine sa pièce inspirée de *The Little Minister*. Il envoie le manuscrit à Frohman. Celui-ci prend quelques semaines plus tard le bateau pour l'Angleterre. La distribution des rôles se fera dans une ambiance très amicale et détendue, au cours de parties de billard au Garrick Club. C'est Cyril Maude qui va incarner Tommy Sanders.

Au cours de l'été, les Allahakbarries jouent plusieurs matches. Jamie et Mary font de longues promenades à travers la campagne avoisinant Shere, Porthos s'épuisant à les suivre. Ils donnent d'eux l'image d'un couple heureux, mais leurs intimes savent à quoi s'en tenir. Mary est malheureuse et a sans doute commencé à trouver ailleurs la présence virile qui lui manque terriblement. Jamie dilue sa souffrance

– sûrement tout aussi grande – dans le flux de ses innombrables activités. Gilmour, le complice des années difficiles, est toujours là. Ensemble, ils passent d'une salle de billard à un terrain de cricket, du foyer d'un théâtre à leur club, comme tous les individus de leur sexe à cette époque où les suffragettes avaient encore bien du labeur devant elles. Mais, surtout, le théâtre est devenu la drogue de Jamie. Il a découvert dans ce monde d'apparences le milieu idéal lui permettant d'échapper à la solitude de l'écrivain, qui l'a toujours effrayé. Comme son héros Tommy, Jamie est un *comédien.* Ce faux timide adore la compagnie. Mais celle-ci doit être à sa mesure, elle doit constituer le parfait humus dans lequel cette étrange plante de serre de J. M. Barrie peut s'épanouir à l'aise. Sa rencontre avec Frohman a été décisive. Les États-Unis ne l'intéressent pas – lors de son récent voyage, il y a rencontré de nombreuses personnalités, mais seul le producteur a retenu son attention. Durant le voyage de Frohman à Londres, où il occupe, comme il le fera désormais rituellement, une suite au Savoy, les deux hommes apprennent à mieux se connaître. Leur association s'engage sous les meilleurs auspices.

En septembre 1897, la reine Victoria célèbre son jubilé. Pour l'occasion, Kipling compose une ode intitulée *Recessional*, qui le fera passer, à tort ou à raison, pour un chantre de l'Empire. Mais Jamie a, lui, le regard tourné vers les États-Unis, car c'est à Washington que Frohman a décidé de faire jouer pour la première fois *The Little Minister.* L'accueil du public sera mitigé : les Américains trouvent l'histoire un peu trop exotique... Frohman songe à un autre titre : *Lady Babbie*, et en informe Jamie par câble. Mais l'auteur, assez dépité, ne répond pas. Déjà rompu à l'adulation du public anglais, J. M. Barrie fait la tête... À Londres, pendant ce temps, les répétitions de la pièce vont bon train. Cyril Maude est, aux yeux de l'auteur, l'interprète idéal – son mérite n'est donc pas seulement d'être le papa de Pamela. La maman de celle-ci, Winifred Emery, interprète Babbie, la gitane. La première a lieu le 6 novembre. La critique est excellente. Les représentations dureront plus de huit mois sans interruption.

Ayant fait une mauvaise chute – de sa chaise, pendant une répétition ! –, Jamie se trouve contraint de garder la chambre durant quelques jours. Mary, grippée, a renoncé à ses nombreuses sorties. L'ambiance, à Gloucester Road, n'en est que plus lugubre, car les Barrie n'ont pas grand-chose à se dire. Jamie se réfugie dans la lecture. Il dévore les romans d'anticipation de son confrère Herbert George Wells, dont il admire la folle imagination. Wells lui a soumis le manuscrit de *La Guerre des mondes*, et, dans une lettre, Jamie lui confie qu'il croit beaucoup à la possibilité d'une telle occurrence. Pour lui, les martiens de Wells sont cousins des pirates des récits de son enfance. Au cours des mois suivants, il va presser son confrère d'entrer dans l'équipe des Allahakbarries. L'auteur de *L'Homme invisible* (1897) et de *Kipps* (1905) sera donc l'un des invités d'honneur de ce prestigieux club, au même titre que Conan Doyle et P. G. Wodehouse, lequel n'est encore qu'un jeune journaliste, auteur de romans pour enfants.

La notoriété de Barrie, au seuil de 1898, est celle d'un auteur comblé par le succès, des deux côtés de l'Atlantique. Qu'il le veuille ou non, la bonne société de Londres s'empare de sa personne, et Mary et lui sont de plus en plus souvent sollicités. C'est ainsi qu'ils reçoivent un carton les conviant à passer la soirée du 31 décembre chez sir George et lady Lewis. George Lewis est un avocat extrêmement célèbre, ami du prince de Galles, et il a coutume d'inviter à sa table tout ce qui compte dans le domaine des arts et des lettres. Jamie accepte tout en redoutant d'avoir à faire la conversation à quelque vieille duchesse. Mais cette soirée sera mémorable, on peut même dire qu'elle va modifier le destin du dramaturge. Il est en effet assis à côté de la plus jolie jeune femme qu'il ait jamais approchée, l'épouse d'un jeune espoir du barreau, Arthur Llewelyn-Davies. Cette beauté se prénomme Sylvia, et le dîner va sembler court à Jamie, subjugué par les yeux gris et doux, le sourire plein de malice et la magnifique chevelure brune de Sylvia. Celle-ci lui apprend qu'elle est la fille de George Du Maurier, l'auteur de *Peter Ibbetson* et de *Trilby*, un écrivain d'origine française, également illustrateur de talent que Jamie aime particulièrement parce qu'il traite avec originalité du monde de l'enfance dans ses livres comme dans ses dessins. Le père de Sylvia est mort deux ans plus tôt, laissant à ses enfants (Barrie ne l'ignore pas) une fortune considérable qui leur permet de vivre dans une belle aisance. Sylvia est mère de trois petits garçons, George, Jack et Peter, qui n'a pas un an. Cette jolie petite famille vit au 11 Kensington Park Gardens – non loin de la maison de Gloucester Road : ce détail fait se froncer les sourcils du dramaturge. Les petits Llewelyn-Davies feraient-ils partie de la juvénile population qu'il croise presque chaque après-midi au cours de ses promenades avec Porthos ? Il se promet d'en avoir le cœur net, dès le lendemain, en interrogeant les gouvernantes chargées de l'encadrement des enfants sages de Kensington.

Sylvia, de son côté, a été conquise par l'intelligence, la sensibilité et l'humour du petit Écossais. Charmée aussi d'apprendre que le chien des Barrie se nommait Porthos, en hommage à l'œuvre paternelle.

La conquête de la famille Llewelyn-Davies ne sera plus, dès lors, que l'affaire de quelques heures. Le lendemain matin, leur mère informe George et Jack de sa rencontre de la veille et est à peine surprise d'apprendre qu'ils connaissent depuis longtemps le petit homme et son grand chien. Ce jour-là, Jamie, George et Jack vont faire plus ample connaissance. Et l'on peut dire – au risque de paraître quelque peu sibyllin – que, dès ce moment, s'amorce la légende de *Peter Pan*.

Jamie tombe sous le charme de George et de son frère. L'aîné, tout particulièrement, partage la beauté et la malice de sa mère. Sous l'œil plutôt rond de la nounou des garçons, les quatre nouveaux amis – car Porthos a lui aussi été séduit par les fils de Sylvia – vont jouer jusqu'à l'heure où les enfants de bonne famille regagnent leur nursery. Mais quelle ne sera pas la surprise de Mrs. Llewelyn-Davies en recevant, le lendemain, une lettre datée du 14 août 1892 (la veille de son mariage avec Arthur), signée J. M. Barrie et lui souhaitant beaucoup de bonheur! L'humour fantasque de Jamie ravit la jeune femme. Cette manière facétieuse de sceller un pacte d'amitié avec une « jolie maman », si elle a peu de chance de plaire à l'époux, témoigne d'un tempérament assez proche de celui des Du Maurier. Jamie et Sylvia vont se revoir, sur le seuil de la nursery que l'irrépressible Mr. Barrie, au grand dam de la nounou qui contemple cet intrus d'un œil de plus en plus soupçonneux, a tout simplement décidé d'annexer. Il peut ainsi tout à loisir admirer le dernier-né des garçons Llewelyn-Davies, l'adorable Peter, et rêver jusqu'à s'en faire mal de cette progéniture merveilleuse.

Mary Barrie se lamente auprès de son entourage de ne pas pouvoir être mère. Jamie partage officiellement la douleur et l'amertume de son épouse, mais dans le secret de leur couple, il en va autrement. Tel le sentimental Tommy de son roman, Jamie a « essayé d'être un homme » mais n'y est pas arrivé. Son amour des enfants et du monde de l'enfance s'en trouve accru, chaque jour davantage; or, voici qu'il vient de rencontrer, de l'autre côté du Park, l'image d'une famille idéale : un père et une mère infiniment séduisants, car Arthur est aussi beau que sa femme, et trois enfants qui sont l'incarnation du bonheur et de l'épanouissement conjugal. Mary va faire la connaissance de George et de ses frères, et rendre visite aussi à leur maman. Jamie montrant tous les signes de l'amoureux transi devant Sylvia Llewelyn-Davies, une des beautés les plus en vue de Londres, cela pourrait ne provoquer qu'un peu d'agacement chez elle. Trop de désillusions l'ont submergée depuis son mariage pour que Mary puisse subir l'outrage d'un nouveau « flirt » forcément sans conséquences. Seulement, les choses vont prendre de l'ampleur, au fil des mois, au point qu'Arthur s'irritera sérieusement des agissements du dramaturge. Mary, elle, profitera, semble-t-il, de la désaffection de plus en plus grande de Jamie pour, comme on dit, vivre sa vie.

Jamie a commencé un nouveau roman, qu'il compte intituler *Tommy and Grizel*. Grizel, l'épouse négligée de l'enfant prodige de Thrums, avait pris dans le roman précédent le visage de Mary. C'est Sylvia qui inspire la description physique du personnage féminin. Grizel apparaît comme une mère modèle, admirable et inaccessible, ce qui rend le propos de l'auteur très présent grâce au « je » de la narration, encore plus douloureux, presque oppressant. Dans la fiction, Barrie joue avec les péripéties drolatiques des existences mises en scène. Dans la vie, le double réel du « damné petit diable » de Tommy enfreint les règles de la vie sociale de son milieu et de son temps. Il s'appuie sur sa célébrité et l'excentricité que celle-ci lui autorise pour venir s'approprier la tendresse d'une mère et la fraternité de trois petits garçons qui lui feront oublier l'infortune de sa propre vie de famille. Le toupet qu'il manifeste se double du risque qu'il prend d'être incompris : les mauvaises langues ne vont pas tarder à répandre le bruit que J. M. Barrie courtise effrontément Mrs. Llewelyn-Davies, en prenant prétexte de son admiration pour sa progéniture.

La tournure que prennent les relations de Jamie et de Sylvia est tout autre. Elle devra beaucoup à la compréhension d'Arthur qui, après un légitime débat de conscience, accepte de voir Jamie, qui n'a pas la réputation d'être un don Juan, s'intégrer de façon « amusante » à son foyer. Sylvia possède une personnalité suffisamment forte pour jouer à ce jeu complexe qui va faire d'elle à la fois la « maman » par procuration du fils négligé de Margaret Ogilvy et la meilleure amie de J. M. Barrie.

George est le préféré de Jamie. Il n'a que cinq ans, mais il manifeste déjà un caractère bien formé. Jamie confie à l'un de ses carnets : « George m'admire comme écrivain parce qu'il croit que j'imprime et broche moi-même mes livres. » George va devenir le complice d'un grand nombre d'histoires que Jamie invente pour lui, ou qu'il reprend d'un répertoire datant de Kirriemuir. C'est ainsi qu'on voit apparaître le Petit

Oiseau Blanc, personnage central d'une aventure de nursery qui débouchera sur la fiction.

Le manuscrit de *Tommy and Grizel* subira de nombreuses altérations, demandées par Mary Barrie qui, on peut s'en douter, supporte difficilement de voir Sylvia Llewelyn-Davies jouer un rôle de plus en plus prépondérant dans la vie de son mari et déborder, de façon détestable pour elle, sur son œuvre de romancier. Seule l'édition américaine comportera, à sa parution en 1900, les illustrations sur lesquelles on reconnaît la maman de George, Jack et Peter.

Le livre à peine terminé, celui que les fils de Sylvia n'ont pas tardé à rebaptiser oncle Jim s'attelle à une tâche altruiste : le lancement, au cours du mois de mars 1898, de son confrère américain George Washington Cable. Ce conteur originaire de Louisiane dont les histoires sont un peu l'équivalent, pour la terre américaine, des chroniques Auld Licht de Barrie, entame une série de lectures dont plusieurs à Gloucester Road. Jamie se passionne pour les récits en langue créole de son nouvel ami, qui n'apparaîtra malheureusement pas aux yeux du public anglais comme le digne successeur du Californien Bret Harte ou de Mark Twain.

L'été voit le retour, sur le gazon de Shere, des Allahakbarries qui comptent deux nouveaux membres. Le premier n'est autre que Will Meredith, le fils du grand romancier George Meredith. Le second se nomme Alfred Edward Woodley Mason, un garçon de trois ans plus jeune que Jamie dont le rire tonitruant est déjà célèbre dans Londres. Il a fait un peu de théâtre et vient de s'essayer au roman avec une première œuvre, *The Courtship of Morrice Buckier* (*M. B. fait sa cour*), que Jamie a beaucoup aimée. Alfred est très beau, ne courtise pas les femmes, et nul ne sait encore qu'il deviendra l'un des plus éminents praticiens du roman d'aventures historiques avec *Les Quatre Plumes blanches* (1902), puis du *detective novel*, avec *Le Trésor de la villa rose* (1910). Il ne se contentera pas d'écrire, mais participera pendant quelques années à la vie parlementaire, siégeant aux Communes comme député libéral, puis sera agent secret durant la Grande Guerre. Sa personnalité fascine Barrie, comme elle

intriguera plus tard Graham Greene qui écrira : « La mort
d'un jeune secrétaire semble avoir été son chagrin le plus
grand. » La pudeur extrême de Mason va contribuer à sceller
une amitié très sobre, mais véritable, entre le dramaturge et
lui dans les années à venir.

Le rituel allahakbarrien accompli, les Barrie prennent le
chemin de Kirriemuir. Cela va faire presque trois ans que
Jamie n'est pas revenu dans sa ville natale ! Ils ont loué une
grande maison sur les bords de la Tay, où ils convient leurs
amis à d'interminables parties de pêche. Parmi eux se
trouvent Cyril Maude, son épouse et leurs deux fillettes,
Pamela et Margery, pour lesquelles Jamie compose une
courte pièce, *The Greedy Dwarf* (*Le Nain avare*), dans laquelle
Porthos joue son propre rôle... Les Barrie sont de retour
à Londres au début d'octobre. Les enfants Llewelyn-Davies,
à l'exception de Peter, vont à l'école. Jamie reprend ses
visites à la nursery de Kensington Park Gardens. Arthur et
Sylvia ont engagé une gouvernante, Mary Hodgson, qui ne
va pas s'accommoder sans mal de l'encombrant oncle Jim.
Celui-ci a pris l'habitude d'aller à la rencontre de Mary et des
enfants, sur le chemin de l'école, située près de Holland
Park. Jamie et les garçons jouent mille tours à la pauvre gouvernante, qui s'en plaint à Sylvia.

Chaque soir, dans la nursery plus tard immortalisée dans
la plus célèbre pièce du dramaturge, Jamie reprend le fil de
l'histoire du Petit Oiseau Blanc. George et Jack contribuent
largement à cette légende dont l'idée centrale est qu'à leur
naissance les enfants sont d'abord des oiseaux qui perdent
ensuite leurs ailes tout en conservant le désir d'un impossible envol. On imagine la brave Mary Hodgson qui tricote
dans un coin de la grande pièce tapissée de blanc : elle
écoute d'une oreille distraite le récit de Jamie, les exclama-
tions et les suggestions des garçons enthousiastes, haussant
les épaules et maudissant le petit Écossais infantile. L'avenir
réconciliera ces deux êtres que rassemble un même amour
disproportionné pour les enfants Llewelyn-Davies...

Quoique fuyant par principe le milieu littéraire, Barrie vient de faire la connaissance d'un nouveau jeune auteur, Maurice Hewlett, dont le livre *The Forest Lovers* (*Les Amants de la forêt*) rejoint son sens de la féerie et de la nature. Il invite Hewlett à dîner, en compagnie des Llewelyn-Davies, des Will Meredith et du bel Alfred Mason dont il est devenu inséparable et qu'il encourage à écrire.

Le manuscrit de *Tommy and Grizel* subit d'ultimes retouches avant d'être porté à l'éditeur. Figée pour l'éternité, l'histoire composée par Barrie évoque en un terrible raccourci le bonheur puis la mort accidentelle de Tommy Sandys. Le message semble clair pour l'entourage du romancier : à sa façon, le couple Barrie est mort.

Jamie, lui, est toujours vivant, totalement immergé dans un long rêve éveillé, en compagnie des principaux acteurs de celui-ci, qu'il retrouve chaque soir après l'école. C'est décidé, le prochain livre signé J. M. Barrie aura pour titre *Le Petit Oiseau Blanc*. Il sera nourri du singulier produit des rapports angéliques d'un auteur à succès avec son confident, George Llewelyn-Davies.

Dès les premières lignes, le ton est donné : « Parfois, le jeune garçon qui m'appelle papa m'apporte une invitation de sa mère : "Je serais si heureuse que vous veniez me voir." À quoi je réponds toujours par les mêmes mots : "Chère madame, je suis au regret de ne pouvoir le faire." Et si David me demande la raison de ce refus, je lui explique que je n'ai aucune envie de rencontrer cette femme. » Barrie va mettre quatre ans à écrire ce livre, mi-roman, mi-conte de fées, qui s'appuie sur une chronique informelle de sa vie. Le temps de Thrums est révolu. La mort de Margaret Ogilvy a propulsé Jamie vers la haute mer de son destin. Il a connu l'échec d'un mariage qu'il n'aurait jamais dû faire – mais il n'a jamais rien fait comme tout le monde –, et il doit à présent s'enfoncer résolument à travers les terres vierges de son imaginaire.

Symboliquement, les jardins de Kensington, qui séparent sa maison de Gloucester Road de Notting Hill, où résident les

Llewelyn-Davies, seront sa « forêt de Brocéliande », avant de se transformer – ultime alchimie – en pays imaginaire (*Never Never Land*). Les promenades avec Porthos, puis les jeux en compagnie de jeunes garçons envisagés comme la réincarnation de ses amis d'autrefois et, plus sûrement encore, les personnages de féeries à venir ont échauffé son esprit inventif. Il n'aura plus désormais recours, hormis pour tromper la galerie, à la psychologie commune. Ce qui lui importe, c'est de donner corps aux fantômes de sa pensée, d'en faire des personnages aussi obsédants que les pirates de Stevenson ou les martiens de Wells. Mais sans jamais cesser de se mettre lui-même en scène, avec ce narcissisme qui en dégoûtera certains et en fascinera beaucoup d'autres.

L'histoire qu'il commence à écrire est narrée à la première personne par un certain capitaine W., « un célibataire charmant, bizarre et solitaire », par ailleurs écrivain. W. se promène souvent, en compagnie de son chien Porthos, dans les jardins de Kensington. Son rêve serait d'avoir un fils, qu'il a déjà prénommé Timothy. Il fait la connaissance d'un jeune couple dont la femme est enceinte. Il est amené à leur faire croire à l'existence de Timothy, lorsque nait David. La maman de David se prénomme Mary et elle possède le charme de Sylvia Llewelyn-Davies. Elle a pris le pauvre capitaine en sympathie et sait que Timothy n'est que le fruit de son imagination. Contrairement au J. M. Barrie du monde réel, le capitaine ne pénètre jamais dans la nursery du garçon, au nez et à la barbe (?) de la gouvernante – une certaine Irène, copiée sur Mary Hodgson. Il s'y introduit seulement à la nuit tombée, par effraction, dans une ambiance fantomatique et morbide, presque gothique...

En juin 1899, Jamie doit revenir à la réalité : l'été sera propice à la célébration de son sport favori. Il convie Sylvia et Arthur à se joindre à la joyeuse troupe des Allahakbarries, venue s'installer à Broadway, un ravissant village du Worcestershire. Des journalistes, qui ont découvert la retraite du célèbre dramaturge, vont venir troubler la sérénité des lieux que George Meredith, à présent très âgé, a daigné honorer de sa présence, pour le plus vif plaisir de Barrie. C'est peut-être le désir de posséder un endroit totalement privé pour y passer les plus beaux jours de l'année qui va inciter Jamie et Mary à se mettre en quête d'une maison de campagne. C'est elle qui trouve le petit paradis auquel ils aspirent tous deux – quoique pour des raisons sans doute différentes –, près de Farnham dans le Surrey. La maison s'appelle *Black Lake Cottage* (*Le cottage du lac noir*), et c'est désormais là que seront conviés les amis du couple, pour de longs week-ends ou les mois de vacances. Cette propriété est vaste et isolée du reste du monde par plusieurs rangées d'arbres, principalement des pins. Des sentiers zigzaguent à travers de petits bosquets et des rocailles, menant à un jardin japonais ou à un étang plein de poissons rouges. Sur les bords de l'étang, le « lac noir », est bâti un pavillon d'été qu'on éclaire le soir de lanternes japonaises. Mary va surveiller avec sa passion coutumière la décoration d'intérieur du cottage. Jamie établit son quartier général dans une pièce isolée, reliée au reste de la maison par un passage orné d'estampes et d'un immense miroir Wellington.

Les enfants vont immédiatement raffoler de *Black Lake Cottage* : « Pippa » Quiller-Couch, Pamela et Margery Maude, Cecco et Pia Hewlett, mais aussi et surtout les fils de Sylvia, qui vont faire du grand parc le lieu d'interminables jeux en compagnie d'oncle Jim et de Porthos.

Le petit bois de pins, la rocaille propice aux embuscades, la mare aux poissons rouges vont se superposer, dans l'esprit de l'auteur de *The Little White Bird*, à la topographie plus élaborée des jardins de Kensington : le capitaine-narrateur, au long de ses promenades nocturnes à travers ce pays de rêve finit par faire des rencontres. Il imagine que certains des bambins, que les nounous promènent durant l'après-midi, tombent de leurs landaus et se changent, la nuit venue, en une population de « garçons perdus » qui se rassemblent autour de la Serpentine...

C'est alors qu'apparaît, au détour d'une allée faiblement éclairée par la lune, une créature mi-animale, mi-humaine chevauchant une chèvre et jouant de la flûte. Un personnage sorti de l'imaginaire de J. M. Barrie, au cœur du labyrinthe de son drame intime, sous les feux croisés du désespoir, de la joie et de son éternelle enfance – un petit être faunesque qu'il baptise Peter Pan.

9

PETER PAN FAIT TROIS PETITS TOURS...

Mille neuf cent. La vieille reine Victoria se promène encore à travers les allées du Park dans son carrosse, que Jamie compare malicieusement au landau d'un gros bébé joufflu, mais elle ne tient plus guère sur ses jambes et, qu'elle le veuille ou non, les temps changent. Au Vaudeville, on joue *Alice au pays des merveilles* avec Seymour Hicks et Ellaline Terriss, et les premiers fumoirs apparaissent dans les théâtres. La plupart de ceux-ci proposent, en lever de rideau, une courte pièce d'un acte. J. M. Barrie va devenir, avec Jerome K. Jerome, W.W. Jacobs, l'auteur de *La Patte de singe*, et Anthony Hope, l'un des pourvoyeurs attitrés de ces actes brefs, parfois considérés comme un spectacle à part entière, et remarqués par la critique. De jeunes comédiens y font des débuts prometteurs, et les producteurs y sont très attentifs.

Jamie commence l'éducation théâtrale de ses jeunes amis George et Jack Llewelyn-Davies. Il les emmène au Coronet, où l'on joue une pantomine intitulée *Les Bébés dans les bois.* Au cours de la représentation, il se fait la réflexion que la plupart des hommes qui, comme lui, accompagnent des enfants au théâtre ont à un moment ou à un autre demandé leurs mamans en mariage... Cette idée va lui trotter dans la tête et s'intégrer sans heurt à la composition de son livre.

Mais la scène le requiert plus que jamais. Charles Frohman, qui vient, comme chaque année, de prendre ses quar-

tiers au Savoy, le presse de se remettre au travail. La pièce
en cours d'élaboration a pour titre provisoire *Les Deux Sortes
de femmes*. Touché, selon sa bonne vieille habitude, par la
grâce de la chanteuse Ethel Irving, premier rôle des *Bébés
dans les bois*, Jamie voudrait en faire la vedette de sa pièce.
Mais quelques esprits éclairés vont l'en dissuader, et, la mort
dans l'âme, il devra obtempérer. Barrie en est très attristé car
il partage en secret l'opinion de George selon laquelle
aucune tragédienne ne possédera jamais la fraîcheur et le
charme d'une jeune première de comédie musicale. N'est-ce
pas ainsi qu'il est tombé naguère amoureux de Mary Ansell?

Justement, que devient-elle? Jamie doit, sans doute, se
poser la question certains jours. Ils ne sont plus, l'un et
l'autre, que des ombres dans la grande maison de Gloucester
Road. Mrs. Barrie réside le plus souvent possible à *Black
Lake*, aménagé par ses soins et selon ses goûts. Un jardinier,
qui y vit à demeure, a transformé le jardin en véritable splendeur. Mais cette maison isolée devient aussi le nid d'amour
de l'épouse déçue. Mary Barrie trompe son époux avec des
hommes qui répondent au naturel appétit que Jamie n'a
jamais voulu admettre – ou qu'une force étrange, en lui, a
toujours refusé de considérer avec réalisme.

Frohman a rebaptisé la pièce de Barrie *The Wedding Guest*
(*L'Invité aux fiançailles*), et celle-ci est jouée pour la première
fois le 27 septembre 1900. Ce sera un demi-échec, dû non pas
à une mauvaise mise en scène ou à de mauvais acteurs, mais
à un texte faible, « curieusement naïf et maniéré », au dire de
la critique qui ira jusqu'à regretter que Barrie ne se consacre
pas davantage au roman! Jamie n'en concevra aucun dépit
particulier. Bien au contraire, il écrira plus tard que ces
reproches justifiés lui ont rendu service. Soutenu par Frohman, il se remettra au travail, cette fois avec profit.

Mais toute son attention se porte sur la mise en œuvre
d'une fiction qui interfère totalement avec sa vie – la vie de
ses rêves secrets, tout à fait débridés. Durant les week-ends,
les Barrie reçoivent à la campagne, et Jamie s'abandonne à

des jeux qui, pour être enfantins, n'en revêtent pas moins à ses yeux un caractère primordial. Les garçons Llewelyn-Davies – Peter, le plus jeune, âgé de trois ans, trottine allègrement derrière ses frères – échappent à la douce férule de leur gouvernante pour incarner une bande de joyeux drilles baptisés par Jamie « les garçons naufragés ». Les bosquets, les sentiers sinueux et l'étang aux poissons rouges constituent le tracé merveilleux du grand jeu qu'ils inventent tous ensemble, le dramaturge fournissant les éléments d'une longue saga vécus semaine après semaine sous le titre générique : *Les Garçons naufragés de l'île du lac noir*. Barrie y incarne le capitaine Swarty, et Porthos y joue tantôt son propre rôle, tantôt, portant un masque en papier mâché, celui d'un tigre féroce. Des souvenirs de Kirriemuir affluent et, en particulier, ceux de la lecture des romans de Ballantyne, surtout *L'Île de corail*, dont les héros, Ralph, Peterkin et Jack, s'additionnent à ceux du roman fétiche de Margaret Ogilvy et de son fils, les pirates de *L'Île au trésor*. Jamie immortalise les scènes les plus « réussies » de son jeu à travers un grand nombre de photographies qui vont servir à la composition d'un livre, *Le Garçon naufragé de l'île du lac noir*, imprimé aux frais de Barrie à deux exemplaires seulement – dont un seul survit encore, l'autre ayant été perdu dans un train par le père des garçons – et qu'on peut à juste titre considérer comme la première trace tangible du mythe de Peter Pan[1].

Sous le regard mélancolique de Mary et celui, amusé, de Sylvia et Arthur Llewelyn-Davies et de quelques privilégiés, J. M. Barrie met au point sa dramaturgie la plus fantasque et la plus originale à la fois, fruit d'une collaboration idéale. Et, en préface au livre exceptionnel qui retrace l'aventure, au printemps 1900, des « garçons naufragés » et de leur ami le capitaine Swarty, la main de Peter, guidée par celle de Jamie, écrira des phrases définitives sur « les souffrances endurées par trois frères au cours du plus terrible été qu'ils aient jamais connu ».

---

1. Lire, en fin de volume, la dédicace de *Peter Pan*, de J. M. Barrie.

C'est au cours du même été que Barrie fait la connaissance du frère de Sylvia, le jeune comédien Gerald Du Maurier, un garçon de vingt-huit ans, volontiers cynique encore que dépressif et très attaché à sa mère. Il a joué récemment dans plusieurs pièces à succès et c'est à titre amical qu'il participe à la reprise de la pièce de Barrie pour enfants *Le Nain avare*, écrite à l'origine pour les filles de Maurice Hewlett. Une représentation en sera donnée à Gloucester Road, avec dans les rôles principaux de cette version nouvelle du conte moral : Sylvia, Mary, Mason, Gerald Du Maurier ainsi, bien sûr, que Jamie et Porthos. Cette fois, ce sont les adultes qui, dans des costumes inspirés par les illustrations de Kate Greenaway, vont jouer le texte d'un auteur nommé Peter Pekin, dont la photo, reproduite sur le programme, est celle de Peter Llewelyn-Davies... Et ce sont des enfants qui constituent la majorité du public, assez dissipé, de cette pièce drolatique où Mary Barrie joue le rôle de la Brave Petite Fille !

Les liens d'amitié qui unissent Jamie et Gerald Du Maurier vont s'affirmer au cours de l'année 1901 qui commence par un événement d'intérêt, si l'on peut dire, général, puisque la reine Victoria vient de mourir, laissant les clefs du royaume à celui qui va être couronné sous le nom d'Édouard VII.

Mais revenons quelques mois en arrière pour saluer la naissance du quatrième fils de Sylvia, Michael, sur le berceau duquel les fées se sont penchées avec une attention soutenue, tout comme Jamie lui-même qui attend avec impatience le moment où ce garçon deviendra le complice de ses fantaisies ludiques. Saluons également, mais tristement cette fois, la disparition de Porthos qui a fermé pour toujours ses yeux faussement tristes d'enfant-chien et qui occupera désormais une place de choix dans l'imaginaire de son meilleur ami.

Jamie, qui s'est remis à l'écriture de *The Little White Bird*, vient de dessiner une carte des jardins de Kensington – revisités par lui –, sur laquelle figurent un cimetière des chiens, un arbre de Cecco Hewlett, et une allée des bébés menant tout droit à la Serpentine sur laquelle les garçons perdus font voguer leurs bateaux en papier, couverts d'inscriptions destinées à Peter Pan.

Dans la fiction, le petit faune est à présent devenu le personnage central de l'aventure de David, le compagnon du capitaine W. Le domaine de Peter est une île imaginaire sur la Serpentine. « Mais, nous est-il précisé, une partie seulement de ce cours d'eau traverse les jardins de Kensington. Il se perd ensuite sous un pont et se retrouve plus loin, au pays où tous les oiseaux deviennent des petits enfants, filles ou garçons. » Pour découvrir le repaire de Peter, il faut, comme aurait dit un autre conteur, passer de l'autre côté du miroir. Oubliant un peu le capitaine et David, Barrie nous raconte l'histoire de Peter Pan – il s'agit moins d'un faune que d'un bébé littéralement échappé à la civilisation et à ses contingences. Un petit d'homme qui s'est, un beau soir, enfui du domicile parental par la fenêtre de la nursery et s'en est allé vers les jardins de Kensington. Mi-bébé, mi-oiseau, il rencontre les fées en chemin. Puis Salomon, le corbeau sarcastique, vient lui faire la conversation. Il apprend à Peter qu'il est devenu une créature « entre les deux », transfuge du monde humain accepté par le règne animal, et lui propose de naviguer sur la Serpentine en utilisant un drôle de bateau : un billet de cinq livres sterling offert (sic) par le poète Shelley... Les rapports de Peter avec les fées, considérées par l'auteur comme les créatures les plus inutiles et les moins aimables, seront de l'ordre du compromis, car Peter ne les aime pas lui non plus. Son rôle, dans l'obscurité des jardins devenus son royaume, va désormais être celui d'un mélange de hors-la-loi et de créature des ténèbres, chargé d'orchestrer les rêveries enfantines. Jouant de la flûte ou chevauchant sa chèvre, Peter commence la plus longue partie de cache-cache jamais imaginée par un écrivain...

Puis, son ombre glisse et s'efface dès que l'aube revient, et nous retrouvons David, visage tangible du monde de J. M. Barrie. Mary, la maman de David, autorise enfin l'accès de la nursery au narrateur, qui se sent comblé. Sa description de l'univers intime de l'enfant, obsessionnelle et grave, d'une morbidité semblable à celle qui nimbait le récit de ses rapports avec sa mère, révèle la complexité de son attachement au monde de l'enfance. Cette attitude n'est certainement pas évaluée à sa juste valeur (?) par son entourage, mais elle est déjà ressentie par certains de façon déconcertante.

Au fil des mois, l'histoire de Peter Pan s'est installée dans le nid du récit primitif : David, sa gouvernante et le capitaine W. ont laissé la place à ce passager clandestin de l'imaginaire de Barrie qui, pas un instant, n'a senti qu'il « dérapait ». Tout au contraire, le livre enfin terminé se double d'un projet de pièce provisoirement intitulé *Phoebe's Garden* (*Le Jardin de Phœbé*) qu'il nourrit sans relâche. Un autre titre – *L'Île* – côtoie, dans les carnets de Jamie, les notes relatives à *Phoebe's Garden* comme si, déjà, Peter Pan commençait à orchestrer, en sourdine, l'avènement de l'œuvre majeure de J. M. Barrie...

The Wedding Guest marque un tournant dans la manière du jeune dramaturge à succès, brodant avec aisance mais sans grande conviction sur des thèmes à la mode ou, dans le meilleur des cas, adoptant à la scène ses succès romanesques. Barrie inaugure l'ère édouardienne en mettant à profit la libération de ses fantômes et de ses plus authentiques fantasmes de créateur. Les notes qui couvrent les carnets de l'année 1901 témoignent d'une vitalité nouvelle. *Phoebe's Garden* deviendra *Quality Street* et *L'Île*, *The Admirable Crichton*, deux de ses pièces les plus originales et les plus admirables.

Après un été passé à *Black Lake* – les Llewelyn-Davies ont, eux, élu domicile dans une maison de Tilford, un village tout proche –, Jamie, très attristé par la mort de Porthos, s'enferme dans son bureau de Gloucester Road, plus solitaire que jamais. Bien sûr, il se rend presque chaque jour chez Sylvia, mais de grands cernes sous ses yeux, la pâleur excessive de son visage témoignent d'un immense chagrin.

Il a survécu à Tommy Sandys et, tel un fantôme de sa propre créature de fiction, il affronte difficilement la vie quotidienne... Beaucoup de ceux qui vivent autour de lui, mais

le connaissent mal – qui peut se vanter de bien connaître
J. M. Barrie ? –, persistent à le croire amoureux de la mère de
George, de Jack, de Peter et de Michael, alors qu'il est seulement épris de cette famille de rêve et du rêve de famille
qu'elle représente à ses yeux éperdus.

Barrie envoie le manuscrit de *Quality Street* à Charles Frohman, qui, par retour du courrier, lui fait savoir que la pièce
est une réussite. C'est l'histoire de Phoebe Throssel, une
jeune femme romantique vivant dans une chambre bleu
et blanc et qui attend la venue de son prétendant, le beau
Valentine Brown. Or, celui-ci ne vient pas et Phoebe apprend
par une lettre qu'il a décidé de s'engager dans l'armée... Neuf
ans plus tard, Valentine revient de la guerre et trouve une
Phoebe vieillissante qui partage avec sa sœur Susan la direction d'un petit cours privé – du style de celui des demoiselles
Adam à Kirriemuir. À la vue de ces maîtresses d'école, Valentine prend le large une seconde fois ! Mais Phoebe mène une
double vie et, la nuit, elle va au bal où elle se fait passer pour
sa nièce. C'est ainsi que Valentine courtisera, sans le savoir,
son ancien amour.

En juin 1901, les Barrie font l'acquisition d'une voiture
automobile – engin peu courant encore, sur les routes d'Angleterre. Leur chauffeur, prénommé Alfred, ne se méfiera
pas suffisamment des tournants dangereux des environs
de Farnham, et l'auto finira dans le fossé. Seul, Alfred a été
blessé, mais Barrie conçoit une véritable aversion pour ce
moyen de transport, préférant, chaque fois que cela sera
possible, prendre le train pour se déplacer, ou mieux encore :
marcher.

Encouragé par Frohman, il se lance sans plus attendre
dans la rédaction de la seconde pièce sur laquelle il a pris
d'abondantes notes, sous la référence de *L'Île*. Elle s'intitulera
The Admirable Crichton (*L'Admirable Crichton*). L'action, en
quatre actes, se déroule d'abord sur une île du Pacifique où
ont échoué un jeune aristocrate, sa famille et ses amis. La
figure qui se détache immédiatement est celle de Crichton,

le génial *butler*. Parce qu'il est d'une nature supérieure, il devient le chef de la petite assemblée, et l'honorable Ernest Woolley, son maître, ira jusqu'à lui accorder la main de sa sœur aînée... Dans une ambiance de fausse robinsonnade, s'instaurent des rapports qui se moquent des conventions du genre. Barrie s'amuse beaucoup et fait de tous ses personnages des êtres fantasques, irrésolus, marqués à tout jamais par leur enfance. Les amours de l'honorable Ernest et de lady Agatha, les agissements de Crichton, chantant à tue-tête « J'étais un roi de Babylone » constituent quelques-uns des sommets de l'œuvre de J. M. Barrie.

Frohman se frotte les mains devant l'admirable résultat des derniers mois de travail de son ami anglais. Les deux pièces sont, chacune à sa manière, des modèles de construction dramatique. Reste à en faire la distribution. Miss Adams, l'héroïne sur la scène américaine de *The Little Minister*, semble digne du rôle de Phoebe Throssel dans *Quality Street*. Dès les premiers jours de l'automne, la production est en route...

Après un été de travail à la campagne, tout de même entre-coupé de promenades à vélo, de parties de pêche avec les Quiller-Couch, d'après-midi de jeux avec les garçons et du match annuel des Allahakbarries, Jamie rentre à Londres. Les Llewelyn-Davies ont déménagé, ils occupent une maison plus vaste, au 23 Kensington Park Gardens. George fréquente l'école Wilkinson, échappant de ce fait au regard de Jamie, qui se rattrape en surveillant la croissance du petit Michael, le plus ravissant bambin de la famille.

En septembre, *Quality Street* commence sa carrière américaine sous les meilleurs auspices. La distribution de *The Admirable Crichton* fait de Gerald Du Maurier l'Honorable Ernest. Le frère de Sylvia donne la réplique à une jeune comédienne, Muriel Beaumont, qu'il épousera deux ans plus tard. La pièce, créée au théâtre Duke of York le 4 novembre, connaît un succès immédiat. Le dramaturge reçoit l'hommage d'une critique qui ne le considère plus comme un auteur léger, mais en fait un disciple de Rousseau – le thème de la pièce n'est-il pas le retour à la nature ? On parle même de « lutte des classes » – J. M. Barrie n'y avait sûrement pas songé lui-même! Bref, c'est l'unanimité. Le destin a voulu que paraisse, à quelques semaines de là, le nouveau roman de Jamie, *The Little White Bird*, qui, lui aussi, enchante la critique. Le *Times* se plaît à dire que ce livre est la « quintessence de Barrie », qu'il est, l'expression est osée, « une tour féerique construite sur la vérité éternelle ».

Les mystères des jardins de Kensington sont ainsi dévoilés. Le public va se montrer enchanté, au sens fort du terme, par cet aveu de l'auteur, et les lecteurs londoniens de Barrie considèrent désormais le petit Écossais comme une sorte de mentor des sortilèges de cette forêt de Brocéliande dont il a su percer le secret. À Wilkinson, école chic où l'on porte des pantalons rayés et un haut-de-forme, George, que tout le monde a reconnu dans le personnage de David, est entouré de respect. Quant à Jamie, un haut personnage de la ville lui offre une clef symbolique des jardins de Kensington, lui permettant de pénétrer dans son « royaume » à tout moment.

Jamie décide de célébrer cette avalanche de succès par un voyage à Paris en compagnie de ceux qui ont été en grande partie à l'origine de cette nouvelle reconnaissance du public : Sylvia et ses fils. Arthur est, bien sûr, un peu vexé de ne pas être de la partie, mais n'a-t-il pas toujours montré quelque tiédeur à l'encontre des projets de Barrie? Le jeune romancier Mason accompagne sur le continent la joyeuse assemblée. Les couloirs de l'Hôtel Meurice vont résonner longuement des galopades effrénées de George, Jack et Peter...

Au début de l'année 1902, les Barrie à leur tour déménagent. Ils abandonnent Gloucester Road pour une maison de Leinster Corner qui fait face aux jardins de Kensington, ce qui les rapproche de façon considérable du domicile des Llewelyn-Davies... Mary se lance dans la décoration de cette demeure de style Régence, au moment où arrive la nouvelle de la mort du père de Jamie. Toute la famille se retrouve à Kirriemuir pour l'inhumation de l'époux discret de Margaret Ogilvy, sur la colline de Tillyloss. Jamie réunira ensuite à *Black Lake* ses frères, ses sœurs et leurs conjoints dans une ambiance contrastant beaucoup avec celle de l'été passé...

À Leinster Corner, Barrie a installé son bureau au-dessus de l'ancienne écurie transformée en garage. La présence d'un chiot terre-neuve, baptisé Luath, a mis un terme au deuil, longtemps porté, du cher Porthos. C'est en la compagnie de Luath que Jamie parcourt les allées des jardins, reconnu et salué par les gouvernantes et les mamans des enfants qui s'y ébattent. Enfermé dans son bureau, toujours aussi étranger à la présence de Mary – mais elle-même fuit le plus souvent le domicile conjugal –, auréolé d'un nuage de fumée, Jamie couvre de son écriture illisible des pages et des pages. Une pièce est en train de s'ébaucher, ou plus précisément deux pièces, de natures assez différentes. La première, *Little Mary* (*Petite Mary*), met en scène une héroïne de dix-huit printemps qui tombe amoureuse d'un pair du royaume. Frohman trouvera l'argument plutôt faible, et surtout peu apte à intéresser le public américain. Mais Barrie a d'autres tours dans son sac. Il se lance dans l'écriture d'un sujet plus ambitieux, évoquant l'histoire de sept femmes (titre provisoire de la pièce qui deviendra *The Adored One*). Un beau matin, il note sur son carnet : « Le Garçon Heureux. Un garçon qui ne peut pas grandir – échappe à la douleur et à la mort – reste *sauvage* – à la fin s'échappe. » On peut considérer ces mots comme la première ébauche de la pièce plus tard baptisée *Peter Pan ou le garçon qui ne voulait pas grandir.*

En 1903, le théâtre, à Londres, connaît un essor particulier. Le nouveau monarque, qui passe depuis longtemps pour un amateur passionné de cette forme de spectacle, encourage la création de nouvelles salles. Frank Curzon, l'un des propriétaires les plus chanceux, est à la tête de huit théâtres, dont les prestigieux Coronet, l'Avenue, le Prince of Wales, le Strand ainsi que du Wyndham, où va être créée *Little Mary*. Le genre théâtral est plus que jamais à la mode, et cette conjoncture ne peut qu'inciter un jeune auteur de talent à porter à la scène la matière la plus secrète de son imaginaire – tout ce qu'il eût lui-même, peut-être, à une autre époque, confié au roman...

Pendant les premiers mois de l'année, les Barrie vont beaucoup recevoir dans leur nouveau home. Réceptions davantage officielles qu'amicales, où il ne faut pas voir le signe d'un quelconque rapprochement entre les deux éléments du couple, plus que jamais dissociés. La femme qui, maintenant, supplante toutes les autres dans le cœur de Barrie est Sylvia Llewelyn-Davies. Il lui rend visite presque chaque jour et se montre en sa compagnie en toutes sortes d'occasions, les plus mondaines permettant aux photographes de presse de nourrir des rumeurs assez désobligeantes pour leurs conjoints respectifs.

Au cours de l'été, les Llewelyn-Davies et leurs enfants occupent à nouveau la maison de Tilford, accessible à pied ou à bicyclette pour Jamie – qui laisse l'auto et le chauffeur à Mary. L'aîné des garçons a maintenant dix ans, et l'ange Michael vient d'avoir trois ans en juin. Lorsqu'il n'est pas en train de jouer avec les garçons et Luath ou de s'entretenir avec quelque visiteur, Jamie travaille à la pièce désignée sous ce titre provisoire : *Le Garçon heureux*. Il entoure cette œuvre d'un grand mystère et n'en parlera à son entourage que lorsqu'elle sera terminée.

Little Mary commence une carrière plutôt brève le 24 septembre, quatre jours avant que la première production de *The Admirable Crichten* soit retirée de l'affiche. L'un des décors de la pièce est largement inspiré de la salle à manger de *Black Lake*, ce qui aura pour effet de déconcerter Gerald Du Maurier, qui fait brièvement partie de la distribution, avant d'être remplacé pour cause de diphtérie.

À la mi-novembre, Sylvia met au monde son cinquième enfant, encore un garçon, baptisé Nicholas, dernier des membres du club des cinq garçons qui constituent, selon les propres mots de Barrie, l'étincelle d'où jaillira, quelques mois plus tard, le personnage de Peter Pan...

10

PETER PAN ET LES DARLING

> Ce que je veux faire d'abord, c'est
> offrir Peter aux Cinq sans qui il
> n'eût jamais existé.
>
> J. M. Barrie

Le bébé-faune des jardins de Kensington est apparu subrepticement au détour de *The Little White Bird*, absolu complice du capitaine W. et du jeune David. Mais Peter, discrètement glissé entre les pages, n'a pas retenu outre mesure l'attention des lecteurs du dernier best-seller de J. M. Barrie – et pour cause. La mise en scène de personnages réels, les enfants Llewelyn-Davies, et du dramaturge lui même, a largement suffi à créer l'événement. Mais dans la mythologie onirique et sylvestre du cerveau productif de Jamie, Peter n'est pas resté inactif. Ce petit personnage insolent et solitaire n'a cessé de hanter ses jours et ses nuits ; il est devenu comme la marionnette de ce ventriloque-écrivain de moins en moins capable d'affronter le cauchemar d'une vie d'homme marié. Sait-il déjà qu'il est bafoué par celle qu'il considère toujours comme sa femme, qu'il aime encore plus qu'aucune autre en dépit de son admiration amoureuse pour Sylvia ? (Mary le trompe, et son plus grand crime est peut-être de ne pas l'avouer à Jamie, qui pourrait lui pardonner, comme Tommy l'eût fait à sa place.) Fuyant l'atmosphère lourde de silence de Leinster Corner, Barrie, escamoté par l'écran de fumée de Lady Nicotine, se réfugie parmi les fées, les pirates et le monde crépusculaire de Peter Pan.

Cette nouvelle pièce qu'il compose dans le plus grand secret aura d'abord pour titre *Peter Pan and Wendy* – Wendy, inspirée pour le nom par la petite Margaret Henley, disparue depuis quelques années, mais qu'il n'a pas oubliée. Le 23 novembre 1904, Jamie établit un premier scénario, portant en surtitre : *Anon. – A Play* (Anonyme – Une pièce). Ce synopsis comporte une scène I (*La nursery des Darling la nuit*), développée sur une page, et à laquelle est joint, tracé d'une plume tremblante, un plan du décor. Dans cette première ébauche, lue aujourd'hui avec émotion, la jeune Wendy, l'aînée des enfants Darling, joue avec ses deux frères, Michael, l'aîné, et John, le plus jeune. Le décor mentionne aussi la niche de Nana, le chien qui deviendra la nounou des enfants.

On discerne tout de suite l'influence que la vie intense, depuis longtemps observée, de la nursery des Llewelyn-Davies a pu exercer sur Barrie. Mais l'histoire qu'il invente procède d'un monde intérieur qui doit autant aux souvenirs, réels ou imaginaires, de la vie à Kirriemuir dans les années 1860 qu'à celle de cette famille londonienne qu'il recrée pour les besoins de sa féerie. Car il s'agit bien d'une féerie, davantage encore que dans *The Little White Bird* où la réalité transparaissait, référentielle au point de susciter un malaise certain chez les proches de l'écrivain. Cette fois, J. M. Barrie a bel et bien pris place à bord du navire de ses rêveries, et les trois enfants qu'il met en scène sont des protagonistes destinés à magnifier la réapparition de Peter Pan. Celui-ci n'est plus le faune errant, la nuit, dans les jardins obscurs situés à quelques dizaines de mètres du domicile des Barrie. C'est le petit prince cruel et fantasque du pays imaginaire de *Never Never Land* (littéralement : pays du Grand Jamais) vers lequel les enfants Darling vont se trouver transportés...

Le capitaine W. laisse la place à un autre capitaine, Jason Hook – le capitaine Crochet –, flanqué d'une bande de pirates à la retraite, tout droit sortis de *L'Île au trésor* de Stevenson, l'un d'eux se nommant d'ailleurs Flint!

La première version de *Peter Pan and Wendy* est achevée début mars. Le 18 avril, Barrie confie à la comédienne
Maude Adams : « Ma chère Maudie, je viens d'écrire une
pièce pour enfants, qui à mon sens n'intéressera pas beaucoup le public américain. Elle (Wendy) est une de ces filles
qui ne rêvent que de devenir maman et le garçon, Peter Pan,
vit dans un monde nouveau. J'aimerais que vous soyez la
fille, et aussi le garçon, et, pendant qu'on y est, tous les
autres enfants et le capitaine pirate. » Barrie songe-t-il sérieusement à faire de cette pièce un one-woman-show ? En tout
cas, l'idée de faire jouer Peter par une comédienne est déjà
contenue dans ces propos facétieux de l'auteur – et elle fera
son chemin.

Il craint que le caractère extravagant de son histoire ne
rebute Frohman qui, malgré sa grande amitié pour l'Écossais, est avant tout producteur. C'est la raison pour laquelle,
assez hypocritement, Barrie fait d'abord lire le texte par
Beerbohm Tree, directeur du théâtre de Sa Majesté. Ce personnage, aussi perspicace qu'influent, met le doigt sur l'ambiguïté de la pièce, qui semble, de prime abord, s'adresser
aux enfants, alors que la plupart des dialogues, souvent sibyl-
lins, parlent davantage à un public d'adultes. Tree ira jusqu'à
prévenir Frohman, par lettre, que « Barrie n'a plus toute sa
tête ». Mais celui-ci est décidé à ruser avec l'adversaire. Il sort
d'un tiroir une autre pièce, *Alice-Sit-By-The-Fire* (*Alice au coin
du feu*) et la soumet à Beerbohm Tree, lui proposant d'acheter les deux : B. Tree refuse tout net. Lorsque Frohman arrive
à Londres, à la fin d'avril, Barrie et lui dînent au Garrick
Club. Le producteur américain, n'ayant visiblement pas suivi
les conseils de son collègue anglais, accepte d'emblée de
monter les deux pièces !

Preuve qu'il était tout de même un peu inquiet, Jamie
avait entre-temps rebaptisé l'histoire de Peter Pan : *The
Great White Father* (*Le Grand Papa blanc*). Mais Frohman,
qui a du flair, lui suggère de l'intituler tout simplement *Peter
Pan*.

Alors que tout le monde – et, singulièrement, Sylvia et ses
garçons – ignore encore tout du contenu de la nouvelle pièce

de J. M. Barrie, Arthur Llewelyn-Davies décide de déménager une fois encore. Il considère que leur train de vie à Kensington est devenu exorbitant et il choisit de louer une maison à Berkhamsted, dans le Hertfordshire, à vingt-cinq miles de la capitale. Le problème d'argent est-il la seule raison de cet éloignement qui aura, forcément, des conséquences sur les relations entre le dramaturge et Sylvia? On est en droit d'en douter, au moment où l'on jase de plus en plus, à Londres, sur les singuliers rapports qu'entretient le célèbre auteur J. M. Barrie avec la femme et les enfants du jeune avocat. Le monde dans lequel évolue Arthur est fort différent de celui des Du Maurier, moins excentrique et bohème, et le père des garçons commence à pâtir de la publicité tapageuse faite autour de sa famille.

Charles Frohman s'occupe activement de la production de *Peter Pan*. Il choisit comme partenaire un jeune manager plein d'ambition et de talent, fils d'un célèbre dramaturge victorien : Dion Boucicault. Ce choix amènera tout naturellement Mr. Boucicault à proposer sa propre sœur, Nina, pour le rôle de Peter – proposition judicieuse, aussitôt ratifiée par Barrie, après sa rencontre avec la jeune comédienne. Jamie a décidé de s'occuper lui-même de l'attribution du rôle du capitaine Crochet. Il a d'abord songé à Seymour Hicks, qui a joué dans plusieurs de ses pièces et dont l'épouse, Ellaline Terris, conviendrait parfaitement pour le rôle de Wendy. Hélas, E. Terris attend un bébé. Or, Seymour Hicks ne veut pas jouer sans sa femme. C'est donc Gerald Du Maurier qui incarnera le redoutable chef des pirates...

Tandis que Frohman poursuit le montage du spectacle et s'efforce de trouver la salle la plus propice à une mise en scène complexe, Jamie emmène Sylvia et les garçons célébrer son quarante-quatrième anniversaire à Paris. La presse anglaise publie un portrait de lui, dû au peintre et illustrateur William Nicholson. Barrie y apparaît dans sa maturité un peu hirsute, l'œil clair noyé d'une sorte d'indéfinissable nostalgie, son front immense figurant l'éternelle enfance qui le hante et le tourmente sans répit. Sa tenue elle-même trahit quelque chose d'inachevé et de hâtif, les coins relevés du col de chemise, la veste du costume noir mal ajustée, indiquant, si besoin est, le triomphe de son combat contre l'âge adulte. Mais ce qui frappe surtout, c'est la tristesse dont ses traits sont empreints, et qui, elle aussi, a quelque chose d'enfantin et d'irrémédiable.

Les répétitions de *Peter Pan*, dont on sait à présent qu'il s'agit d'une « Féerie en cinq actes », ont commencé au théâtre Duke of York, dont le dispositif scénique est assez sophistiqué pour accueillir les huit tableaux du spectacle. Jamie est sur le pied de guerre : il assistera sans défaillir, mal de tête ou pas, à chacune des réunions avec les acteurs. Il a été décidé que Du Maurier interpréterait à la fois le capitaine Crochet et Mr. Darling, le père de Wendy, de Michael et de John. Nina Boucicault est Peter. Dorothea Baird, de la Compagnie du théâtre St. James, joue Mrs. Darling. La distribution comporte un nombre incroyable de rôles : des enfants, les sept pirates du capitaine Crochet, une fée (Tinker Bell – la fée Clochette), deux Peaux-Rouges, des Belles-Mamans (*sic*), un crocodile, une autruche, une meute de loups, etc. Les « membres de la famille de Peter Pan » sont au nombre de six. Le plan de la pièce, donné par l'affiche imprimée en novembre, en dit long sur l'ampleur du projet – et sur les risques encourus par Charles Frohman en acceptant de suivre à la lettre l'idée totalement folle de son ami Barrie :

Acte I
NOS PREMIERS JOURS (INTÉRIEUR DE LA MAISON)

Acte II
LE PAYS DU GRAND JAMAIS

Scène I   La maison que nous avons construite pour Wendy
Scène II   Le camp des Indiens
Scène III Notre maison souterraine

Acte III
NOUS RETOURNONS VERS NOS MÈRES DISTRAITES

Scène I   Le bateau pirate
Scène II   Dernier regard aux Indiens
Scène III   Comment connaître votre mère
Scène IV   À l'extérieur de la maison
Scène V   Au sommet des arbres

Ce plan a aussi l'avantage, lorsqu'on le compare avec la pièce définitive, ordonnée de la façon suivante :

Acte I   La nursery
Acte II   Le pays imaginaire
Acte III   Le lagon aux sirènes
Acte IV   La maison souterraine
Acte V   Le bateau pirate

de révéler l'intense activité déployée par l'auteur entre la première version manuscrite et celle, polie par de longues semaines de difficiles répétitions. La présence de très jeunes acteurs sur scène va causer des difficultés à Dion Boucicault, qui envisage avec inquiétude la probabilité d'un succès, qui l'obligerait à constituer un véritable roulement de comédiens, en raison des lois sur le travail des enfants.

Les décorateurs Harford et Hann s'affairent. Les costumiers – W. Nicholson et B. J. Simmons – ne quittent plus leurs ateliers. Et la fièvre monte à l'approche du jour fatidique de la première : le 27 décembre, si tout va bien.

À chacune de ses visites chez les Llewelyn-Davies, à Berkhamsted, Jamie est assailli de questions par les garçons. Il tente de leur en dire le moins possible, mais ce n'est pas chose facile, d'autant que la presse fait circuler pas mal d'indiscrétions sur la « nouvelle pièce de J. M. Barrie ». Noblesse oblige.

Le plus grand problème que rencontrera le metteur en scène dans son travail sera d'ordre technique. Barrie, en effet, a imaginé plusieurs séquences acrobatiques, et notamment une scène dans laquelle un aigle survole les spectateurs avant de s'abattre sur le pont du *Jolly Roger*, le bateau du capitaine Crochet...

À la mi-décembre, Jamie en est encore à remanier ses dialogues, simplifiant les répliques dites par les jeunes comédiens. Il dort mal, fume sans cesse et ses horribles migraines ne le lâchent plus. Mais il a confiance en ses deux principaux acteurs, Nina Boucicault – qui doit se changer en garçon faunesque – et Gerald Du Maurier, qui révèle déjà beaucoup de fantaisie dans le rôle, également ingrat, de Crochet.

Le 25, Jamie, installé dans son fauteuil, au premier rang d'orchestre du Duke of York, ravaude encore son texte, provoquant la fureur de Boucicault et plongeant les comédiens dans le désarroi. Mais l'entêté fils de Kirriemuir est un perfectionniste. À deux soirs de la première, il s'interroge encore sur la nécessité de la présence du groupe des Belles-Mamans. Finalement, il coupera ce passage – mais rallongera le rôle de Lily-la-Tigresse, la cheftaine des Peaux-Rouges...

La veille du grand soir, Boucicault est effondré : rien ne marche. Les enfants sont fatigués et ânonnent leur texte. On annule au dernier moment les sirènes du lagon...

Le 27 décembre 1904, le rideau cramoisi du Duke of York se lève enfin sur le décor de la nursery des Darling, à Bloomsbury. De l'autre côté de l'Atlantique, Frohman se ronge les ongles. Quant à l'auteur, il se fait si petit qu'on le perd tout à fait de vue dans les coulisses du théâtre. Il se demande ce que le public londonien – des adultes, en majorité – va penser de sa « féerie ». Au tout début, l'assistance est intriguée : le chien Nana, que joue l'acteur Arthur Lupino – venu longuement observer le comportement de Luath, à Leinster Corner –, déclenche les rires, puis émeut le public édouardien... La première apparition de Peter Pan provoque l'adhésion. L'étrangeté de ce spectacle sans pareil agit de façon positive : la réputation de Barrie n'étant plus à faire, les critiques acceptent sans réticence d'être embarqués dans l'aventure de Peter. Et la première représentation s'achève sous les vivats d'un auditoire envoûté – sous le charme, au sens propre...

Dès le lendemain, les signes du succès commencent à apparaître. Le *Daily Telegraph* trouve la nouvelle pièce de Barrie « si naturelle, si vraie, si touchante qu'elle soumet le public aux volontés de l'auteur, d'un bout à l'autre ». Jamie, fier de lui, câble à Frohman : PETER PAN ALL RIGHT.

Le contenu de *Peter Pan, or the Boy Who Would not Grow up* (*ou le garçon qui ne voulait pas grandir*) est la suite logique des chapitres de *The Little White Bird* dans lesquels apparaissait pour la première fois le faune de Kensington. Les enfants Darling ont été choisis par Peter pour être les compagnons d'aventures de ce bébé solitaire devenu le chef d'un gang de Garçons perdus – entendez, d'enfants tombés de leurs landaus, tandis qu'ils se promenaient avec leurs nounous dans les jardins de Kensington. Wendy Angela Moira Darling est un personnage nouveau dans la mythologie de Barrie. Elle incarne un idéal féminin très particulier, celui de la maman en herbe, volant – c'est littéralement le cas – au secours des Garçons perdus afin de leur raconter des histoires leur permettant de s'endormir. Accessoirement, elle recoudra leurs boutons. C'est la compagne d'un rêve impossible, dont les rapports avec Peter sont complexes. Wendy est, certes, admirative mais peu dupe de l'intérêt très prosaïque que lui porte le garçon du pays imaginaire. Peter n'aime en Wendy que l'image maternelle, le reflet d'un amour déchu et qu'il regrette. Il prend ombrage du comportement de ses petits frères, bien élevés et un peu couards. À l'instar des fils de Sylvia, ils regimbent quelque peu à suivre Peter et, pour les besoins de la comédie, ont du mal à s'intégrer au monde nouveau qu'ils découvrent. La fée Clochette, éprise de Peter, est évidemment jalouse de Wendy, qui représente tout ce que les fées détestent. Elles-mêmes, selon Barrie, sont détestables.

Jason Crochet a été décrit plus tard par son créateur comme un « ancien d'Eton ». Définition surprenante au regard de l'idée qu'on peut se faire des élèves de cette école, la plus rigide et la plus chic d'Angleterre, formant l'élite de la

Couronne depuis cinq cents ans et dont le produit fini est plus proche de la *egg-head* (grosse tête) que du voyou. Crochet devait à l'origine s'appeler Wilkinson, du nom de l'école fréquentée par George Llewelyn-Davies, et cela nous éclaire sur le sens que donne Barrie aux interventions du capitaine – qui n'a, dès lors, plus rien à voir avec le capitaine W. de son roman. Crochet est un croquemitaine dérisoire, un empêcheur de jouer en rond, l'ennemi des enfants, le pantin ridicule mais effrayant qui sommeille en chacun des jeunes garçons. Il incarne avec superbe l'épouvantail du remords enfantin. Quant à ses sbires, pirates à la retraite hérités de toute une tradition du roman d'aventures maritimes, qui va du capitaine Marryat à Stevenson, ils demeurent les dignes compagnons de cauchemar des mêmes petits garçons.

Les effets spéciaux imaginés par Barrie renforcent la magie d'un texte dynamique. Les salves de répliques, maniérées comme la prose des œuvres précédentes de l'auteur, ne coupent jamais l'élan formidable d'une action qui ne laisse pas une seconde de répit au spectateur. On dirait que Jamie a donné le meilleur de lui-même – ou le pire, selon certains qui ne verront dans la pièce qu'un ramassis d'enfantillages stupides. Barrie fait néanmoins l'unanimité des critiques influents. Son confrère Bernard Shaw, impudent défenseur d'Ibsen et auteur de *César et Cléopâtre*, *Candida* ou *Homme et surhomme*, qui ont établi sa réputation auprès d'un public intellectuel, a souvent, dans un passé récent, dénoncé la mièvrerie des ouvrages de Jamie, et n'a pas la plume tendre. Pourtant c'est lui qui écrit, dans une lettre à son ami le comédien Forbes Robertson : « Je suis allé voir les derniers succès de Barrie au théâtre ; non seulement je les ai supportés sans inconfort, mais je les ai même trouvés plaisants. » Jamie, ne sachant pas en quelle estime le tient à présent l'Irlandais ascétique et non fumeur, aura ces mots impitoyables lors d'un banquet donné en son honneur, quelques mois plus tard : « À mon arrivée à Londres, j'étais rempli d'admiration pour un remarquable jeune homme qui prenait alors d'assaut la capitale. Il connaissait tout : la musique, le socialisme, la philosophie. Je me demande ce qu'il est devenu aujourd'hui... »

On imagine sans peine que le verdict sans doute le plus important, aux yeux de Jamie, va être celui de ses jeunes amis de Berkhamsted. Au lendemain de la première, George, Jack, Peter et Michael se glissent au premier rang et assistent avec ravissement au spectacle joué en matinée. Ils ne peuvent s'empêcher d'envisager l'aventure de Peter Pan comme une suite grandiose à leurs propres aventures privées avec Jamie, et une fierté légitime s'empare d'eux. À l'heure du thé, ils se rendent à Leinster Corner pour y congratuler leur héros. Tous les quatre ont conçu d'emblée un véritable culte pour le capitaine Crochet, superbement campé par leur oncle Gerald. Cette admiration sera bientôt partagée par tous les petits Anglais. Dans le livre qu'elle a consacré à son père, la romancière Daphné Du Maurier écrit : « En 1904, quand Crochet arpentait sa passerelle, il fallait bien souvent emporter des enfants qui hurlaient aux fauteuils d'orchestre, tandis que les grands garçons de douze ans serraient la main de leur mère dans l'ombre complice des loges. Comme on le haïssait, avec ses gesticulations, ses poses et son sourire diabolique ! Ah ! Ce visage blême, ces lèvres rouge sang, ces longues boucles huileuses, ce rire sardonique, ces cris de fou, la terrifiante courtoisie des gestes et, surtout, ce moment terrible où il descendait l'escalier et, avec une impitoyable fourberie, versait lentement le poison dans le verre de Peter. »

À la terrible excitation des répétitions, puis des premières représentations, succède, pour Barrie, une période de dépression bien compréhensible. La fuite dans le monde imaginaire qu'il a créé au-delà de tout espoir lui a fait quelque temps oublier l'éloignement de ses chers complices. Une lettre à Peter Llewelyn-Davies en témoigne : « Mon cher Peter, dit-il, parfois, lorsque je marche à travers les jardins avec Luath, j'ai une vision et je crie "Hurrah". Luath se met à aboyer et s'élance vers la vision, et puis je m'aperçois que ce n'est pas Peter, qu'il s'agit seulement d'un autre garçon, et alors je me mets à pleurer comme une fontaine et la queue de Luath se met à pendre tristement. Oh, mon cher, comme

je voudrais que tu sois là, et que ce soit Londres à nouveau. »
On ne peut être plus éloquent ni plus précis. Jamie s'exprime comme un petit garçon privé de son meilleur ami et qui ne sait où trouver de réconfort. Mary a pratiquement déserté le domicile conjugal, et Barrie se retrouve seul à Londres, en tête à tête avec Luath. Il se remet difficilement au travail, car ses migraines ont redoublé dans les premiers jours de l'année 1905.

La comédienne Ellen Terry accepte de lire sa pièce *Alice-sit-by-fire* et, aussitôt après, de la jouer. La première aura lieu le 8 avril, alors que *Peter Pan* achève sa glorieuse première saison. Ce qui n'empêchera pas la critique d'éreinter *Alice*. Quelqu'un écrira même : « L'intrigue en est stupide. »

À Pâques, les Barrie font, en compagnie de Sylvia et de Michael, un court séjour en Normandie. L'avant-dernier des fils Llewelyn-Davies a quatre ans et demi. Il rayonne de beauté et d'intelligence. Jamie ne cesse de le couvrir de cadeaux, et de le traquer à travers l'objectif de son appareil photo, dans les jardins de l'Hostellerie Guillaume le Conquérant, à Dives.

Début juin, Barrie s'enferme dans son studio de *Black Lake* pour y revoir encore le texte de *Peter Pan*, en prévision d'une nouvelle saison, tandis que Mary parcourt les routes de France en automobile avec son amie Molly Muir. Sylvia et les garçons passeront le mois de juillet au cottage. Michael est enfin en mesure de découvrir le domaine mystérieux où ses frères ont vécu naguère une grande aventure, désormais liée à la pièce d'oncle Jim. *Peter Pan* est, pour ce garçonnet privilégié, tout autant la figure mythique de la pièce de Barrie qu'une créature réelle, rôdant dans les bosquets de *Black Lake*. Michael a déjà assisté à plusieurs représentations du spectacle. Comme le dit Andrew Birkin dans sa magnifique approche des rapports entre Barrie et les enfants Llewelyn-Davies, « il y croit comme on croit au Père Noël ». Les longs moments que Jamie et Michael passent ensemble, cet été-là, vont sceller définitivement leur amitié.

Le 6 novembre, les enfants new-yorkais font un triomphe à *Peter Pan*, incarné par Maude Adams. La reprise londonienne a lieu quelques semaines plus tard, Nina Boucicault ayant cédé sa place et ses collants verts à Cecilia Loftus. Michael, souffrant, n'ayant pu assister au Duke of York à la première matinée, Barrie a l'idée, digne de lui, d'organiser une représentation spéciale... dans la nursery de Berkhamsted. Un programme particulier est imprimé pour cette occasion, et les principaux comédiens sont acheminés jusqu'au domicile d'Arthur et de Sylvia à bord de deux limousines. Cet après-midi, au cours duquel Peter Pan est venu lui rendre visite, restera pour Michael inoubliable.

En quelques mois, J. M. Barrie a conquis une place à part dans le monde des Lettres anglaises. Il a, tout simplement, accédé au rang de magicien de l'enfance, titre ô combien convoité et dont ne peuvent pas se vanter tous les auteurs de livres pour enfants. Avant lui, seuls Lewis Carroll ou Charles Kingsley, l'auteur des *Water-babies*, le George McDonald de *The Princess and the Goblin*, et, à un moindre degré, Edith Nesbit ou Kenneth Grahame (*The Wind in the Willows*) ont su s'imposer à leurs jeunes lecteurs avec autant de force. La grande originalité de Barrie consiste en l'utilisation d'un médium, le théâtre, qui n'avait encore jamais mis à ce point ses artifices au service de la séduction d'un jeune auditoire. Celui de *Peter Pan* est subjugué par le récit qu'il voit se dérouler devant ses yeux. Plus encore, ce sont les personnages, sans concession au monde réel, qui émerveillent et envoûtent le petit monde. Sur scène, Nina Boucicault et Gerald Du Maurier ont campé des archétypes qui relèvent d'un imaginaire totalement débridé et qui parlent à l'enfant comme si les marionnettes qu'ils figurent s'agitaient à l'intérieur de sa jeune cervelle. Plus formidable encore, le fait, en cette époque où ni le cinématographe ni la télévision n'étaient apparus, que des individus de tous âges vont succomber au charme de Peter. Un tout jeune collaborateur de *Punch*, A. A. Milne, écrit au début de 1905 à son ami et mentor H. G. Wells : « Avez-vous vu *Peter Pan*? C'est merveilleux à en mourir. Mon héros dans la vie réelle est désormais J. M. Barrie. » Est-ce un hasard si, quelques années plus tard, Milne deviendra célèbre pour son livre *Winnie l'ourson*?

Mais Jamie, lui, se satisfait du pouvoir énorme qu'il exerce, presque despotiquement, sur les garçons et les filles en bas âge, ses vrais interlocuteurs. Il entretiendra au cours des années à venir une énorme correspondance avec les innombrables amis de Peter, de Wendy, de Michael et de John, s'efforçant de ne jamais trahir le mythe né de lui et grâce à lui. En témoigne cette lettre adressée le 4 mai 1906 à une jeune inconnue prénommée Joy : « Tu vois bien que tu ne pourrais pas faire partie des Garçons perdus, puisque tu n'es jamais tombée de ton landau lorsque tu étais petite ; or, c'est le seul moyen d'accéder au pays imaginaire. J'ai donné à Peter ton adresse et il sera un de ces soirs à la fenêtre de ta nursery, lorsque ta maman te racontera des histoires, et ainsi tu pourras l'apercevoir si tu t'approches de la fenêtre et que tu soulèves le châssis [...]. »

11

TRAGÉDIE

En mai 1906, Arthur Llewelyn-Davies manifeste les premiers symptômes d'un très inquiétant mal de gorge, bientôt diagnostiqué comme procédant d'une tumeur maligne – on ne dit pas encore cancéreuse – qui nécessite une opération urgente. Sylvia décline l'invitation que lui font les Barrie de les accompagner à Paris pour leur rituel voyage de printemps. Le 26 juin a lieu une opération décisive. Cette fois, les Barrie, réunis par la maladie de leur malheureux ami, se tiennent aux côtés du jeune couple. George, qui vient d'avoir treize ans, est sur le point d'entrer à Eton. Mais la situation précaire des finances d'Arthur rend la chose difficile. Jamie prendra les frais d'inscription à sa charge. La maladie d'Arthur empire de semaine en semaine. Il emmène quand même sa famille en villégiature à Rustington, où Barrie les suit, déployant des trésors d'attention, allant même parfois jusqu'à faire le pitre pour tenter, assez puérilement, d'éloigner le spectre de la mort. Il va organiser pour Jack, qui rêve d'une carrière maritime, une rencontre avec son ami le capitaine Scott, vainqueur de l'Antarctique à bord de *Discovery*. Il a rencontré Scott au cours d'un déjeuner offert par la sœur de l'illustrateur Aubrey Beardsley, Mabel, et s'est aussitôt pris d'une vive sympathie pour le héros des mers. Jack et Jamie ne parlent plus que des exploits de cet homme qui est de l'âge d'Arthur et qui les fait rêver.

Jamie s'est également lié d'amitié avec E.V. Lucas, un écrivain et journaliste au *Punch*, garçon d'une trentaine d'années qui partage son goût pour le cricket. Lucas est le père d'une

fillette, Audrey, qui fait l'admiration de tous et se mêlera
bientôt à la bande d'enfants qui anime chaque été les abords
de *Black Lake*. Mais, cette année, le cœur n'y est pas. Sylvia ne quitte plus le chevet de son mari, et Barrie guette
l'annonce d'une improbable rémission. Il n'y aura pas de
miracle. Durant l'automne et l'hiver, l'état du malade empire
et, début 1907, son agonie commence. Arthur Llewelyn-
Davies s'éteint le 19 avril à l'âge de quarante-deux ans.

L'amour de Jamie pour Sylvia, à présent auréolée de voiles
noirs qui font ressortir la pâleur extrême de son joli visage,
va se nourrir du très curieux penchant de l'écrivain pour la
tragédie. Les choses iront très vite. Aussitôt après la mort
d'Arthur, Barrie propose à Sylvia de subvenir à tous les frais
relatifs à l'éducation des garçons, notamment la scolarité de
Jack à Osborne et de George à Eton. Durant l'été, il emmène
la jeune veuve et ses cinq enfants en Écosse, plus précisément à Drimnadrochit, près d'Inverness, où il a loué une
maison. Sa nièce Madge viendra les y rejoindre et s'occupera
des plus jeunes. À l'automne, J. M. Barrie deviendra légale-
ment le tuteur des cinq enfants.

De Ramsgate, où il profite des derniers jours de l'été en
compagnie de sa mère et de Nico, Michael écrit à son grand
ami :

> *Cher Mr. Barrie*
> *J'espère que vous allez bien*
> *Je vous ai envoyé*
> *un dessin de pirate*
> *avec plein d'armes*
> *qui a l'air très méchant*
> *S'il vous plaît, revenez nous voir*
> *pour que nous allions ensemble à la pêche.*
> > *Michael qui vous aime*
> > *et Nico également.*

Le jour suivant, Barrie écrit à Sylvia, de Leinster Corner,
pour lui annoncer sa venue prochaine en compagnie de
Mason, qui vient d'être élu député dans la circonscription
de Coventry. Peut-être emmènera-t-il dans ses bagages un

Barrie à l'époque où il fit connaissance
de Sylvia et de ses fils. *(D.R.)*

Maison natale de James Matthew Barrie à Kirriemuir (Écosse).
(Photo Eric Simon)

Jamie étudiant à Édimbourg, en 1882.
(D.R.)

Jamie et sa mère, Margaret Ogilvy,
dans le jardin de Strathview. *(D.R.)*

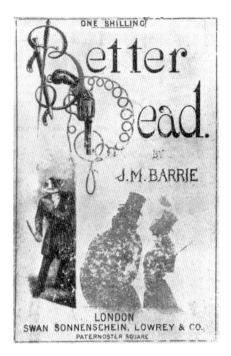

La couverture de son premier roman,
Better Dead, 1886. *(D.R.)*

La fameuse écriture illisible de Jamie.
(Coll. François Rivière)

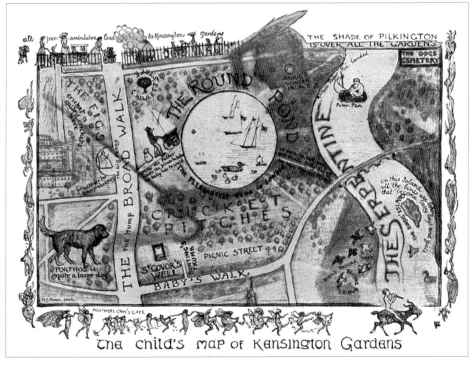

Carte des jardins de Kensington, frontispice de *The Little White Bird*, 1902. *(D.R.)*

Nina Boucicault,
la première «incarnation»
de Peter à la scène.
*(Mander and Joe Mitchenson
Theatre Collection)*

Duke of York's Theatre.

ST. MARTIN'S LANE, W.C.

Proprietors ... ... Mr. & Mrs. FRANK WYATT.
Sole Lessee and Manager ... ... CHARLES FROHMAN

EVERY AFTERNOON at 2.30, and EVERY EVENING at 8.30,
CHARLES FROHMAN
PRESENTS

PETER PAN
OR

THE BOY WHO WOULDN'T GROW UP.

A Play in Three Acts, by
J. M. BARRIE.

Peter Pan	...	Miss NINA BOUCICAULT
Mr. Darling	...	Mr. GERALD du MAURIER
Mrs. Darling	...	Miss DOROTHEA BAIRD
Wendy Moira Angela Darling	...	Miss HILDA TREVELYAN
John Napoleon Darling	...	Master GEORGE HERSEE
Michael Nicholas Darling	...	Miss WINIFRED GEOGHEGAN
Nana	...	Mr. ARTHUR LUPINO
Tinker Bell	...	Miss JANE WREN
Tootles	...	Miss JOAN BURNETT
Nibs	...	Miss CHRISTINE SILVER
Slightly	...	Mr. A. W. BASKCOMB
Curly	(Members of Peter's Band)	Miss ALICE DUBARRY
1st Twin		Miss PAULINE CHASE
2nd Twin		
Jas. Hook	(The Pirate Captain)	Miss PHYLLIS BEADON
Smee		Mr. GERALD du MAURIER
Gentleman Starkey		Mr. GEORGE SHELTON
Cookson		Mr. SYDNEY HARCOURT
Cecco	(Pirates)	Mr. CHARLES TREVOR
Mullins		Mr. FREDERICK ANNERLEY
Jukes		Mr. HUBERT WILLIS
Noodler		Mr. JAMES ENGLISH
Great Big Little Panther	(Redskins)	Mr. JOHN KELT
Tiger Lily		Mr. PHILIP DARWIN
	(Author of the Play)	Miss MIRIAM NESBITT
Liza	...	Miss ELA Q. MAY

Beautiful Mothers, Redskins, Pirates, Crocodile, Eagle, Ostrich, Pack of Wolves, by Misses Mary Mayfren, Victoria
Addison, Irene Rooke, Gladys Stewart, Kitty Malone, Marie Park, Elsa Sinclair, Christine Lawrence, Mary
Maddison. Gladys Carrington, Laura Barradell, Daisy Murch. Messrs. E. Kirby, S. Spencer, G. Malvern. J. Grahame.
Masters S. Grata, A. Ganker, D. Ducrow, C. Lawton. W. Scott, G. Henson, R. Franks, E. Marini, P. Gicardo, A. Bisorga.

ACT I.—OUR EARLY DAYS.	ACT III.—WE RETURN TO OUR DISTRACTED MOTHERS.
Inside the House. *(Mr. W. Harford).*	Scene 1.—The Pirate Ship. *(Mr. W. Harford).*
ACT II.—THE NEVER, NEVER LAND.	Scene 2.—A last glimpse of the Redskins.
Scene 1.—The House we built for Wendy. *(Mr. W. Ham).*	Scene 3.—How to know your Mother.
The Curtain will be lowered for a few moments.	Scene 4.—Outside the House.
Scene 2.—The Redskins' Camp. *(Mr. W. Ham).*	Scene 5.—The Tree Tops. *(Mr. W. Ham).*
Scene 3.—Our Home under the Ground.	

The Play produced under the Direction of Mr. DION BOUCICAULT.

General Manager ... ... (For CHARLES FROHMAN) ... ... W. LESTOCQ.

The Esquimaux, Pirates and Indian Costumes designed by Mr. W. NICHOLSON, and executed by Messrs. B. J. SIMMONS, 7 King Street,
CoventGarden. Miss Boucicault's Dress designed by Mr. HENRY J. FORD. Miss Baird's Costumes by Madame HAYWARD 64, New Bond St.
Miss Trevelyan's Dresses designed and executed by SHEBA, 172 Sloane Street. The Beautiful Mothers' Dresses designed and executed by
Madame J. BLANCQUAERT & Co., 38 & 39, South Molton Street. The Dances learnin t and worked by Mr. W. WARDE.
The Music composed and arranged by Mr. JOHN CROOK. The Flying Machines supplied and worked by Mr. G. KIRBY. Properties
supplied by Mr. LOUIS LABHART 22, Queen's Square, W.C. Stage Mechanist, Mr. H. THOMPSON. Electrician, Mr. C. HAMBLETON.
Property Master. Mr. W. BURDICK.

Stage Manager	DUNCAN McRAE	Musical Director	JOHN CROOK
Business Manager			JAMES W. MATHEWS

Extract from the Rules made by the Lord Chamberlain
(1) The name of the actual and responsible Manager of the Theatre must be printed on every play bill. (2) The Public can leave the Theatre
at the end of the performance by all exit and entrance doors, which must open outwards (3) The fire-proof screen in the proscenium
opening will be lowered at least once during every performance to ensure its being in proper working order. (4) Smoking is not permitted in the
Auditorium. (5) All gangways, passages and staircases must be kept free from chairs or any other obstruction, which we permanent or temporary.

ICES TEA AND COFFEE can be had of the Attendants.

L'affiche de la creation de *Peter Pan*
à Londres en 1904.
(D.R.)

Pauline Chase,
interprète de Peter Pan.
(D.R.)

Jean Forbes-Robertson, dans le rôle de Peter Pan.
(Mander and Joe Mitchenson Theatre Collection)

Barrie jouant au croquet à Stanway, en compagnie de H.G. Wells. *(D.R.)*

La maison des Barrie à Londres, 133 Gloucester Road, South Kensington. *(Photo Eric Simon)*

La statue de Peter Pan dans les jardins de Kensington inspirée par Michael, Londres. *(Photo Eric Simon)*

Barrie assis «dans» sa cheminée
à l'Adelphi. *(D.R.)*

Sir James Barrie, baronnet,
à l'âge de soixante ans. *(D.R.)*

Deux ans avant sa mort,
Barrie en compagnie
de la comédienne Elizabeth Bergner. *(D.R.)*

1950. Boris Karloff,
alias Capitaine Crochet,
entouré des Garçons perdus.
(D.R.)

La statue de Peter Pan à Bruxelles
avec, en arrière-plan, François Rivière.
(Photo François Guibilato)

des premiers exemplaires de *Peter Pan in Kensington Gardens* que Hodder s'apprête à lancer sur le marché. C'est un ouvrage destiné au public enfantin, réalisé à partir des chapitres de *The Little White Bird* consacrés à Peter Pan, et magnifiquement illustré par Arthur Rackham de douze hors-texte en couleurs. Le livre est dédié à « Sylvia et Arthur Llewelyn-Davies et leurs garçons (mes garçons) ». Les parenthèses témoignent d'un mélange d'audace et de timidité de la part de l'auteur d'un livre dont les qualités sont parfaitement résumées dans ce commentaire d'un journaliste du *World* : « Mr. Barrie a réussi ce que personne n'avait fait depuis l'inventeur d'*Alice*, il a enfanté une légende nouvelle, une *folk-story* moderne. Et Mr. Rackham, qui fut ensorcelé dès le berceau par un malin génie, n'a nullement besoin de rêver de lutins et de fées : il les connaît personnellement. »

La sortie du livre marque l'entrée solennelle de Barrie dans les bibliothèques de toutes les nurseries anglaises, d'abord, puis bientôt dans toutes celles d'Europe et des États-Unis. Au point que cette singulière fiction issue d'un ouvrage destiné, à l'origine, au public adulte fait basculer son auteur dans l'univers de Lewis Carroll et de Frank L. Baum, le créateur inspiré du *Magicien d'Oz*. Par la suite, un certain nombre d'autres volumes vont encombrer le rayon Peter Pan des librairies, à commencer par *Peter and Wendy* – sa propre novélisation de la pièce, que Barrie publiera en 1912, simultanément en Angleterre et aux États-Unis. D'autres versions de l'histoire de Peter paraîtront ensuite dans des collections pour enfants. La plus inspirée demeure la version « racontée » par Daniel O'Connor et superbement illustrée par Alice Woodward (1907). Celle de May Byron, qui regroupe l'aventure du Petit Oiseau Blanc et celle racontée dans la pièce, sera plus tard traduite dans la « Bibliothèque rose ». Mais on finira par se perdre dans cette forêt de livres qui, sans jamais trahir la pensée de l'auteur, vont parfois l'édulcorer. Le vrai Peter Pan demeurera toujours celui de la pièce, originale entre toutes, créée trois ans plus tôt à Londres.

Vers la fin de l'année, le théâtre anglais subit l'offense d'un acte de censure délibéré, avec l'interdiction, par le lord

Chambellan, de la pièce d'un auteur pourtant établi, Granville Barker. L'argument en est jugé « trop politique », sans doute parce qu'il y est question d'un parlementaire ruinant sa carrière par excès d'attention aux femmes de mauvaise vie. Barker est un proche de Barrie, qui, ainsi que la plupart de leurs confrères, va s'émouvoir de cette mesure d'interdiction créant un fâcheux précédent. John Galsworthy prend la tête d'un comité de soutien dont Jamie sera par la suite l'un des membres les plus actifs. Le secrétaire du comité est un tout jeune homme du nom de Gilbert Cannan, avec lequel Barrie va faire plus ample connaissance. On lui a dit que Cannan, originaire de Manchester, nourrissait une certaine ambition littéraire, et lui-même, dès sa première rencontre, en novembre, avec ce très beau garçon mince et blond, s'est avisé de sa grande intelligence. Mais ce qu'il ignore, c'est que Cannan est l'amant de Mary.

Mrs. Barrie et Gilbert se connaissent en fait depuis peu ; l'affaire Granville Barker a d'ailleurs été à l'origine de leur liaison. Le jeune et ambitieux provincial arrive alors au terme d'une liaison mouvementée avec Kathleen Bruce, sculpteur de talent, officiellement fiancée au capitaine Scott. « K », c'est ainsi qu'on l'appelle, dans le cercle d'amis dont elle fait partie, a servi de mentor au garçon, de sept ans plus jeune qu'elle. La rencontre avec Mary s'est faite à Leinster Corner, au cours d'un dîner. Mary a tout de suite été séduite. Elle n'a pas loin du double de l'âge de ce garçon rêveur et idéaliste, qui n'est peut-être pas sans lui rappeler Jamie, le charme viril en plus. Elle a connu, depuis son mariage, un certain nombre de liaisons éphémères, mais Gilbert constitue à ses yeux, de façon certaine, sa « seconde chance ».

Décembre 1907. Sylvia et ses fils prennent possession d'une maison à Campden Hill Square. Barrie s'y installe également de cœur, scellant cet acte au moyen d'un timbre de un penny collé au plafond du salon. L'omniprésence du dramaturge, depuis la mort d'Arthur, suscite un sentiment de rejet de plus en plus visible chez George, l'aîné, qui vient d'avoir quatorze ans. Celui-ci n'apprécie pas toujours le

comportement possessif de son tuteur, et lui obéit parfois
de mauvaise grâce. L'adhésion des quatre autres garçons
aux « sortilèges » du petit Écossais demeure, elle, sans
limites. De la part de Michael, on pourrait même dire qu'il
s'agit d'un rapport de séduction réciproque, attitude qui ne
suscite aucune réserve de la part de Sylvia.

Sur le plan pratique, Barrie constitue le seul soutien dont
Mrs. Llewelyn-Davies peut disposer. La fortune du dramaturge est à présent considérable : en 1907, il a gagné près
de quarante-quatre mille livres sterling, sans compter les
chèques oubliés au fond des tiroirs de son bureau. La famille
Du Maurier, à l'exception de Gerald, qui adore Barrie, tend
à désapprouver l'attitude de dépendance qui fait de Sylvia
la « proie » de cet homme étrange. Mais l'affection de ses fils
et de celui qui est devenu leur sauveur est tout ce qui reste à
la jeune veuve et même si l'amour angélique que ce dernier
lui porte apparaît parfois oppressant – l'attitude de George en
témoigne –, il lui est devenu indispensable. Lorsqu'il ne travaille pas, Jamie s'efforce de rendre la vie de Sylvia moins
pesante. Il lui écrit presque chaque jour, ayant trouvé en elle
la confidente la plus attentive. Et, presque chaque jour aussi,
il se promène dans Holland Park, la main dans la main de
Michael.

1909. La nouvelle année voit Barrie plongé dans les mon-
danités. Il a fait la connaissance, au cours d'un dîner, de la
duchesse de Sutherland, que tout le monde appelle Millie,
une femme très cultivée que l'univers de Barrie fascine. Il
entame avec elle une correspondance enjouée qui révèle
l'indiscutable snobisme de l'auteur de *Peter Pan*. Son succès
l'a propulsé vers les hautes sphères de la société londonienne, et Jamie ne dédaigne pas de se soumettre à l'admiration de la *gentry*. Margaret Ogilvy aurait sans doute moqué
la vanité de ces rapports ; mais Jamie, lui, a toujours eu
besoin de reconnaissance, et ces belles femmes et leurs
influents maris incarnent le public raffiné dont il rêvait au
temps de *Better Dead* et des petits meublés de Bloomsbury.

La succession rapide d'événements, heureux et malheureux, en début d'année, ferait presque oublier à Jamie que sa femme a déserté le domicile conjugal. Mary, en effet, file le parfait amour avec Gilbert Cannan à *Black Lake*, sous l'œil désapprobateur du jardinier. Situation de vaudeville. En mars, Arthur Pinero, maître incontesté de la comédie légère, fonde le Club des dramaturges dont Barrie est l'un des premiers membres. Cette association arrive à point nommé pour aider les auteurs à se battre contre une censure inqualifiable. Un film, *Masks and Faces*, tourné quelques années plus tard et conservé aujourd'hui dans les archives Bernard Shaw, nous montre une réunion du club où se retrouvent, dans un coude à coude quasi fraternel, les grands auteurs de la scène édouardienne, et notamment Shaw et Barrie. Ce dernier, petite silhouette fragile au milieu de ses confrères plutôt bien en chair et aux allures solennelles, a presque l'air d'un enfant. Cet engagement constitue un vrai et salutaire dérivatif au narcissisme qu'on lui reproche parfois.

En mai, George Meredith s'éteint à Box Hill. Barrie éprouve un grand chagrin en perdant ainsi l'un de ses héros. On lui demande alors s'il accepterait d'écrire la biographie de cet écrivain qu'il connaît si bien, mais il se récuse, sachant qu'il lui sera impossible d'accomplir un tel travail. Dix ans plus tôt, il eût accepté avec enthousiasme. Mais en quelques années, insensiblement, Jamie est passé du monde de la littérature à celui du spectacle qui sera le sien, désormais.

Lord Asquith, le Premier ministre, a décidé d'honorer la profession théâtrale, en proposant d'adouber trois de ses membres les plus prestigieux : Beerbohm Tree, Pinero et Barrie. Seuls les deux premiers accepteront d'être désormais nommés « sir » par le reste de l'Angleterre. Jamie déclare qu'il ne se sent pas « concerné », il préfère qu'on continue de l'appeler Mr. Barrie. Cette réaction en surprendra plus d'un – une attitude en tout point digne de sa chère maman...

L'été arrive. C'est en ce mois de juin 1909 que *Peter Pan, ou le petit garçon qui ne voulait pas grandir*, est créé à Paris, sur la scène du théâtre du Vaudeville. Jamie assiste à la première en compagnie de Mary, de Sylvia et de George. On leur remet une brochure d'une douzaine de pages, imprimée pour l'occasion et résumant (en français) *L'Histoire de Peter Pan*. La presse parisienne salue l'événement, mais la pièce ne restera que dix jours à l'affiche. Le 15, de l'Hôtel Meurice, Jamie écrit à Michael : « Paris est très excité aujourd'hui. Les gens croient que c'est à cause des courses de chevaux qui ont eu lieu hier, mais c'est en fait parce que demain est le jour de ton anniversaire. J'aimerais être avec toi et tes bougies. Regarde devant toi : je suis une bougie, celle qui brûle mal et qui grésille, un peu tordue au milieu – je suis là ! »

Le 28 juillet, Barrie, qui a pris ses quartiers d'été à *Black Lake*, est seul dans son bureau. Mary est à Londres, dans un studio qu'elle a aménagé non loin de Leinster Corner. Sylvia et les garçons passent, du côté de Dartmoor, des vacances mélancoliques. Comme chaque jour, il a pris la plume pour écrire aux Llewelyn-Davies : « J'aimerais tant voir Michael et Nicholas. Les loueurs de poneys et les pêcheurs de crevettes les côtoient sans cesse, mais moi, je suis privé de leur présence. Un jour d'été sans Michael n'est rien pour moi, car Michael est l'été. » Depuis quelque temps, il dort mal, se sent fébrile. Mais il n'en travaille pas moins, couvrant des pages et des pages de son écriture illisible. Barrie est, depuis toujours, ambidextre et prétend qu'il écrit des choses gaies de la main droite, des choses tristes de la gauche.

Hunt, le jardinier, vient frapper à sa porte. L'air gêné, triturant de ses grosses mains son chapeau de paille, ce brave homme lui dit : « Je dois vous parler, Monsieur – c'est au sujet de Madame. » Et, devant Barrie devenu soudain plus pâle encore que de coutume, Hunt vide son sac. Son épouse, cuisinière au domicile des Barrie à Londres, et lui-même ont observé avec un malaise croissant le comportement de Madame. Celle-ci reçoit très souvent la visite d'un jeune homme que Monsieur connaît bien, Mr. Cannan. Mr. et Mrs. Hunt pensent qu'il serait temps que Mr. Barrie sache ce qui se passe derrière son dos. Et qu'il fasse une visite inopinée à Leinster Corner.

Cannan! Ce garçon en qui il avait toute confiance, avec lequel il traitait presque chaque semaine les dossiers du comité contre la censure. Cannan et Mary seraient amants – c'est impossible! Les Hunt ont sans doute pris leur désir pour une réalité.

Plus mort que vif, il se rend le jour même à Londres pour y avoir une conversation avec Mary. Lorsqu'ils se retrouvent face à face, Jamie supplie sa femme de lui dire la vérité. Mary ne se fait pas prier et lui ouvre enfin son cœur. En l'espace de quelques instants, elle évoque toutes les humiliations subies depuis leur mariage. Peut-être comprend-il alors que, depuis plus de dix ans, Mary a joué le « rôle » de la femme d'un écrivain célèbre, le dernier et le plus long rôle de sa carrière de comédienne. Elle ne le ménage pas, lui rappelant qu'il l'a bien souvent bafouée en public, lui préférant des femmes de meilleure origine et de conversation plus intelligente. Ce qui n'est, après tout, que la vérité. Jamie s'enferme dans un refus global mais comment pourrait-il nier ses flirts avec tant et tant de femmes de la bonne société londonienne, ni surtout, bien sûr, ses relations avec Sylvia Llewelyn-Davies qui constituent, aux yeux de Mary, la pire des humiliations subies par elle?

Pour finir, Mary lui annonce qu'elle souhaite divorcer. Cette nouvelle constitue pour Barrie l'estocade finale. Il se cabre soudain et refuse tout net. À son tour de parler, de jurer à Mary qu'il l'a toujours aimée – comme il aime les femmes. Il s'acharne à vouloir faire durer un rêve depuis longtemps fracassé, et ne veut d'aucune manière avouer son échec. Il la supplie de réfléchir. Mary refuse. Elle veut entamer dès le lendemain la procédure du divorce. Car, dit-elle, Gilbert et elle désirent se marier, vivre comme mari et femme et avoir des enfants. Jamie est choqué. Il se sent devenu, aux yeux de la jolie Mary Ansell de naguère, un homme pathétique et vulnérable – il sait qu'il a perdu.

Barrie n'avouera pas sa défaite, pour une raison très simple : il ne veut, en aucun cas, encourir la sanction que ne manquera pas de lui valoir l'annonce publique de cette défaite. Le voici terrorisé à l'idée d'un *scandale.* Le mot est dans sa bouche. Mais Mary reste intraitable : le scandale, si c'en est un, éclatera au grand jour. Ils se quittent en ennemis.

C'est un véritable procès en divorce qui va se dérouler au cours du mois de septembre. Chacun des époux Barrie a choisi son camp. Jamie a consulté sur-le-champ son vieil ami sir George Lewis. Ce ténor a déjà eu pour client Oscar Wilde, et il va tenter d'amadouer Mary. Mais l'affaire n'est pas très favorable à Barrie, sa femme invoquant leur mariage jamais consommé. La divulgation du naufrage de sa vie conjugale constitue bientôt la seule raison de l'accablement du dramaturge. Dans sa parfaite innocence, il ne se doute pas qu'une bonne partie du Tout-Londres connaît déjà son infortune. Alfred Mason est auprès de lui, toujours fidèle, tandis que H. G. Wells prend résolument le parti de Mary Barrie. Il est vrai que sa propre vie d'homme marié ressemble à une interminable partie de cross-country. Mary écrit à l'auteur de *La Guerre des mondes*, de *Black Lake* où elle s'est réfugiée en compagnie de Luath : « Mon mari semble avoir soudain les sentiments les plus tendres à mon égard, maintenant qu'il m'a perdue. » Plutôt immature, Gilbert Cannan songe alors qu'il n'est pas absolument certain de vouloir épouser Mary et d'avoir des enfants. Il vient de perdre en Barrie son plus sûr soutien sur le plan professionnel, et mesure les dégâts engendrés par sa liaison. Mais il est trop tard pour reculer. Mary, du reste, ne lui laissera pas le choix.

Les amis écrivains de Barrie vont signer ensemble une lettre adressée aux principaux journaux de Londres, les priant – naïvement – de rester discrets sur l'affaire Barrie. On trouve parmi les signataires un Américain de Londres, le romancier Henry James, par ailleurs membre du comité contre la censure. Le jour du procès, le 13 octobre, Barrie apparaît totalement défait et piteux. Mary prétendra plus tard, dans une lettre à Wells, que son mari a menti à trois reprises au cours de l'audience, oubliant notamment de reconnaître que *Black Lake* est l'entière propriété de son épouse et qu'elle a donc le droit d'y mener la vie qu'elle veut.

Elle ajoute que Gilbert Cannan est son premier amant depuis sa séparation officieuse, sept ans plus tôt, d'avec Barrie. Le président de la chambre des divorces va dissoudre le mariage des époux Barrie sans aggraver les torts de Mary. La presse n'a pu s'empêcher de divulguer largement les éléments de cette lamentable affaire, mais comme l'écrira, en 1929, J. A. Hammerton, le premier biographe de Barrie : « Il devint aussitôt l'objet d'un véritable mouvement de sympathie. » Sa notoriété lui a valu d'être mis sur la sellette mais elle le soustrait aussi vite à la désapprobation de l'opinion publique. Mary, en revanche, va devoir se faire oublier. Gilbert la rejoint à *Black Lake*, et tous deux vont vivre très discrètement durant de longs mois, au grand agacement de Wells qui leur écrit : « Vous êtes stupides ! Vivez, faites des enfants, comme les êtres doués de sensibilité que vous êtes... »

L'abattement de Jamie est immense. Son orgueil en a été horriblement blessé, et si aucune idée d'exil ne lui a traversé l'esprit, il n'en éprouve pas moins l'envie de changer radicalement de mode de vie. Il n'a plus le cœur d'habiter encore la grande maison de Leinster Corner, dont les domestiques ont rejoint leur maîtresse à *Black Lake*. Il se réfugie alors chez Alfred Mason, qui vit en célibataire dans Stratton Street, à deux pas de Piccadilly. Puis Gilmour lui propose d'aller ensemble se changer les idées à Zermatt, en Suisse. Mason les accompagne pour ce qui ressemble à un séjour de convalescence, et l'on peut se demander si la triste aventure matrimoniale de J. M. Barrie n'est pas à l'origine d'une nouvelle de Mason, *La Tranchée de cristal*, l'histoire d'un voyage de noces qui se termine mal, qu'Alfred Hitchcock portera à la télévision cinquante ans plus tard... Les longues promenades de Jamie avec ses deux confidents vont peu à peu lui rendre le moral. À son retour à Londres, il décide de louer un appartement. L'épouse de sir George Lewis lui déniche une sorte d'immense studio situé à l'avant-dernier étage d'un immeuble d'Adelphi Terrace, en plein cœur du quartier des théâtres du West End. Un endroit idéal pour Barrie qui, le 20 novembre, s'y installe sans trop d'appréhension. Il ignore encore qu'il a pour voisins Mr. et Mrs. Bernard Shaw, mais apprécie beaucoup la proximité du Savage Club, dont il est membre. Elizabeth, l'épouse de son ami E. V. Lucas, veille sur la décoration de l'appartement et recommande à Jamie un couple de domestiques aux bonnes références, les Brown. Harry Brown va se montrer un *butler* exemplaire, tandis que sa femme tentera de rendre au petit Écossais un appétit qu'il a perdu depuis longtemps. Pour J. M. Barrie, revenu à sa solitude essentielle, une nouvelle vie commence.

12

LE CLUB DES SIX

> Le pays des Fées est le lieu
> des réalités positives, des lois
> concrètes et d'un débat décisif.
>
> Chesterton,
> *The Uses of Diversity*

J. M. Barrie ne quittera plus jamais Adelphi Terrace. Désormais, c'est depuis sa tour d'ivoire que rayonnera le génie de cet homme singulier : c'est là que viendront lui rendre visite d'illustres amis, écrivains, comédiens, duchesses et ministres, comme de plus humbles admirateurs et ceux qu'il aidera de ses conseils ou de son argent. Ayant mis un terme à une forme d'existence mondaine voulue surtout par Mary, Jamie retourne, sinon à l'ascèse obligée de ses débuts londoniens, du moins à la vie simple du célibataire qu'il n'a au fond jamais cessé d'être. Finies les promenades avec Luath aux jardins de Kensington, bien éloignés de chez lui. Cette page-là, elle aussi, a été tournée : Peter Pan vole de ses propres ailes. En cette fin d'année 1909, il se remet courageusement au travail. Il compose coup sur coup deux pièces en un acte, *Old Friends* (*Vieux Amis*) et *The Twelve Pound Look* (*L'Homme qui valait douze livres*). Cette dernière aborde, sur le mode enjoué, les états d'âme d'un célébrissime auteur sur le point d'être anobli. Entre deux répliques plus enjouées, il a cette repartie amère : « L'ambition est la pire infirmité des nobles esprits. »

Une mauvaise grippe empêche Barrie de passer les fêtes de Noël en compagnie de ses garçons chéris et de leur mère.

Celle-ci, depuis quelques mois, était restée pour des raisons bien compréhensibles à l'écart des événements ayant bouleversé la vie de son meilleur ami et tuteur de ses fils. Mais il y a une autre raison, plus alarmante, à ce retrait de Sylvia : sa santé décline de façon inexplicable – peut-être une anémie nerveuse consécutive à la mort de son mari. Au début de 1910, son médecin traitant, le Dr Rendel, fait un diagnostic pessimiste. Il a décelé, chose étrange, une tumeur maligne de nature assez semblable à celle qui a coûté la vie du mari de Sylvia. Une opération apparaît trop risquée. Barrie, très alarmé, loue à la campagne une maison où Sylvia ira se reposer. Lui-même l'y rejoint dès le début de l'été afin de ne pas la quitter des yeux. Mary Hodgson et les garçons y passeront les vacances scolaires. De jour en jour, la vie semble fuir la jeune femme. On dirait qu'elle ne songe plus qu'à rejoindre Arthur dans l'au-delà. Le Dr Rendel et ses médecines ne sont d'aucune utilité ; Jamie et son amour pas davantage. Sylvia se meurt. Deux jours avant la fin, elle demande un miroir et, y plongeant son regard, dit à Barrie : « Je ne veux plus que mes fils me voient. » Elle s'éteint le 26 août 1910 et est inhumée au petit cimetière de Hampstead où reposent déjà son père et son mari.

J. M. Barrie se retrouve à présent le tuteur, et juridiquement le père adoptif, des cinq garçons Llewelyn-Davies. Les voies de la destinée n'ont pas ménagé leurs forces pour flatter son goût pour la tragédie... Son propre malheur s'estompe rapidement au regard de ce qui vient d'arriver et dont il ne se prive pas d'amplifier la valeur symbolique. Beaucoup plus tard, Jack rapportera une scène qui s'est déroulée, quelques heures seulement avant la mort de sa mère : « J'entrai dans une pièce où l'oncle Jim se tenait et celui-ci me dit, pour mon plus grand agacement, que maman venait de promettre de l'épouser. Je me suis dit aussitôt que ma mère n'avait pu se comporter ainsi que parce qu'elle se savait mourante. » Les sentiments de chacun des garçons à l'égard de Jamie sont très contrastés. George, dix-sept ans, s'est longtemps défié de Barrie, mais semble le considérer à présent comme une sorte d'ange gardien. Ses frères et lui vont prendre appui sur ce petit homme qui s'est associé à leur deuil – avec affectation et une sorte d'arrogance qui les choquera parfois – et va les décharger de tout souci matériel. Les trois aînés, en garçons de bonne famille déjà rompus aux rites de la vie de *public school*, se gardent bien d'étaler leur chagrin. Michael et Nico, en revanche, trouvent en l'oncle Jim, qui ne sera jamais pour eux un père adoptif ou un tuteur, mais un grand frère fantasque et un confident, le réconfort dont ils ont éperdument besoin. Plus que jamais, Jamie manifeste une tendresse quasi maternelle pour les deux jeunes orphelins, et singulièrement pour Michael qui possède le charme de sa mère... Dans son testament, Sylvia mentionne que la maison de Campden Hill devra continuer d'abriter Mary Hodgson et les enfants. La gouvernante devra, bon gré mal gré, partager la direction de cette lourde tâche avec Jamie. Il devient vite omniprésent, et quelques « prises de bec » auront parfois lieu, entre l'office et la salle à manger...

Barrie, toutefois, réside officiellement au troisième étage de l'Adelphi et y reçoit de nombreux visiteurs. L'un d'eux, à l'automne 1910, n'est autre que l'écrivain belge Maurice Maeterlinck, venu lui dire toute l'admiration qu'il porte à *Peter Pan*. Ils auront un long entretien, et le jeune confrère de Barrie laissera une trace visible de son passage, cette phrase écrite au crayon noir sur un lambris du bureau : « Hommage au père de Peter Pan, grand-père de l'Oiseau Bleu. » Peter, Wendy, le capitaine Crochet et leurs compagnons ont provisoirement déserté la scène du Duke of York, mais se retrouvent en privé, à Noël, au cours d'un bal masqué donné par sir George Lewis en l'honneur de leur créateur.

L'année 1911 commence par un méchant refroidissement qui cloue Barrie au lit. George est à Eton, Jack fréquente avec fierté l'école navale de Dartmouth, mais les trois plus jeunes sont toujours à Londres et passent beaucoup de temps en compagnie de leur tuteur. Le 7 mars, Barrie écrit à son ami « Q » : « Je ne me sens plus tellement concerné par la littérature ou le théâtre, ces temps-ci. J'ai à présent une famille encore plus vaste que la vôtre. Cinq garçons dont le père est mort voici quatre ans et dont la mère s'est éteinte l'été dernier. Je m'occupe d'eux et ils sont ma principale raison de vivre. Néanmoins, j'écris encore un peu quand je suis ici. » C'est la période des pièces en un acte. Contrairement à ce qu'il essaie de faire croire, Barrie écrit beaucoup, et des pièces d'excellente qualité : *Fanny's First Play* (*La Première Pièce de Fanny*, une pochade qui met en scène un groupe de critiques dramatiques), *Rosalind*, *Half an Hour* (*Une demi-heure*) et *The Adored One* (*L'Adorée*), dont l'argument mérite qu'on s'y attarde. Une jeune mère de famille et son enfant sont assis dans un wagon de chemin de fer. Survient un homme entre deux âges qui montre une certaine grossièreté dans son comportement : il a ouvert, sans demander l'autorisation, la fenêtre du compartiment, alors que l'enfant est très enrhumé. La jeune femme demande à l'homme de refermer la fenêtre. Il refuse. Le ton monte. Finalement, la femme passera l'homme par la fenêtre ! À la lecture de cet acte court, Charles Frohman fronce les sourcils. Barrie explique alors qu'il a prévu d'écrire deux autres actes dans lesquels il réhabilitera son étrange héroïne, en faisant défiler les grands moments de son existence. Ce texte deviendra, en effet, le premier acte de *Seven Women* (*Sept Femmes*), le deuxième et le troisième acte évoquant le procès de la meurtrière et son acquittement. La pièce sera jouée en 1913 et demeure comme un des textes les plus singuliers de l'œuvre de J. M. Barrie.

1912. Nico rejoint son frère Michael à la Wilkinson's School. Ils vont y avoir pour compagnon Cecil Day-Lewis, futur poète lauréat et auteur de romans policiers sous le nom de plume de Nicholas Blake. Le choix de ce pseudonyme sera peut-être orienté par la grande affection qui lie dès lors Day-Lewis et Nico, qu'évoquera plus tard le romancier dans ses Mémoires : « Le magnétisme de Nico, de nature infiniment mystérieuse, était tel que nous le suivions partout comme la queue d'une comète. » Plus loin, Day-Lewis se souvient d'une rencontre avec le tuteur des garçons : « Je revois une immense pièce sombre et un tout petit homme assis là, immobile et ne disant pas un mot. » De l'avis de tous ceux qui rencontrent Barrie après son divorce et la mort des parents Llewelyn-Davies, le dramaturge offre l'image d'une grande inhibition, particulièrement intimidante. Emma Du Maurier, une des sœurs de Sylvia, dira qu'il la terrifie. Jamie n'est pas le même personnage, selon qu'il partage l'existence du club des cinq ou qu'il devient le veuf éploré de la mère des garçons. Dans la maison de Campden Hill, il dispute d'interminables parties de billard, ou raconte des histoires qui suscitent la colère d'une Mary Hodgson alors dans l'impossibilité de faire coucher les plus petits. Le pacte naguère scellé autour de la grande aventure estivale de *Black Lake* est comme un sortilège que rien, semble-t-il, ne pourra dissiper. Et ce n'est qu'à regret que Jamie quitte ce monde enfantin pour regagner le monde réel et son appartement de célibataire.

Le 15 avril, il apprend avec tristesse la mort, sur le *Titanic*, englouti au plus grand effroi de l'opinion publique mondiale, dans les eaux glacées de l'Atlantique Nord, de deux personnages qu'il fréquenta autrefois : le critique W. T. Stead, copieusement raillé dans les pages de *Better Dead*, et le peintre Frank Millet qui a souvent été l'hôte des Barrie à Gloucester Road.

Mais le grand événement de ce printemps 1912 est directement lié à l'existence de Peter Pan. On inaugure, en effet, dans les jardins de Kensington, une statue en bronze du petit faune. Le sculpteur George Frampton a réalisé cette effigie sous le contrôle de Barrie lui-même, en utilisant des photographies de Michael, réalisées quelques mois plus tôt par le dramaturge à cette intention. Le résultat, pourtant, n'est pas satisfaisant aux yeux de Barrie : « On n'y retrouve pas, dit-il, le démon qui hante Peter. » Cette réflexion intéressante permet de mieux cerner les intentions, jamais clairement exprimées par ailleurs, de Barrie, hormis peut-être dans la longue préface à la version définitive de la pièce, publiée en 1928 et reproduite à la fin de ce livre. Peter, un démon ? Le démon de l'enfant libéré de toute contrainte familiale, à la fois héroïque, pathétique et cruel. Mais aussi le démon de l'imaginaire dont Jamie a voulu se faire le champion, en s'affranchissant de toutes les références habituelles, de tous les garde-fous de la fiction traditionnelle. En mettant au monde l'œuvre la plus légère en apparence, Barrie a de sa plume révélé un archétype surprenant, intemporel et irrécupérable par tout autre que lui. Il a *surpris*, bien plus qu'il ne le croit lui-même, à commencer par quelques-uns de ses confrères qui n'ont pas été, comme Maeterlinck, jusqu'à lui manifester leur approbation. C'est ainsi qu'il serait certainement fort étonné d'apprendre que, quelques mois plus tôt, Bernard Shaw s'est exprimé sur le sujet dans une lettre à August Strindberg : « Voici quelques années, écrit l'amant passionné de Mrs. Campbell, l'un de nos auteurs les plus fameux, J. M. Barrie, a composé une pièce pour les enfants, *Peter Pan*, qui a connu un énorme succès et qui est jouée chaque année pour Noël, comme un divertissement pour le petit monde, mais qui est à mon sens un authentique spectacle pour adultes. Parce que, vous savez, lorsqu'on achète des jouets pour les enfants, nous les choisissons généralement en fonction de nos goûts. Depuis lors, le rêve secret de tout entrepreneur de spectacles, à Londres, est de dénicher un nouveau *Peter Pan*. » Et tandis que d'autres, déjà, s'interrogent sur le mythe naissant, Michael et Nico jouent dans le grand jardin de Campden Hill, surveillés en alternance par Jamie et leur gouvernante, qui ne sont toujours pas réconciliés. Barrie a offert un arc et des flèches au plus jeune des garçons – un sujet de discorde supplémentaire entre Mary et lui !

À l'automne, Jamie apprend avec satisfaction que sa pièce en un acte *Rosalind*, un des levers de rideau les plus applaudis de la saison à Londres, va être jouée devant les souverains, à Sandringham. Le 12 novembre, en revanche, c'est la consternation : le bateau du capitaine Scott, pris dans les glaces du Pôle, s'est changé en tombeau pour le vaillant héros de Jack. Scott laisse un très jeune fils, Peter, dont le sort ne va pas laisser Barrie indifférent...

L'année se termine de manière plus paisible. Barrie, retenu à l'Adelphi par une succession de mauvaises bronchites, travaille à ses nombreux projets – on en relève près de trente-six dans ses carnets ! Un observateur attentif remarquerait que l'influence de la mythologie théâtrale de J. M. Barrie s'insinue vraiment partout. Agatha Miller, une jeune femme de Torquay, qui vient de se fiancer à un certain Archibald Christie, rapportera plus tard dans son *Autobiographie* ces propos de sa future belle-mère : « Archibald, cette Agatha n'est-elle pas la jeune fille qui porte un de ces nouveaux cols à la Peter Pan ? » Et elle ajoutera : « Les cols à la Peter Pan avaient probablement été dessinés d'après le col retourné porté par l'actrice jouant Peter Pan dans la pièce de Barrie. » Celle-ci connaît, à Noël 1912, sa neuvième reprise au théâtre Duke of York.

13

LES EXCENTRICITÉS D'UN BARONNET

Depuis la mort, deux ans plus tôt, du roi Édouard VII, auquel a succédé George V, l'Angleterre connaît de grands changements. On a peine à croire qu'une génération seulement s'est écoulée depuis la fin de l'ère victorienne : c'est déjà le règne de la vitesse, des automobiles et des aéroplanes et le vertige, qui s'empare de tous, après une longue période de paix et de sécurité, s'accompagne d'un vent mauvais, annonciateur de troubles. Quelques nuages, encore peu perceptibles, s'amoncellent à l'horizon... La bonne société, libérale d'esprit, n'est pourtant pas inquiète. Elle savoure une prospérité héritée du temps de la « bonne reine » tout en goûtant sans retenue aux facilités qu'engendre le rapide progrès technique. Le naufrage du *Titanic* a été considéré par certains comme un symbole, mais, pour la plupart, ce ne fut qu'un incident traumatisant sur la route d'une fabuleuse épopée moderne. Les enfants Llewelyn-Davies appartiennent à l'élite d'une société qui considère encore le Royaume-Uni comme le phare de la civilisation occidentale et s'évertue – avec ou sans humour – à en convaincre le reste du monde...

Michael vient d'entrer à Eton. Il a quatorze ans. Mais, contrairement à son frère George, qui s'était habitué en quelques jours aux usages de cette école, Michael va se sentir malheureux à en mourir au contact d'un univers qui ne s'accorde aucunement à sa sensibilité. Le fils chéri de Sylvia, le garçon favori de Jamie, choyé, adulé par son tuteur, n'accepte pas les rigueurs de la « maison ». Il pleure chaque soir et refuse de se faire des amis. Barrie, qui déteste les *public schools* et n'est pas sans responsabilité dans l'état d'esprit de Michael, se montre très alarmé. Il écrit à George, qui se trouve à Cambridge : « Michael se sent seul et malheureux à Eton, et j'en suis moi-même très déprimé. » Il se confie également à Charles Turley, membre des Allahakbarries, jeune romancier pour enfants, que Barrie a pris sous son aile après la disparition tragique du grand ami de Turley, Frank Millet, sur le *Titanic*. Le 10 mai 1913, il lui écrit : « Cela me fend le cœur de savoir Michael tenter vaillamment de siffler alors qu'il ne peut se retenir de sangloter. » Il forme le vœu, dans la même lettre, que Turley puisse se joindre aux garçons et à lui, en Écosse, l'été prochain.

La veuve du capitaine Scott est venue trouver quelque réconfort auprès de Barrie, lequel avait d'ailleurs contribué à financer l'ultime voyage du *Terra Nova*. Il lui promet de la seconder de son mieux dans l'éducation de Peter, son jeune fils. Il aimerait devenir le tuteur du garçon, mais Mrs. Scott bat soudain en retraite. Elle semble vouloir échapper à l'emprise amicale du dramaturge. Craint-elle de voir Jamie vampiriser Peter comme il l'a fait, de notoriété publique, pour les enfants Llewelyn-Davies ?

Le 14 juin, sur la recommandation du Premier ministre lord Asquith, James Matthew Barrie est fait baronnet de Sa Majesté le roi d'Angleterre. Il pourra désormais faire suivre son nom, sur ses cartes de visite, des quatre lettres « Bart ». « Bart » sera le sobriquet sous lequel les garçons vont très souvent désigner leur tuteur, au cours des années à venir, comme preuve d'une familiarité et d'une complicité que rien n'entame. L'appartement d'Adelphi Terrace devient peu à peu le second domicile de Nico et de Michael, lorsque celui-ci parvient à s'échapper d'Eton où il continue de souffrir le martyre. Il adore Mary Hodgson et souffre de la rivalité idiote qui oppose l'Écossais et la gouvernante, encore qu'il s'agisse davantage d'un jeu que d'une réelle inimitié entre ces deux êtres unis dans leur passion pour les cinq garçons.

La réunion annuelle des Allahakbarries a lieu, non pas à *Black Lake*, où Mary et Gilbert, mariés, mènent une vie en apparence paisible, mais à Shere. Les fidèles sont au rendez-vous : Gilmour, Mason, Hewlett, Lucas et le jeune Turley. Puis, le baronnet et les cinq garçons partent pour Killiecrankie, non loin de Kirriemuir, pour deux mois de vacances. La maison louée par Barrie est vaste, et George et Jack ont invité quelques-uns de leurs camarades de collège. Le dramaturge fera plusieurs fois le voyage de Londres, où il négocie la production de plusieurs de ses pièces brèves. *Half an Hour*, mise en scène par Boucicault, avec Irene Vanbrugh et Edmund Gwenn, sera jouée au Variety à partir du 29 septembre et connaîtra un beau succès. Cet automne, J. M. Barrie est à l'affiche à la fois à Londres et à New York.

Entre deux parties de pêche avec Turley et les garçons – dont le jeune romancier a conquis l'amitié –, Jamie jette sur le papier des notes relatives à un projet de roman, baptisé *Secundus*, et dont le héros est le double de Michael. Mais cette idée n'aura jamais de suite.

En signe d'allégeance au nouveau baronnet, Hodder et Stoughton, ses éditeurs, lancent sur le marché une superbe édition des œuvres du grand homme sous le nom de « Kirriemuir Edition ». En décembre, un autre éditeur lui fait le vif plaisir de lui demander d'écrire une préface à la réédition d'un classique du roman d'aventure, cher à son cœur, *L'Île de corail*, de R. M. Ballantyne.

C'est à la fin de cette année que Barrie manifeste pour la première fois, de façon professionnelle, un réel intérêt pour les revues de music-hall. Ce goût, singulier de la part d'un écrivain et dramaturge « plutôt sophistiqué », n'est peut-être pas à mettre seulement sur le compte de son excentricité légendaire. Les garçons, surtout Jack et George, ne restent pas insensibles au charme des « créatures de rêve » qui se produisent régulièrement sur certaines scènes londoniennes. Leurs désirs étant des ordres, Barrie les a parfois accompagnés dans la pénombre du très populaire Palace, où des comédiennes comme Florence Didgale, qui épousera l'année suivante, en secondes noces, Thomas

Hardy (!), ou la ravissante artiste française Gaby Deslys font leurs débuts. L'espiègle gaieté, la « gaminerie » (en français dans le programme) de Gaby Deslys dans la revue *Hullo, Ragtime!* séduisent Barrie. Cette jeune personne n'a plus rien de l'héroïne éthérée des *Bébés dans les bois* qu'il a été naguère applaudir avec les garçons. Ces juges attentifs sont étudiants à Cambridge, cadets de la Navy, ou collégiens avertis! Et Barrie, quant à lui, leur emboîte facilement le pas, ses goûts résolument à l'unisson des leurs.

Cela ne l'empêche pas d'assister, à Noël, au dixième revival de *Peter Pan*, en compagnie d'un auditoire jeune et toujours aussi endiablé – tandis que, sur scène, un acteur de quatorze ans fait ses débuts dans le rôle du facétieux Slightly, l'un des Garçons perdus du pays imaginaire. Il a pour nom Noël Coward.

L'année 1914 commence joyeusement, par des vacances de neige en Suisse. Le fidèle Brown accompagne son maître et les cinq garçons. George a vingt et un ans, Nico tout juste dix. Brown veille sur le plus jeune Llewelyn-Davies, tandis que l'aîné vit sa vie : sa bonne mine, son intelligence, un mélange de désinvolture et de cynisme lui valent des succès féminins. Barrie n'a d'yeux que pour Michael. Le caractère du garçon a quelque chose de singulier. Secret, voire brutal et imprévisible avec les autres, ses camarades d'Eton, les familiers de Barrie, la famille Du Maurier, il devient avec Jamie affectueux et malléable. Une sorte d'envoûtement réciproque façonne leur relation, qui s'affermit encore du fait que Michael, peu à peu, se prend d'un intérêt certain pour l'écriture. Le feu qui animait Sylvia continue de brûler en lui, et son tuteur s'y laisse fasciner. Les vacances terminées, Michael regagnera, la mort dans l'âme, sa « maison » d'Eton, Barrie lui écrira quotidiennement et passionnément. Et Nico se rappellera longtemps ces instants, sur les pentes enneigées de Mürren, où Barrie, ayant provisoirement perdu de vue son favori, se mettait à crier d'une voix stridente : « Mi-i-chael! »...

Tandis que la tension internationale obscurcit le ciel au-dessus des têtes, Jamie plonge délibérément dans un monde de rêve et de glamour. En quelques mois, le sex-symbol qu'est Mlle Deslys est devenu la coqueluche des garçons. On ne voit plus qu'eux et leur célèbre tuteur au foyer du Palace, et George finit par suggérer à l'oncle Jim d'écrire « quelque chose » pour Gaby Deslys. Mais que peut faire le grand homme pour une « comédienne » qui n'a pas du tout le genre de celles qui recherchent un auteur tel que lui ? Pourtant, Barrie va courageusement se lancer dans l'écriture d'une revue, fantaisie constituée d'une suite de tableaux endiablés – après tout, *Peter Pan* n'était rien d'autre ! L'idée originale de Jamie est de relier les différents tableaux par des « épisodes cinématographiques ». Ce nouvel art du spectacle non seulement ne lui est pas inconnu, mais le passionne depuis qu'il a visité, près de Londres, des studios où sont réalisées des œuvres d'inspiration légère, qui lui semblent cependant attrayantes. Il se sent une sorte de parenté d'imaginaire avec les auteurs de films cinématographiques et n'a d'ailleurs pas été surpris de recevoir une proposition qu'il évoque dans une lettre à son agent : « Dernièrement, un Mr. Pinker m'a offert une avance de deux mille livres sterling sur les royalties d'une adaptation cinématographique de *Peter Pan.* Cela ne me semble pas souhaitable, mais je me demande si vous ne pourriez pas négocier l'adaptation d'autres de mes œuvres... » Son idée, pour la revue, est d'intégrer une série de courts sketches pour lesquels il compte solliciter les services d'une équipe de tournage. Il est, en vérité, excité comme un enfant à la vue de l'étrange boîte noire du cameraman...

Ensuite, il va falloir « approcher » Mlle Deslys. George et Jack, cela va sans dire, sont tout à fait disposés à l'accompagner dans la loge de l'actrice. Mais la notoriété du baronnet leur permet de faire mieux : ils sont invités au domicile londonien de Gaby, plutôt émoustillée à l'idée de rencontrer l'auteur de *Peter Pan.* D'abord surprise qu'un personnage aussi raffiné et cultivé lui propose de jouer dans un spectacle de sa plume, elle va s'intéresser à ce projet et lire avec intérêt son rôle dans *Rosy Rapture, or the Pride of the Beauty-Chorus* (*R.R., ou la fierté de la beauté de chœur*). Qu'aurait pensé le Jamie d'il y a vingt ans, littérateur ambitieux battant le pavé de Londres de ses gros brodequins, d'un tel projet et d'une association osée avec une actrice surtout connue pour sa « semi-nudité » sur scène ? On a peine à croire que c'est le même homme qui, à des époques différentes, a pu écrire *Better Dead, Sentimental Tommy, Peter Pan* et qui, maintenant, peaufine, avec la complicité de George et de Jack Llewelyn-Davies, le personnage de Rosy Rapture. Mais pourtant Barrie est tout cela, et, pour l'heure, un baronnet insouciant et coquin ou un parfait excentrique au meilleur de sa forme.

Charles Frohman accompagne Jamie, George, Jack, Peter, Michael et Nico à Paris au cours du mois d'avril pour un voyage de divertissement. À l'Hôtel Meurice, c'est l'euphorie coutumière. Les aînés entament des flirts sans lendemain avec de jolies Françaises, tandis que Michael et Nico suivent Bart dans ses pérégrinations à travers la capitale : bouquinistes, marchands de gravures des quais de la Seine. On va au théâtre et au music-hall chaque soir ! À son retour à Londres, Barrie apprend que son voisin de l'Adelphi, Bernard Shaw, fait un triomphe avec sa nouvelle pièce *Pygmalion*. Leurs rapports sont toujours très distants, même si l'Irlandais prétendra plus tard qu'il a « toujours été en termes affectueux avec Barrie ». Son explication de la réserve qui exista toujours entre les deux hommes – due essentiellement à une incompatibilité de caractère – vaut son pesant d'hypocrisie. « Ce qui nous retenait de le voir, ma femme et moi, confiera G. B. S. à son biographe Hesketh Pearson, c'est qu'il fumait constamment et que chaque visite de sa part se transformait inévitablement en tabagie. Dans ces conditions, nous préférions nous rendre chez lui, mais cela ne s'est pas produit très souvent. » Dans son autobiographie, Charlie Chaplin évoque une anecdote encore plus irréelle : Barrie lui aurait dit que lorsqu'il désirait s'entretenir quelques instants, de fenêtre à fenêtre, avec Shaw, il envoyait dans les carreaux de son voisin des noyaux de pêche, en signe d'invitation...

Elizabeth Lucas vient presque chaque jour à l'appartement et sert de dactylographe à Barrie. Celui-ci s'est jusque-là superbement passé de secrétaire, mais le tri d'une correspondance devenue envahissante nécessite d'urgence une main amie. Comme l'a remarqué Viola Meynell dans la préface de son recueil des *Lettres de J. M. Barrie*, publié à New York en 1947 : « Les lettres d'excuse de Barrie rempliraient à elles seules un énorme volume. » Il passe beaucoup de temps, en effet, à répondre poliment à tous ceux qui le sollicitent. La légende naissante du père de *Peter Pan* est celle d'un homme généreux qui a renoncé aux plaisirs de la vie mondaine et voyante pour se consacrer à ses fils adoptifs, et certains ne se gênent pas pour tenter de profiter du bon cœur de Jamie. Par ailleurs, il persiste à repousser toutes les propositions d'articles ou d'interviews qui le feraient sortir d'une ombre propice à sa tranquillité. Bram Stoker, l'auteur de *Dracula*, et secrétaire du théâtre du Lyceum, se voit ainsi refuser l'entretien nécessaire au portrait de Barrie qu'il aimerait publier dans la presse. L'attitude un peu sauvage du locataire de l'Adelphi est celle d'un chat échaudé qui craint les écarts de température mais jamais la chaleur de la véritable amitié. La comédienne Lillah McCarthy, qui vient d'être l'héroïne de *Half an Hour*, lui rend souvent visite. « Je restais en sa compagnie dans la pénombre de son appartement dominant la Tamise, écrira-t-elle dans son autobiographie *Myself and my Friends*. Il restait assis sur une chaise, tirant des bouffées de sa pipe, l'air absorbé, silencieux. » Au troisième étage de l'immeuble londonien, Jamie, peu à peu, recrée une atmosphère proche de celle de Kirriemuir...

Son intérêt pour le cinéma naissant ne se dément pas, tout au long de ce printemps qu'il consacre à la mise au point de sa revue *Rosy Rapture*. En compagnie de Michael, il visionne tous les films américains projetés de ce côté de l'Atlantique, et, à son arrivée à Londres pour son séjour annuel, Frohman conçoit une légitime inquiétude à voir son vieil ami subjugué par le septième art au point d'en oublier le théâtre. Barrie lui révèle alors un projet qu'il compte mettre à exécution au cours des premiers jours de juillet. Il s'agit de ce qu'il appelle un « Souper-Cinéma », composé d'une série de sketches joués dans une salle de banquet du Savoy devant une assistance choisie et filmés en permanence par une équipe d'opérateurs. Ces différentes séquences, alternées avec des gros plans de célébrités invitées au souper, constitueront ensuite les intermèdes filmés qu'il compte intégrer à la revue de Gaby Deslys. Le Premier ministre, lord Asquith, et son épouse ont été conviés et seront là en effet, le 3 juillet, dans la grande salle du Savoy louée par Barrie. L'ennui, c'est que lord Asquith n'a pas été averti de l'usage que le dramaturge comptait faire des gros plans de son éminente personne. Deux jours plus tard, il fera savoir à Barrie qu'il lui interdit d'utiliser son image à des fins aussi « légères ». Mais la grande légèreté de Jamie, dans tout cela, n'est-elle pas surtout de faire abstraction des événements graves que l'Europe est en train de vivre et qui se répercutent déjà sur la vie de la nation ? L'archiduc François-Ferdinand vient d'être assassiné à Sarajevo, et les journaux sont pleins d'articles alarmistes. Mais Barrie n'en a cure. Deux jours après son fameux « Souper-Cinéma », il réussit à convaincre ses collègues William Archer, G. K. Chesterton, Maurice Baring et George Bernard Shaw – qui s'est un peu fait tirer l'oreille – de l'accompagner à la campagne pour le tournage d'un « western » ! Prévenu le matin même, H. G. Wells accepte de se joindre à eux et à l'équipe de cinéastes qui, sur un scénario fantaisiste de Barrie, va procéder au tournage, pendant quelques heures, d'une bande farfelue, dans laquelle de dignes écrivains, revêtus d'habits de cow-boys, se livrent à des évolutions quelque peu grotesques. Dans ses Mémoires, Chesterton évoquera cet après-midi de juillet : « Je ne me lancerai pas dans la description des scènes que nous dûmes jouer, car aucun de nous n'en perça le secret, hormis sir James Barrie. Il parut d'ailleurs vouloir garder ce secret enfoui tout au fond de lui durant le tournage. Je revois encore Mr. William Archer, le distingué critique et traducteur d'Ibsen, s'ébattre en costume de cow-boy. » Totalement mystifiés par leur ami écossais, ces acteurs d'occasion iront jusqu'au bout de cette aventure insolite avec le sentiment d'avoir à « deviner » ce que Barrie attend d'eux. Et Chesterton conclut : « Jamais la fumée du tabac à pipe Arcadia Mixture ne m'avait paru douée d'un tel pouvoir hypnotique. C'était comme si le nuage qui s'échappait du fourneau énorme derrière lequel disparaissait la tête minuscule avait été le produit d'une authentique magie noire. »

Juillet s'achève. Jamie, les garçons et Mary Hodgson ont émigré vers l'Écosse, mais la conjoncture internationale va contraindre George et Peter Llewelyn-Davies à abandonner leurs parties de pêche dans les torrents et à gagner un camp de réservistes du sud de l'Angleterre. Les trains qui traversent le pays sont alors remplis de jeunes gens à la mine sombre. Le 4 août à minuit, l'Angleterre déclare la guerre à l'Allemagne, et, dans la matinée, Barrie prend le train pour Londres. Quelques jours plus tôt, lors d'un voyage éclair, il a dîné chez Maurice Baring avec Lloyd George et celui-ci ne leur a pas caché que l'effort de tous les sujets de Sa Majesté allait être nécessaire au cours des mois à venir. Bouleversé à la perspective du sacrifice probable d'une partie de la jeunesse anglaise, Barrie met sa fortune à la disposition du pays. Il rencontre chez la duchesse de Sutherland, lord Lucas, un pair du royaume qui a décidé de transformer son château du Bedfordshire en hôpital militaire. Jamie lui accorde son concours financier. Constatant qu'il ne peut rien faire d'autre, il repart pour l'Écosse en rongeant son frein patriotique...

Le 2 septembre, le cabinet de Guerre convoque un certain nombre d'écrivains célèbres – dont Galsworthy, Wells, Hardy, Arnold Bennett et le baronnet – au 10 Downing Street pour une sorte de « briefing ». Il leur est clairement proposé de participer à la « guerre de l'ombre », c'est-à-dire à se mettre à la disposition des services de renseignements. Enthousiaste, Jamie « recrute » aussitôt ses complices, Mason et Gilmour, et se lance en leur compagnie dans la préparation d'une mission de propagande qui doit les emmener de l'autre côté de l'Atlantique. Le but de cette aventure, qui

évoque irrésistiblement les romans de Phillips Oppenheim
ou William Le Queux, demeurera toujours assez obscur. Barrie et ses amis sont censés aller sensibiliser les intellectuels
new-yorkais à la cause anglaise, à travers des débats et des
entretiens privés. Mais, avant même qu'ils aient pris la mer,
plusieurs télégrammes émanant de l'ambassade de Grande-
Bretagne à Washington leur intiment l'ordre de « rester
tranquilles ».

Nos trois lascars, évidemment très excités, vont tout de
même embarquer sur le *Lusitania*. À leur arrivée à New
York, une meute de reporters attend... l'auteur de *Peter Pan*
et de *The Admirable Crichton*. Un fonctionnaire de l'ambassade est là, qui ordonne aux trois espions d'opérette de
mettre une sourdine à leur supposée mission, et tout s'achè-
vera dans une loge de théâtre, en compagnie de Charles
Frohman et de Maude Adams, très heureux de revoir Barrie.
Dès le lendemain, les journaux font leurs grands titres sur la
présence de Barrie à New York :

SIR J. M. BARRIE TENTE
DE PRENDRE NEW YORK PAR SURPRISE

*Il a voulu pénétrer clandestinement dans la ville, tel
Peter Pan, mais nos reporters l'ont retrouvé...*

Le journaliste le plus persévérant est celui du *New York
Herald Plaza*, mais il ne parviendra pas à faire avouer Jamie
qui s'enferme dans ses habituels paradoxes : « Savez-vous
que le véritable Peter Pan vient de partir pour la guerre ? Il
en avait assez des histoires que je lui racontais. Ses petits
frères ont pris la relève. Ils adorent que je leur raconte des
histoires sur eux-mêmes. Il suffit que je leur dise : "Alors,
vous vous êtes précipités sur le pirate et avez fait feu sur lui",
et ils me croient sur parole. C'est comme cela que j'ai écrit
Peter Pan. Je l'ai fabriqué à partir de quelques histoires racontées à ces garçons. » En ce qui concerne sa « mission »
secrète, la presse américaine en est pour ses frais. Tandis que
Barrie reste enfermé au Plaza, Mason part pour le Canada, et
Gilmour, pour Washington. À plusieurs reprises, Brown – qui

a lui aussi traversé l'Atlantique – est envoyé au « feu » et s'entretient de façon sibylline avec les journalistes. Les trois agents secrets rentrent finalement à Londres le 22 octobre. Une lettre de lord Asquith attend dans la pile du courrier, par laquelle il est expressément demandé au dramaturge d'abandonner sa « revue » pour se consacrer à une œuvre plus sérieuse – autrement dit de propagande. Jamie, sans doute un peu confus, se met sans tarder à une pièce intitulée *Der Tag* (*Le Jour*, en allemand), qui met en scène un Kaiser de pacotille, prié par une courtisane d'avoir le bon goût de se suicider. Incorrigible et innocent Barrie...

George et Peter Llewelyn-Davies sont au nombre des réservistes du camp de Sheerness, et dans l'attente d'une affectation. Jamie leur écrit presque chaque jour. Jack, lui, est en mer du Nord. George ne partira au front que début décembre. La veille de son départ, le Bart organise à l'Adelphi une petite réception à laquelle est conviée Mlle Gaby Deslys... Au petit matin, l'aîné des fils de Sylvia monte dans le train, emportant dans son sac de toile kaki un exemplaire de *The Little White Bird*. À New York, Barrie n'avait fait qu'anticiper sur le départ de Peter Pan pour la guerre...

L'émotion de Jaimie est immense. Il compte les heures, les jours, tandis qu'il suit par la pensée l'évolution de cet ignoble conflit qui risque à tout moment de mettre un terme à l'existence d'un de ses « chers garçons ». Le lendemain du départ de George, commence une nouvelle saison de *Peter Pan* au Duke of York. Jamie assiste à l'une des représentations en compagnie du jeune Peter Scott, garçonnet de cinq ans qui, à la fin de la pièce, déchire le programme en mille morceaux qu'il lance sur les spectateurs de l'orchestre...

Le 13 janvier 1915, George écrit de France à l'oncle Jim : « La peur de la mort est moins présente que je l'imaginais. Ne vous faites pas trop de souci pour moi. Je prends toutes les précautions nécessaires, et tout se passera bien. »

Désobéissant au Premier ministre, Barrie s'occupe activement de la production de *Rosy Rapture*. La musique en est confiée à John Crook, déjà responsable de celle de *Peter Pan*. E. V. Lucas révise les textes. Dion Boucicault assurera la mise en scène. Les répétitions s'engagent au début de février sous d'assez mauvais auspices. Ni Barrie ni le metteur en scène ne sont rompus à ce genre de spectacle et, malgré toute la bonne volonté de Gaby Deslys et de Jack Norworth, le comédien américain qui lui donne la réplique, le rêve un peu fou du baronnet a de plus en plus de mal à voir le jour.

Durant la première semaine de mars, Jamie a l'idée incongrue de faire acheminer jusqu'au front, à l'intention de George et de ses camarades de tranchée, une énorme malle de pique-nique bourrée de nourriture raffinée provenant de chez Fortnum et Mason, le grand traiteur de Piccadilly. Il est loin d'imaginer la misère et la boue dans lesquelles ces garçons se débattent comme dans un cauchemar. Le 7 mars, George écrit : « Rien à signaler, sinon que j'ai encore vu la mort frapper à moins d'un mètre de moi. »

À l'aube du lundi 15 mars, Michael et Nico dorment encore dans leur chambre de la maison de Campden Hill Square, lorsque Barrie fait irruption à l'office et tombe en pleurant dans les bras de Mary Hodgson. Il vient d'apprendre la mort de leur grand frère, survenue la nuit même.

Quelques heures plus tard, un télégramme de condoléances du roi et de la reine est porté à l'Adelphi. L'ultime lettre de George n'atteindra Barrie, prostré dans son bureau où il ne veut recevoir personne, que deux jours plus tard. La première de sa revue *Rosy Rapture*, qui se révélera un échec total, aura lieu la semaine suivante. Il n'y assistera pas.

14

LE BARONNET S'EN VA-T'EN EN GUERRE

Au début du mois de mai 1915, Charles Frohman est attendu à Londres avec impatience par son complice, la tête pleine de projets. Au Savoy, la suite du producteur est tenue prête. Mais Frohman n'arrivera jamais. Il a pris place, le 1ᵉʳ mai, à bord du *Lusitania*, en compagnie d'un certain nombre de passagers téméraires ou qui ignorent tout des menaces de la force sous-marine allemande. Le 7 au matin, deux torpilles ennemies mettent un terme à une carrière déjà légendaire de découvreur de talents et d'organisateur de spectacles. Frohman était considéré comme l'un des piliers du théâtre édouardien, et dans le cas de son association avec J. M. Barrie, le plus excentrique auteur auquel il ait jamais fait confiance, la réussite fut absolue. On raconte qu'au moment où le *Lusitania* commençait à sombrer, Frohman, négligeant de passer sa ceinture de sauvetage, aurait eu cette ultime réplique paraphrasant à peine celle de Peter Pan : « Je n'ai pas peur de mourir : c'est la plus belle aventure après la vie ! »

Nouveau chagrin pour Jamie, déjà très éprouvé par la disparition de l'aîné de ses fils adoptifs. Le 29 mai, l'affiche Portant en suscription : *Charles Frohman présente* est retirée du Duke of York. Quelque temps plus tard, une plaque célébrant la mémoire d'un de ses plus fidèles clients d'outre-Atlantique sera inaugurée dans le lounge du Savoy, à Londres, en présence du dramaturge – encore une idée de Jamie, en souvenir de dix-neuf années d'amitié.

Barrie a cinquante-cinq ans. Ses yeux s'ouvriraient-ils enfin sur la réalité du monde alentour? Jamais, en tout cas, son désir de « faire le bien » n'a été aussi grand. L'ampleur du conflit le ramène à son projet sanitaire et à lord Lucas, qui vient de décider plusieurs bienfaiteurs – dont Jamie – à faire l'acquisition d'une propriété sur le sol français, à une distance raisonnable du front. C'est un château situé au sud-est de Reims, à Bettancourt, qui va être le théâtre du dévouement de Lucas et de ses amis. Barrie finance une bonne part de l'aménagement des lieux en hôpital de campagne. Pendant ce temps, Peter, qui combat vaillamment, tombe malade et doit être rapatrié. Barrie et Mary Hodgson le soignent et le réconfortent de leur mieux, car le garçon est très déprimé. Il séjournera à l'Adelphi pendant sa convalescence. Un phonographe, acheté sur les conseils de Jack, tente d'égayer l'atmosphère un peu sinistre de l'appartement.

Puis, Barrie trouve le temps de se rendre à Bettancourt. Il est littéralement pris à la gorge par la misère atroce de tous ces jeunes soldats blessés, souvent mourants et dont on ne peut que rendre un peu moins difficiles les derniers moments. Le dramaturge n'ira cependant pas jusqu'aux premières lignes, auxquelles n'accèdent que les militaires, les ambulanciers et quelques téméraires correspondants de guerre. Sur le front règne une ambiance fantastique, presque irréelle, que la romancière américaine Mary Roberts Rinehart, alors envoyée spéciale du *Saturday Evening Post*, découvre au même instant. « Il y avait partout, écrit-elle dans *My Story*, des taxis et de grands autobus parisiens, remplis de soldats qui faisaient des signes affectueux dès qu'ils apercevaient une femme le long de la route. Chaque poilu portait sous le bras une miche de pain et, dans l'uniforme bleu et rouge, usé jusqu'à la corde, faisait vraiment peine à voir. Une nouvelle forme de guerre était née des tranchées. » Auteur de pièces policières (*La Chauve-souris,* etc.), jouées avec succès à Broadway, Mrs. Rinehart a-t-elle rencontré, au détour de ce décor tragique, le créateur de *Peter Pan*? Rien ne le dit, pas plus qu'on ne sait si le tout jeune ambulancier Walter Disney a croisé, au hasard d'une route encombrée, celui dont il vulgarisera plus tard l'œuvre d'une façon que Barrie serait bien incapable alors d'imaginer. Il rentre à Londres profondément déprimé, d'autant plus effondré qu'il sait que Peter peut, d'un moment à l'autre, être appelé au front. En décembre, lorsque Peter Pan fera sa nouvelle apparition sur scène, le dramaturge aura l'extrême pudeur de biffer cette réplique, pourtant célèbre, de son héros : « La mort est une merveilleuse aventure. »

Le 30 mars 1916, il écrit à Charles Turley, qui s'est beaucoup ému de la mort de George : « Juste un mot pour vous dire, ce qui vous réconfortera un peu, que mon pauvre George est mort d'un coup, au cours d'une attaque de nuit. C'est à présent le sort commun de nombreux garçons. Je suis très triste de savoir Peter privé de la grande affection qui les liait, chose assez rare entre deux frères. Lui est à Sheerness. Le destroyer de Jack sera dans quelques jours dans les Dardanelles. »

Après un court séjour à Paris, en compagnie d'E. V. Lucas, il emmène, au début d'août, Michael et Nico en Écosse. Ils vont d'hôtel en hôtel, réglant leur itinéraire sur les lieux propices à la pêche. Seul Nico trouvera quelque plaisir à ces vacances plutôt lugubres. Le tempérament de Michael s'est beaucoup assombri en quelques mois. Selon le mot qu'emploie Jamie dans un certain nombre de lettres à ses amis, Michael est devenu « impénétrable ». Il est surtout, semble-t-il, gêné par l'omniprésence de son père adoptif et de son affection qui n'a jamais été aussi oppressante. Car Michael, en dépit d'une correspondance quotidienne, est resté muet sur le sentiment très tendre qui l'unit depuis quelques mois à un garçon d'Eton, Roger Senhouse. Un amour qui ne se compare pas à celui, éthéré, romanesque, que lui voue son tuteur. Michael aime trop l'oncle Jim pour oser affronter sa réaction à l'aveu de son homosexualité.

La nouvelle contribution de Barrie à l'effort de guerre sera d'ordre littéraire. Il écrit, en quelques jours, une comédie, *The Fatal Typist* (*La Dactylo fatale*), qui sera jouée au profit des soldats australiens blessés. Dans une perspective plus personnelle, il commence la rédaction d'une pièce sur le thème de Cendrillon, qui l'obsède depuis quelque temps. Le 16 septembre, il écrit à son éditeur américain Charles Scribner : « Si vous aviez été chez moi mercredi dernier, vous auriez pu contempler de ma terrasse, comme d'une loge, un Zeppelin pris pour cible par la défense antiaérienne. Les projecteurs trouaient la nuit noire, le tir se faisait entendre à un rythme infernal. Après cela, je suis descendu dans la rue. Il n'y avait aucune panique. La foule contemplait calmement ce spectacle inédit. Je me demande ce que vos compatriotes pensent de la situation. S'ils estiment que nous allons perdre cette guerre, ils feraient bien de se remuer un peu. Quant à moi, je pense que nous vaincrons. »

À l'automne 1916, Nico a rejoint Michael à Eton, où ils ont le droit de partager la même chambre. Jamie leur écrit chaque jour et imagine à leur intention un long feuilleton mettant en scène Sherlock Holmes dans « L'affaire de la chambre aux deux lits ». Ce *serial* se poursuit bientôt, en collaboration avec les deux garçons qui ne sont pas à court d'idées saugrenues. Sous la plume de Nico, le sinistre Dr Fu-Manchu, création du romancier Sax Rohmer, fait même son apparition au détour de cette saga qui permet à ses auteurs d'oublier les rigueurs du temps présent.

Peter vient d'avoir dix-neuf ans. Il est alors envoyé sur le front, au plus fort de la bataille de la Somme. Ce que Barrie redoutait est arrivé.

Seul à l'Adelphi, il abandonne ses notes relatives à la pièce sur Cendrillon et se lance dans l'écriture de *The Old Lady Shows her Medals* (*La vieille dame montre ses médailles*), comédie dans laquelle trois incorrigibles grands-mères discutent de la guerre en prenant le thé. L'une d'entre elles a pour petit-fils un garçon qui ressemble beaucoup à George Llewelyn-Davies. Gary Cooper incarnera ce personnage dans un film tourné en 1930 sous le titre *Medals.*

Barrie apprend par des amis que tout ne va pas pour le mieux entre son ex-épouse et Gilbert Cannan. On raconte que celui-ci a séduit la femme de chambre de Mary, mais aussi qu'il perd la raison. Jamie écrit à Mary pour lui proposer une aide amicale « en cette époque où les ennuis personnels paraissent parfois si dérisoires au regard de la guerre et de son désastre ». Il lui fait clairement comprendre qu'ils pourraient se revoir, mais nous n'avons pas de traces d'une quelconque rencontre. Mary se séparera de Gilbert peu de temps après et s'en ira vivre en France, où elle restera jusqu'à la fin de ses jours.

Barrie travaille, il ne fait même que cela, confie-t-il à son amie Millie Sutherland, ajoutant que c'est le seul moyen d'oublier la guerre. Pour lutter contre la dépression, il lit les nouvelles de son confrère américain O'Henry.

Son irrésistible penchant à vouloir secourir les enfants en détresse le pousse à s'intéresser au jeune Peter Scott, orphelin de père, au point d'entrer en conflit avec un autre bienfaiteur du jeune garçon. Lorsque Mrs. Scott avait gentiment repoussé la proposition de Barrie de devenir le tuteur légal de son fils, elle avait déjà en tête de faire adopter Peter par le vicomte Knutsford, un richissime pair, curieusement baptisé Prince des mendiants – titre dont Jamie est peut-être secrètement jaloux! Le vicomte passe ses journées dans les hôpitaux de Londres et, chaque été, reçoit une foule d'enfants dans sa propriété. Peter a séjourné à plusieurs reprises chez Knutsford et celui-ci s'est attaché au garçon. Apprenant que son rival en charité a décidé d'adopter Peter Scott, Barrie va se fâcher et lui écrire à plusieurs reprises. Kathleen Scott sera finalement obligée d'intervenir pour mettre un terme à cette singulière querelle... Jamie ne désarmera pas tout à fait, usant de son arme favorite – l'écriture – pour séduire ce jeune garçon devenu, à son insu, le héros d'une fiction à la Frances Hodgson Burnett (*Little Lord Fauntleroy*). « Mon cher Scott, lui écrit-il le 22 décembre, je suis assis, en train de fumer le tabac contenu dans la blague que vous m'avez offerte. C'est une magnifique blague, et je ne cesse de surveiller les gens autour de moi de peur qu'ils ne me la volent. Voler mon argent n'est rien, mais gare à celui qui me volera cette blague! J'espère vous voir bientôt. Je suis en compagnie de mes garçons. Mon affection à votre maman et à vous. Je suis, mon cher Scott, votre humble serviteur, Barrie. » Cette correspondance se poursuivra des années durant, permettant ainsi au dramaturge, en dépit de l'adversité, de ne pas perdre tout à fait de vue le fils d'un de ses héros.

Barrie s'est remis à sa pièce sur Cendrillon, à présent baptisée *A Kiss for Cinderella* (*Un baiser pour Cendrillon*). Il y travaille dans un nouveau décor, puisqu'il vient d'émigrer au dernier étage de l'Adelphi, dans un appartement plus vaste où son bureau, au dire des visiteurs, ressemble à une sorte de nacelle flottant dans les airs au-dessus de la Tamise. *A Kiss* est la pièce que le regretté Frohman appelait de ses vœux depuis plusieurs années, une pièce en trois actes avec une héroïne jeune et jolie, enfin vraisemblable. Cette Cendrillon que Barrie met en scène est en fait une « petite main », qui doit son surnom au fait qu'elle hante l'atelier d'un peintre célèbre et solitaire, comme le ferait un fantôme. Mais le réalisme qui prévaut dans les premières répliques – on pressent une intrigue voisine de celle du *Pygmalion* de Shaw – dérape bientôt dans la pure fantaisie, dès qu'apparaît un *policeman* des plus étranges. La trame est celle d'une histoire d'espionnage assez légère, sur fond de guerre, Cendrillon révélant *in fine* qu'elle n'est pas aussi éthérée qu'on l'avait cru. Barrie donne la pièce à lire à Gerald Du Maurier, qui jouera le rôle du peintre Hubert Ware, un mélange de Watteau et d'Edmund Dulac. C'est lui aussi qui montera la pièce, insistant pour faire de Cendrillon une sorte de Wendy mâtinée d'Alice, incarnée par l'excellente actrice Hilda Trevelyan.

Les quatre Llewelyn-Davies passent les fêtes de fin d'année à Campden Hill, en compagnie de Jamie et de Mary Hodgson. Depuis sa dernière permission, Jack est officieusement fiancé à la jeune Gerrie Gibb qu'il a connue à Édimbourg au début de la guerre. Michael manifeste l'intention de s'engager dans les Scots Guards, mais, au grand soulagement de Jamie, il lui faudra s'inscrire sur une liste d'attente. Roger Senhouse n'est pas étranger à cette lubie militaire, et Barrie, qui a eu l'occasion de rencontrer ce garçon à Eton, conçoit une véritable antipathie à son égard. On peut analyser comme on veut ce sentiment qui n'a pas de quoi surprendre.

Le succès de A Kiss for Cinderella au théâtre Kingsway incite le dramaturge à se lancer dans un projet encore plus ambitieux. De longues conversations au coin du feu avec son ami Mason l'ont convaincu de reprendre l'idée de sa pièce sur « la seconde chance » – un thème auquel la récente déconvenue sentimentale de Mary l'a sans doute amené à réfléchir, ces derniers temps. Il jette alors les premières lignes d'une pièce en trois actes, qui deviendra *Dear Brutus* (*Cher Brutus*).

Il occulte la guerre, refuse de s'intéresser à cette révolution qui couve au pays des tsars et dont toute la presse parle, et s'immerge dans sa nouvelle œuvre. Il n'y a pas de Brutus dans sa pièce – le titre est une citation de Shakespeare[1] –, mais un très étrange « petit homme » tapi au cœur de l'histoire comme une araignée au milieu de sa toile. Ce personnage se nomme Lob, il est sans fonction sociale particulière – les écrivains non plus, d'ailleurs –, et il a invité pour un week-end dans sa maison de campagne trois couples, les Dearth, les Purdie et les Coade. Ces dix personnages ne connaissent Lob ni d'Ève ni d'Adam et se posent beaucoup de questions sur lui. Observons-le nous-mêmes : « Sa maison, écrit l'auteur, est celle d'un célibataire. À travers des fenêtres à la française, nous voyons le jardin de Lob, que baigne un clair de lune. L'ombre et la lumière, que représentent la maison et le jardin, sont très calmes, mais l'on doit sentir qu'il ne s'agit que de la pause pendant laquelle deux vieux ennemis s'observent avant de se jeter l'un sur l'autre. » Le décor, d'un oppressant symbolisme, va se préciser avec la description de la cheminée, située au centre du « dispositif » de Lob : « La cheminée, elle aussi, est un peu mystérieuse. Elle est taillée dans un mur épais qui devait être là quand les autres murs n'y étaient pas encore ; c'est probablement la caverne où Lob, quand il est seul, s'assoit et parle avec lui-même, parmi

---

1. « La faute, cher Brutus, n'est pas en notre étoile, mais en nous-même » (*Jules César*).

la fumée bleue. Il est aussi à l'aise près de cette cheminée que n'importe quel gnome qui se cacherait dans l'ombre du foyer. » Les familiers de Barrie ne pourront s'empêcher de le reconnaître dans cette description inquiétante et crépusculaire. Ce mystérieux personnage, véritable magicien de conte de fées, s'apprête à jouer un tour particulièrement bizarre à ses invités. Il apparaît d'abord aux épouses : « Lob est très petit et, probablement, personne n'a jamais eu l'air aussi vieux, excepté un nouveau-né. Il donne l'impression d'être creux comme une baudruche insuffisamment gonflée et il est probable qu'en unissant leur souffle, les dames pourraient lui faire vider son siège. » Lorsque les messieurs sont enfin conviés à rejoindre leurs épouses en présence de Lob, celui-ci les propulse au cœur même de son expérience, qui tient à la fois du sortilège et de la psychologie. Il leur propose une promenade dans le jardin qui, aussitôt, se change comme par un coup de baguette magique en forêt profonde et maléfique. Les six personnages se sont égarés. Lorsqu'ils se retrouvent, le temps a passé mais, surtout, leur sort s'est modifié. Le moment est venu pour chacun de vivre sa « seconde chance ». Mr. Purdie se lamente d'avoir épousé une femme qui l'a quitté : « Je croyais que c'était mon rôle d'homme. J'étais si enfant dans les choses de la vie qu'il me semblait agréable d'avoir le droit de payer les factures d'une femme. Avec le temps, ce plaisir s'émoussa. Mais je n'étais pas malheureux, je n'espérais pas grand-chose et j'étais toujours si sûr que nulle femme ne pourrait sonder le puits de mes émotions. » Mr. Dearth est le protagoniste le plus poignant, parmi tous ces « perdants » de la vie que Barrie met en scène de la manière la plus excentrique. Dearth a retrouvé, dans le bois, sa fille imaginaire Margaret, et leurs échanges sur l'enfance sont parmi les plus beaux dialogues jamais composés par l'auteur. On y trouve un écho de *Peter Pan* : « Le rire, dit Mr. D., avec lequel naissent les petits enfants dure aussi longtemps qu'ils ont la foi parfaite. Quand je pense que c'est moi qui ai volé le tien ! » Dearth est une sorte de Mr. Darling plus mûr et beaucoup moins sûr de sa paternité.

La pièce terminée, Barrie la confie à Gerald Du Maurier,

qui s'attribue aussitôt le rôle de Dearth. Selon sa fille Daphné, « Dearth était essentiellement un rôle pour Gerald, alors à son apogée. Il parlait à sa fille chimérique comme il aurait parlé à ses propres enfants. Lorsqu'il levait vers le ciel des yeux angoissés en apprenant que Lob l'avait trompé et que son enfant n'avait jamais vu le jour, c'était Gerald qui souffrait, Gerald qui murmurait que tout cela eût pu lui arriver ». À la création, le 17 octobre 1917, la presse et le public se montrent particulièrement enthousiastes. Ils ont retrouvé le grand Barrie d'avant la guerre, dont la manière a gagné en profondeur et en maîtrise de sa douce folie d'écriture. L'alchimie de sa création utilise des ingrédients qui n'ont assurément pas changé, mais qui se mêlent plus harmonieusement, par la grâce d'un désespoir plus intense, mais aussi d'une compréhension plus grande de la nature humaine.

Trois cent soixante-cinq représentations, entre 1917 et 1918, vont consacrer *Dear Brutus* et en faire une date dans l'histoire du théâtre anglais contemporain. J. M. Barrie, qui avait déjà conquis la notoriété et la fortune mais peut-être pas la reconnaissance du public le plus exigeant, peut se mesurer du regard avec ses confrères Bernard Shaw et Galsworthy.

En septembre, Jack a épousé Gerrie à la cathédrale d'Édimbourg. Les deux jeunes mariés sont conviés à l'Adelphi pour Noël avec les autres garçons, tandis que *Peter Pan* entame son quatorzième revival avec Fay Compton dans le rôle principal. Une vente aux enchères est organisée chez Christie's en faveur des blessés de guerre. Barrie met en vente le manuscrit de *The Little Minister*, adjugé pour une somme en rapport avec la cote du dramaturge, autrement dit très élevée.

Le 20 février 1918, Jamie, tel Lob, écrit à Elizabeth Lucas : « J'émerge de ma haute cheminée pour vous parler. J'y étais assis, un livre de Charlotte Brontë à la main (mais quand je la lis, c'est surtout à Emily que je pense), tandis qu'un vent violent souffle sur le toit. Il n'y a certainement pas de vent dans la rue, mais les cheminées, au-dessus de ma tête ressemblent aux sorcières de Macbeth, elles provoquent souvent la colère des éléments. Il m'arrive parfois de penser que j'habite encore à l'étage inférieur et que quelqu'un vit au-dessus. Un de ces jours, j'irai voir si je suis en bas. Le bureau est toujours dans le coin, face aux deux sofas disposés à angle droit, qui ont, paraît-il, la réputation d'être les deux sièges les moins confortables de Londres. »

Au printemps, tandis que les Allemands, peu après la signature du traité de Brest-Litovsk, entament leur dernière manœuvre meurtrière, Barrie reçoit les épreuves à corriger d'un gros volume de ses principales pièces. Comme à son habitude, il annote longuement et réécrit même des dialogues. Certains commentaires en italiques, mis entre parenthèses, établissent une distance ironique entre l'œuvre et l'auteur, au point de plonger parfois le lecteur dans un certain malaise...

En mars, il envisage sérieusement de se rendre en France et en Italie, mais il n'obtiendra pas la permission souhaitée et devra se contenter d'un séjour au pays de Galles en compagnie des deux Etoniens, Michael et Nico. Au retour, il prend la décision, difficile à vivre pour les garçons, mais encouragée par Mary Hodgson, de mettre en vente la maison de Campden Hill Square. À présent, le seul domicile des garçons sera l'appartement « de célibataire » de Barrie. Ces lieux sévères, que leur maître, malicieusement, se plaît à décrire comme une maison de sorcière, ce décor, qui recrée un peu celui de sa maison natale, à Kirriemuir, n'ont rien d'accueillant pour deux jeunes gens, en dépit d'un gramophone et d'une bibliothèque particulièrement riche. Mais Michael et Nico, depuis longtemps familiers de ce lieu, y retrouvent avec plaisir les Brown, le ménage de domestiques attentifs à leur confort, et les soirées entre amis y sont agréables. En avril, les deux garçons sont en vacances. Une animation certaine va succéder à l'apathie des dernières semaines, au cours desquelles Barrie a composé deux courtes pièces, dont *A Well-remembered Voice* (*Une voix familière*) racontant l'histoire du fantôme d'un jeune soldat venu rendre visite à ses parents.

L'armée américaine a enfin pris position sur le continent.

Michael n'a toujours pas été convoqué par les Scots Guards, et Barrie s'en réjouit secrètement. Le 27 mai, la grande offensive allemande commence, alors que son *butler*, qui a pourtant plus de cinquante ans, se voit obligé de revêtir l'uniforme. C'est la consternation à l'Adelphi.

Le 23 juin, le dramaturge dîne en ville. Il est entouré d'un essaim de jolies femmes, parmi lesquelles lady Cynthia Asquith, la très jeune épouse de Herbert (dit Beb) Asquith, fils de l'ex-Premier ministre. La conversation s'engage. Barrie apprend ainsi que lady Cynthia aimerait beaucoup se lancer dans une carrière d'actrice de cinéma. Elle a déjà fait quelques bouts d'essai dans un studio proche de Londres. Elle ne manque aucunement d'aplomb et suggère au dramaturge de la faire engager pour tourner le rôle de la belle héroïne dans le film en préparation d'après *The Admirable Crichton*. Cynthia, qui a l'âge de Sylvia lorsque Barrie la rencontra au dîner de fin d'année de sir George Lewis, est déjà mère de deux jeunes garçons. Sa beauté a quelque chose de sauvage et de pur qui incita naguère le peintre Burne-Jones à faire son portrait. Jamie, sous le charme, lui fait alors une étrange proposition. « J'ai besoin d'une secrétaire, dit-il, et je suis sûr que vous feriez très bien l'affaire. » Il ajoute qu'en ce qui concerne le rôle de lady Agatha dans le film inspiré de sa pièce n'importe quelle autre comédienne conviendra. Lady Cynthia est dévorée d'ambition et l'offre de Barrie, pour saugrenue qu'elle soit, a tout du tremplin dont elle rêve. Elle accepte.

Dans un livre très sentimental, *Portrait de Barrie*, publié en 1954, Cynthia Asquith a raconté les années passées aux côtés de celui dont elle devient, en effet, à la fois ravie et morte d'angoisse, la secrétaire au cours de l'été 1918. Chaque matin, elle arrive à vélo à l'Adelphi et prend l'ascenseur poussif qui la propulse jusqu'à la « maison de Lob ». Elle y retrouve un quinquagénaire d'humeur inégale, très timide devant cette femme du monde engagée à son service. Cynthia possède un fort tempérament, un don réel pour l'écriture – le cinéma n'a été qu'une passade, et elle envisagera bientôt sérieusement d'entreprendre une carrière d'écrivain. Le désordre qui règne dans le bureau du dramaturge la terrifie tout autant que l'énorme masse de correspondance. Elle propose à Barrie de répondre à toutes ces lettres qu'il refuse trop poliment d'oublier, et adopte, avec son approbation, le pseudonyme asexué de « C. Greene ». Elle fait bientôt la connaissance des garçons, qui l'adoptent immédiatement comme ils le feraient d'une grande sœur.

Barrie, qui a d'abord exigé de sa secrétaire une « absolue discrétion », ne tarde pas à lui faire totalement confiance. Lentement, l'habile Cynthia va s'adapter aux arcanes de l'univers singulier de l'auteur de *Peter Pan* et de *Dear Brutus.* Pour elle qui fut, enfant, une spectatrice émerveillée de la « féerie en cinq actes » créée au Duke of York, cet appartement rappelle étrangement la nursery des Darling. La mythologie de Barrie ne lui est pas étrangère. Elle contemple avec ravissement les dessins envoyés de Samoa par Stevenson, les battes de cricket utilisées lors des premiers matches des Allahakbarries et, bien sûr, les photos des cinq garçons de Sylvia, prises à *Black Lake.* Elle a lu les chroniques Auld Licht et *Margaret Ogilvy*, et prend un véritable plaisir à préparer le thé, à 17 heures, pour une légende vivante...

Parfois, en cette fin de 1918 très éprouvante pour les nerfs, elle trouve Barrie marchant de long en large dans son bureau, auréolé d'un nuage de fumée bleue. Soucieux, il ne dit pas un mot, s'arrêtant parfois pour contempler le portrait d'un saint Bernard accroché près de l'immense cheminée. Mais aussi, il lui arrive de trouver le petit homme tout émoustillé, visiblement ravi de la voir enfin arriver, et la priant de bien vouloir s'asseoir pour écouter l'une de ses interminables histoires. Car, découvre-t-elle, ce grand taiseux est aussi un infatigable causeur. Et, tandis que, peu à peu, de l'autre côté du Channel, les armes commencent à se taire, délivrant le père adoptif de Peter, Jack et Michael d'un fardeau bien pesant, la bonne humeur revient sous les lambris sombres de l'Adelphi. Cynthia passe insensiblement du statut de secrétaire à celui de gouvernante – on a envie de dire : de nurse très particulière. Elle peut même organiser à sa guise, à l'Adelphi, des dîners, auxquels sont conviés ses propres amis, universitaires et gens de la bonne société...

Au cours des premiers jours de novembre, Barrie s'échappe sur le continent en compagnie de Gilmour. Les autorités militaires américaines mettent une voiture et un chauffeur à leur disposition, et le dramaturge pourra ainsi découvrir l'étendue du désastre guerrier. Ils sont à Paris le jour de l'armistice et dînent avec la veuve du capitaine Scott, qui œuvre pour la Croix-Rouge. Ils se promènent ensuite dans les rues de la capitale, qui résonne de multiples cris : « C'est fini! » hurle à son tour le petit homme en français, ajoutant : « Vive Wilson! Vive Lloyd George! »

15

MARY ROSE, OU LA MÈRE FANTÔME

Une ère nouvelle commence. La guerre a mobilisé les énergies, forcé chacun à donner le meilleur de lui-même. Un relâchement est inévitable : l'Angleterre, lasse de corps et d'esprit, y succombe et coupe définitivement les ponts avec l'époque édouardienne, « douce et sécurisante », au dire d'Osbert Sitwell. La mort et la décomposition, toile de fond du théâtre hallucinant des tranchées, n'ont fait qu'une bouchée des jeunes soldats jetés en offrande au dieu immonde. Le peuple reprend son souffle, tandis que la *gentry* s'enferme dans ses manoirs, peut-être un peu honteuse d'avoir continué à vivre et à s'amuser durant ces cinq années de cauchemar. Une sorte de cynisme latent va maintenant se répandre dans les mœurs de ce pays dont les plaies sont plus secrètes que celles observées par Barrie au cours de son voyage en France.

Peter Llewelyn-Davies est démobilisé en février 1919 et rentre, ombre de lui-même, se dissociant du petit club de l'Adelphi. Également renvoyé à la vie civile, Beb Asquith retrouve son épouse et leurs deux fils à l'appartement qu'ils occupent dans Regent's Park. Il fait la connaissance du dramaturge, et tous deux s'accordent parfaitement. Autre curieux effet de symétrie : Beb est avocat, comme feu Arthur Llewelyn-Davies, mais lui verra d'un œil complice Jamie rendre visite à ses deux fils dans leur nursery. On peut même dire qu'il en sera très fier.

En février, Mary Hodgson prend définitivement congé des quatre garçons qu'elle a aimés et couvés comme une seconde mère, et de ce diable de Barrie qu'elle a fini par aimer lui aussi. Tout le monde a le cœur gros. Michael continuera encore longtemps à lui écrire.

En mars, les ballets de Diaghilev sont à Londres. Le hasard veut qu'une courte pièce de Barrie, *The Bill* (*La Note*), figure au même spectacle, donné au Coliseum. L'une des danseuses, Mlle Lydia Lopokova, qui a longtemps vécu aux États-Unis, connaît et apprécie l'œuvre de Barrie. Ils vont se rencontrer, et le dramaturge tombe sous le charme de la jolie ballerine. Les semaines passant, naît de leurs entretiens un projet de ballet dont Jamie commence même à rédiger l'argument, qu'il baptise *La Vérité sur les danseurs russes*. Mais voici que Mlle Lydia s'évapore littéralement dans l'atmosphère. Le ballet, tristement réduit aux seuls pas de danse, sera représenté à l'automne sur une musique d'Arnold Bax, avec pour interprète une autre ballerine russe, Tamara Karsavina. Ne faites jamais confiance à une danseuse...

Michael étudie à présent au collège Christ Church d'Oxford. Tous ses professeurs s'accordent pour reconnaître qu'il est doué d'une grande intelligence et qu'il ira loin. Son père adoptif rayonne de fierté à chacune de ses visites. Barrie a toujours détesté l'ambiance des collèges anglais, mais il ne peut s'empêcher de goûter aux voluptés qui lui sont réservées, lorsqu'il foule, aux côtés du superbe garçon, les pelouses ou franchit les porches vénérables : tous les élèves se retournent sur leur passage et font fête au célèbre dramaturge. Roger Senhouse a suivi Michael à Oxford, et l'on a de bonnes raisons de croire que leur liaison se poursuit. Mais Michael se fait de nouveaux amis, tel Robert Boothby, invité à passer un week-end à l'Adelphi. Le garçon racontera qu'il s'est trouvé fort mal à l'aise sous le toit de Barrie au point d'en avoir fait la remarque à Michael, au retour, dans l'auto. « Quel soulagement ! » aurait dit Robert. Et Michael de répondre : « Oui, c'est vrai. » Une ambiguïté certaine demeure dans les rapports qu'entretiennent Barrie et le jeune homme, trop sentimental et bien élevé pour repousser

celui qui a tant fait pour lui et continue de l'idolâtrer. Après
la mort de George, l'éloignement de Peter, le mariage de
Jack, Nico et lui sont les derniers compagnons de l'oncle
Jim, qu'ils considèrent comme un véritable parent et dont ils
se sentent infiniment plus proches que de leur oncle Gerald
ou de leur tante Emma Du Maurier. Et puis, ce qui n'est pas
négligeable, ils sont dépendants de lui financièrement.

La vision désolante, au cours des premières semaines
de l'année, des pièces vides de la maison de Campden Hill,
qui vient tout juste d'être vendue, a dû certainement inspirer le décor de la pièce à laquelle Barrie travaille à présent.
Les plus anciennes traces de ces trois actes qu'il intitule
Mary Rose remontent, dans ses carnets, à 1905. On peut y
lire : « Une sorte de Rip Van Winkle », allusion au conte de
Washington Irving à propos d'un personnage plongé dans un
sommeil de quarante années[1]. En 1911, dans une lettre à
Quiller-Couch, il a également fait mention d'un projet de
pièce, qu'ils avaient d'ailleurs en commun, relatif à des « dis-
paritions ». Barrie, alors, trouvait le thème beaucoup trop
triste. En 1912, au cours des vacances, il a eu vent d'une
antique légende à propos du rapt d'une jeune fille par les
fées et son retour longtemps après, sans que la disparue ait
pris une ride. Une légende qui ressemblait à celles que
Margaret Ogilvy lui racontait dans son enfance. Désormais,
aucun thème ne lui paraîtra lugubre au point qu'il s'en
détourne. La morbidité ne l'a, en vérité, jamais gêné, et les
épreuves récentes l'incitent à se laisser aller à cette inclination créatrice. Lentement, *Mary Rose* prend vie. L'apparition
d'une île, au milieu d'un loch écossais, le souvenir aussi
d'une petite phrase, au détour de *The Little White Bird*, à propos de la visite de mères fantômes à leurs progénitures, vont
faire le reste. Cette pièce en trois actes naît sous la plume de
l'auteur d'un désir déjà ancien et d'un penchant de plus en
plus fort pour le fantastique.

1. Porté à la scène dans les années 1880 par H. B. Farnie.

Le thème central est celui de la mort, mais vue sous l'angle le plus enfantin. Les protagonistes de cette fantasmagorie sont une mère et un fils, une mère fantôme délicieusement jeune et belle pour l'éternité, qui vient hanter son garçon de vingt ans, de retour de la guerre. L'histoire commence dans la maison familiale désertée où Harry, le jeune homme, tente de retrouver des traces de son passé. « L'homme qui martèle les marches à la suite de la concierge est un jeune soldat comme, en ce temps-là, on en rencontrait par douzaines dans toutes les rues de Londres. » Le temps se rembobine alors, et nous retrouvons, dans ces mêmes maîtres, les grands-parents du garçon et leur fille Mary Rose, âgée de dix-huit ans. « Il n'y a rien d'éclatant en Mary Rose. Elle ne deviendra jamais l'une de ces femmes secrètes, bien moins innocentes qu'elle mais plus charmantes dans leur essence, qui sont la gloire ou le fléau des grands amoureux, et que Mary Rose, d'ailleurs, ne saurait comprendre. C'est tout simplement une fleur, rare et charmante. » La jeune fille est fiancée à un « énergique garçon de vingt-trois ans en uniforme de marin ». Avant leur mariage, les parents de Mary Rose racontent au garçon l'aventure survenue naguère, sur une petite île des Hébrides Extérieures, à leur fille : elle disparut comme par enchantement au beau milieu de l'île, et ce n'est que vingt jours plus tard qu'elle réapparut de façon tout aussi magique. Mary Rose n'a jamais su ce qui lui était arrivé. À l'acte II, le jeune couple, heureux parents d'un garçon prénommé Harry, sont en voyage en Écosse. Une sorte d'instinct obscur pousse Mary Rose à retrouver l'endroit qu'elle aimait tant, petite fille. « Quelque chose survient alors. Un appel parvient jusqu'à Mary Rose, d'abord aussi doux et furtif que des murmures qui sortiraient de trous dans le sol. Mary Rose ! Mary Rose ! Puis, en un ouragan furieux, pareil à l'orgue infernal, il fond sur l'île, fouillant chaque buisson pour la trouver. Le son gagne rapidement en volume, jusqu'à devenir horrible. L'appel n'est pas sans adversaire. Se débattant à travers le fracas et prononçant aussi son nom, on entend une musique d'une irréelle douceur, qui tente peut-être de vaincre l'appel et d'entourer la jeune femme d'une ceinture de sauvetage. Une fois, les bras de Mary Rose se tendent vers son mari pour appeler à l'aide, mais, aussitôt après, elle oublie son existence. Son visage exprime une sorte de transe mais ne reflète ni crainte ni joie. L'île retrouve aussitôt son calme. » Mary Rose a de nouveau disparu. À l'acte III, vingt-cinq ans ont passé. Les parents de Mary Rose, à présent très âgés, partagent l'existence du malheureux époux de leur fille. Tous trois reçoivent un télégramme annonçant qu'on vient (enfin !) de retrouver Mary Rose... Celle-ci fait son apparition, aussi fraîche qu'au jour de sa (seconde) disparition. Elle demande alors ce qu'est devenu son enfant... Le temps s'emballe : dans la grande maison vide et lugubre, Harry revient à lui. « Tandis que j'étais dans ce fauteuil, des choses d'un passé lointain liées à cet endroit, des choses dont je ne savais rien sont sorties de leur trou pour s'assembler autour de moi. » La concierge lui parle alors de ses grands-parents, de son père marin... et du fantôme de sa mère. Resté seul, le garçon part à la recherche du fantôme, une bougie à la main. Il ouvre la porte d'une pièce, revient sur ses pas, et l'on aperçoit le fantôme de Mary Rose, debout au milieu de la première pièce, comme surgi de la lumière de la bougie abandonnée derrière lui.

MARY ROSE. – Êtes-vous venu acheter la maison ?

HARRY. – Non, oh ! non...

MARY ROSE. – Vous n'êtes pas... Simon ?

HARRY. – Non, je suis Harry.

MARY ROSE. – Je ne vous crois pas. Je m'oppose absolument à ce que vous disiez cela.

HARRY. – Je voudrais m'entendre appeler Harry.

MARY ROSE. – Je regrette. Je refuse catégoriquement.

HARRY. – Je ne voulais pas vous fâcher.

Un singulier dialogue se poursuit entre Mary Rose et son fils. Le fantôme s'est emparé du couteau que le jeune soldat portait à son côté, et l'objet disparaît dans une sorte de quatrième dimension. Puis, Mary Rose se sent lasse. « S'il vous plaît, dit-elle, est-ce que je peux m'en aller jouer à présent ? » Mais Harry tient bon. Ce fils désespéré, surgi du cœur même du drame de Jamie, tente le tout pour le tout.

HARRY. – Il m'a semblé, lorsque j'étais assis dans le fauteuil, vous avoir entendu dire que vous aimeriez, lorsqu'il serait devenu grand, vous asseoir sur les genoux de votre Harry. Voyez-vous qui je suis, à présent ?

MARY ROSE. – Un gentil garçon.

HARRY. – On doit se sentir seul quand on est un fantôme.

MARY ROSE. – Oui.

HARRY. – Connaissez-vous d'autres fantômes ?

MARY ROSE. – Non.

HARRY. – La seule chose qui m'apparaisse clairement, c'est que vous avez enfin trouvé ce que vous cherchiez... Ce dont vous avez besoin, maintenant, c'est de retourner à l'endroit que vous trouvez merveilleux, si merveilleux. [...] Peut-être est-ce le Ciel, ou quelque chose de proche ?

La prière de Harry est exaucée, une petite étoile s'introduit dans la maison et délivre enfin Mary Rose de son sortilège.

Mary Rose sera créée le 22 avril 1920 au théâtre Haymarket, avec Fay Compton dans le rôle de la maman fantôme. L'auditoire est conscient de l'importance que revêt cette œuvre pour son auteur et lui fait un triomphe. Cynthia Asquith est assise, ce soir-là, aux côtés de Barrie, « pâle comme un mort ». Son public londonien goûte sans réserve la poésie sombre et enfantine de cet auteur étrange qui ne cesse de redessiner, d'une façon qui peut sembler désuète aujourd'hui, les contours d'un tourment jamais calmé. La matière du mal qui le ronge le dépasse et l'effraie. Quant au fruit de son travail, au dire de sa secrétaire qui l'observe attentivement, il le laisse « triste et sans illusions ». Nico s'est tenu aux côtés de Barrie durant toutes les répétitions de la pièce, et sa présence, outre celle de Cynthia, l'empêchera de sombrer dans une sorte de dépression consécutive au grand effort fourni au cours des semaines écoulées.

Michael, à Oxford, commence à se disperser. Il est tombé sous la coupe d'un certain Rupert Buxton, ancien de Harrow, « redoutablement intelligent, mais d'une influence morbide sur le caractère de Michael », selon les paroles de Robert Boothby. Roger Senhouse, de son côté, fait découvrir à Michael un milieu artistique moins traditionnel que celui auquel Barrie appartient. Ils passent plusieurs week-ends à Garsington Manor, la maison de campagne de lady Ottoline Morrell, l'une des grandes prêtresses du cercle de Bloomsbury. Roger y fait la connaissance de Lytton Strachey, le jeune et brillant auteur de *Victoriens éminents* (1918), dont il sera l'amant quelques années plus tard.

Lors de ses passages à l'Adelphi, Michael continue de s'intéresser de près au travail de son père adoptif. Après avoir vu *Mary Rose*, il lui en fait une critique circonstanciée. Il va même, au cours de ce printemps, proposer à Barrie d'écrire une pièce ensemble. Ils s'accordent sur le genre policier, souvent abordé dans leur correspondance sur le mode du pastiche, mais qui, sur scène, a conquis les faveurs d'un large public. Barrie est très emballé à l'idée de concevoir une intrigue digne de rivaliser avec les pièces à succès de Broadway, comme *On Trial* (*En procès*) d'Elmer Rice ou le *Sherlock Holmes* qu'il a pu applaudir lui-même, à New York, avec William Gillette dans le rôle du détective. Ils se lancent également dans un projet de roman, *Mrs. Lapraik*, dont Michael se détournera dès les premiers beaux jours. Dans cette tentative émouvante de nouer des liens nouveaux, on peut lire l'expression d'un besoin affectif réciproque rendu impossible par la vie de tous les jours.

Mary Rose poursuit, pendant ce temps, sa carrière au Haymarket. Perdu, anonyme parmi l'assistance émue, un gros garçon joufflu d'origine cockney, qui travaille comme lettreur pour une compagnie de cinéma d'Islington, tombe amoureux de l'héroïne de Barrie. Ce qui le frappe dans la pièce est sans doute moins le caractère fantastique du sujet que les abîmes d'une psychologie morbide que celui-ci exprime. Alfred Hitchcock – car c'est de lui qu'il s'agit – admire les intentions de l'auteur, même s'il se sent étranger aux tournures maniérées des dialogues. Lui-même entretient une relation difficile avec sa mère, forte femme aux principes rigoureux hérités de l'époque victorienne, dont le fantôme hantera l'œuvre d'Alfred, longtemps après, jusque dans les décors d'un motel californien. En 1964, ayant achevé le tournage de son film *Marnie*, Hitchcock sortira de ses tiroirs un projet de scénario tiré de l'histoire de *Mary Rose* et avouera alors qu'il « a toujours rêvé de porter à l'écran la pièce de Barrie ». Malheureusement, ses producteurs ne verront pas d'un bon œil la participation de l'actrice Tippi Hedern à ce projet, et il abandonnera *Mary Rose* pour un film d'espionnage. Il n'empêche que, dans la pénombre du Haymarket, Alfred a été séduit par la grâce de Fay Compton, au point qu'il en fera la vedette d'un de ses tout premiers films, *Valses de Vienne*.

À la fin du mois de juin, Michael prend subitement la décision d'aller s'installer à Paris pour y étudier le dessin. Les autorités de Christ Church tentent de s'interposer, Barrie de le raisonner, mais rien n'y fait. L'auteur de *Mary Rose* imagine alors une très adroite manœuvre de diversion : il loue à grands frais l'île d'Eilean Shona, au large de la côte ouest de l'Écosse, et convie ses garçons et leurs amis à venir y passer les vacances, du début d'août à la fin de septembre. Leur séjour sur cette île « rocheuse, sauvage et romantique », selon les termes qu'il emploie dans une lettre adressée à Cynthia le 13 août, n'aura cependant pas les effets magiques souhaités par Barrie. Nico a glissé dans les bagages le phonographe et une pile de disques. Michael a emmené son chevalet, ses boîtes de couleurs et ses pinceaux. Et plusieurs jeunes gens se sont joints à cette équipe très romanesque. Magie blanche – loin d'Oxford et de Londres, d'anciennes habitudes, qui remontent à *Black Lake* et aux jeux du club des Six, viennent estomper les disparités du groupe. Magie noire : il pleut sans arrêt et, parmi les amis de Michael, figure le ténébreux Roger Senhouse, qui met Barrie mal à l'aise. Cynthia recevra, cet été-là, un nombre incroyable de lettres de son patron. Il lui écrit comme le ferait un enfant. « Il a plu soixante heures d'affilée et il n'est même plus question de mettre le nez dehors sans risquer d'être trempé jusqu'aux os. Les autres sont partis pêcher en mer et je crois qu'ils sont bien mieux sans moi. » Une autre fois, il évoque les exploits picturaux de Michael, qui s'acharne à faire des portraits de Barrie. « Si ces études me faisaient justice, je pourrais aller tout de suite me jeter du plus haut rocher de l'île. » Puis il ajoute avec malice : « J'ai l'impression confuse que les portraits qu'il fait des autres leur ressemblent vraiment. » Il parle aussi de Roger Senhouse, qui n'arrête pas, dit-il, de jouer avec une marionnette. « Notre plus longue conversation a été la suivante : Lui. – Merci de m'avoir invité, sir James. C'est très aimable à vous. Moi. – C'était tout naturel, mon vieux. »

Le 17 octobre 1920, Barrie remercie par lettre Elizabeth Lucas d'avoir eu « une conversation fructueuse » avec Michael. Celui-ci, ajoute-t-il, « est à présent à Oxford où il étudie sérieusement. Il est pris de ce que j'appellerai des spasmes de bonheur, mais avec lui on ne sait jamais de quoi sera fait le lendemain. Je n'ai jamais vu un être aussi affecté par la mort d'une mère ». Sous la plume de Jamie, ces mots prennent un sens particulier.

Tandis que des grèves paralysent l'Angleterre, il se remet au travail, malgré une terrible crampe de l'écrivain qui l'oblige à n'écrire que de la main gauche. Un de ses projets s'intitule « L'homme qui ne pouvait pas grandir, ou Le grand âge de Peter ». Cette histoire forcément triste, main gauche oblige, n'aura pas de suite. Il opère des changements dans la scène du lagon aux sirènes dans *Peter Pan* qui va, une fois encore, revenir sur scène pour les fêtes de fin d'année. Il visionne en privé la version filmée de *The Admirable Crichton* tournée par Cecil B. De Mille à Hollywood, où l'on a jugé bon de lui donner le titre *Male and Female* (*Mâle et femelle*), et il se dit dégoûté par ce qu'il a vu. Il regrette amèrement d'avoir écrit quelques mois plus tôt au producteur anglais qui voulait tourner le film qu'à son avis « les meilleurs cinéastes du monde se trouvaient aux États-Unis ». Mais ce qui est pis, c'est qu'entre-temps il a cédé les droits de *Peter Pan* à un autre producteur de Hollywood, Jesse Lasky, qui lui a d'ailleurs proposé de se rendre sur place pour « superviser » le tournage.

Pris de remords, Barrie rédige lui-même un découpage cinématographique de sa pièce, au total près de vingt mille mots de dialogues et de descriptions, que la production américaine dédaignera souverainement.

L'année s'achève de façon bon enfant à l'Adelphi, où Michael, étonnamment sage, peint ou écrit, tandis que Nico et Jamie jouent comme des diables au ping-pong. *The Bookman*, une revue littéraire luxueuse, consacre sa livraison de Noël à sir James Barrie, Bart. « Un numéro terrifiant avec au moins trente articles, rien que sur ma personne », écrit le héros du jour à Cynthia Asquith, qui passe les fêtes chez ses parents, lord et lady Weymiss, au château de Stanway dont Barrie sera souvent l'hôte dans les années à venir. « Chesterton en a commis un que je trouve plutôt bon, dans lequel il dit que je suis à la fois l'être le plus timoré et l'artiste le plus impudent. Qu'en dites-vous ? Il y a aussi une photographie de moi en pleine page, où je ressemble à une chandelle sur le point de s'éteindre. Michael dit que j'ai l'air d'avoir la lèpre. »

16

EN PLEIN CAUCHEMAR

Avant de s'échapper vers Paris, en compagnie de Nico, Elizabeth Lucas et sa fille Audrey, une ancienne compagne des vacances à *Black Lake*, Michael termine avec Jamie l'écriture du premier acte de leur pièce policière, à présent intitulée *Shall we Join the Ladies?* (*Allons-nous retrouver ces dames?*). Le titre fait référence au séculaire rituel des dîners anglais, qui veut que les messieurs restent à table pour le porto tandis que les femmes s'échappent pour papoter au salon. L'action de cette œuvre à quatre mains a pour cadre une salle à manger où un certain Smith a réuni seize personnes, soupçonnant chacune d'elles d'être le possible assassin de son frère. Tous les protagonistes sont assis, à l'exception du *butler* qui, lui, connaît le nom du coupable. À l'issue du premier acte, alors que chacun des convives, mis sur la sellette, a montré qu'il avait de bonnes raisons d'avoir trucidé le frère de Mr. Smith, l'année précédente à Monte-Carlo, on entend un hurlement de femme en coulisses, le *butler* apparaît, l'air hagard et le rideau tombe... Il n'y aura, pour diverses raisons, jamais de second acte à *Shall we Join the Ladies?* et les deux auteurs de cette pièce peuvent se vanter d'avoir mis au monde une œuvre unique dans les annales du genre : un *whodunit* (« Qui a fait le coup ? »), dont l'énigme restera à tout jamais inviolée... pour cause de pièce inachevée. Au cours du mois de janvier 1921, Barrie se démène pour obtenir le concours des meilleurs comédiens : Gerald Du Maurier jouera le *butler*, aux côtés de Sybil Thorndyke, Fay Compton, Irene Vanbrugh et Cyril Maude. Les répétitions commencent à l'Académie royale d'art dramatique, la pièce étant inscrite au programme d'un spectacle incluant aussi deux actes brefs écrits par les élèves de l'école.

Au mois de mars, Barrie accepte l'invitation des parents de Cynthia et découvre, émerveillé, le château de Stanway, dans le Gloucestershire, au pied des ondulations des Cotswolds. Cette ancienne résidence des abbés de Tewkesbury a été restaurée par l'architecte Inigo Jones et possède un parc magnifique dont le dramaturge fera ses délices. Lady Weymiss, la mère de Cynthia, est une dame d'un certain âge comme les aime Jamie : cultivée, drôle, un tantinet excentrique. Il ira ensuite rejoindre Michael et Nico dans le Dorset, au château de Corfe, qui abrite régulièrement des étudiants désireux d'étudier au calme. Rupert Buxton s'y trouve également, et Barrie ressent une gêne indicible en présence de ce dandy « en veste mauve ».

Rentré à Londres le 9 mai, il convie sa secrétaire à célébrer ses soixante et un printemps au Savoy. Deux jours plus tard, ils rendent tous deux visite à Thomas Hardy, à Max Gate, et font de longues promenades à travers la campagne du Wessex, si souvent décrite dans les livres du romancier. Les répétitions de sa pièce se poursuivent à la R.A.D.A., où le dramaturge passe la plupart de ses soirées, troublant parfois les comédiens de ses quintes de toux légendaires. Cynthia lui a souvent fait le reproche de persister à fumer, mais les Écossais sont des gens têtus. Il est tout de même une chose que Cynthia a réussi à faire admettre à Barrie, c'est qu'elle ne peut décemment poursuivre son travail de secrétariat s'ils ne procèdent pas ensemble au classement de sa correspondance. Un placard sera dévolu aux seules lettres de Michael, redevenues quotidiennes. Ce travail achevé, la secrétaire se rend à Stanway où elle doit y retrouver ses deux fils et leur nurse. Elle ne revient à l'Adelphi que le 19 mai au matin. Elle y déjeune avec son patron, frugalement. Ils travaillent ensuite ensemble, et elle le quitte à 18 heures.

Barrie se retire dans son coin favori, l'énorme cheminée, à l'intérieur de laquelle il peut se tenir sans se baisser – les moqueurs affirmant qu'elle n'est pas si haute que cela. Assis sur l'étroite et inconfortable banquette qu'il affectionne, il se plonge dans la lecture d'un de ses auteurs favoris. Puis, il retourne à son bureau pour y écrire sa lettre quotidienne à Michael. Une suite de réflexions drôles, frôlant l'absurde, de mots tendres que seule une mère aimante, une grand-mère attendrie, ou quelque complice de l'âge du garçon emploieraient. Il met sa lettre sous enveloppe, saisit sa canne et son chapeau et s'en va, sur le palier, prendre l'ascenseur. À peine a-t-il franchi le seuil de l'immeuble qu'un homme se précipite vers lui, le bousculant presque. Sans se présenter, l'inconnu demande à Barrie, interloqué, « s'il a des précisions sur les circonstances de la noyade ». Devant l'air ahuri du dramaturge, son interlocuteur dit alors qu'il est un journaliste du *Daily Mail* et prononce des paroles qui résonnent dans la tête de Jamie comme un glas. Il y est question d'une dépêche, parvenue au cours de l'après-midi dans toutes les rédactions de la capitale, relative à la mort par noyade, dans la retenue d'eau de Sanford, près d'Oxford, de deux garçons, Michael Llewelyn-Davies et Rupert Buxton. Tétanisé d'horreur, Barrie regagne comme dans un rêve, ou un cauchemar, son appartement. Il sombre dans une sorte d'hébétude, après avoir, sans un mot à Brown, refermé sur lui la porte de son bureau. Une heure plus tard, il forme sur le cadran du téléphone le numéro de Cynthia, à Regent's Park. Celle-ci racontera plus tard qu'elle ne reconnut pas la voix de Barrie au bout du fil. « Je viens, dit-il, d'apprendre la plus terrible des nouvelles. Michael est mort noyé. » Lorsqu'elle arrive à l'Adelphi, la jeune femme trouve Barrie dans un état pitoyable. Elle appelle un médecin, puis convoque Gerald Du Maurier et Peter Llewelyn-Davies, qui se trouve à Londres. Barrie refuse de leur parler. Il se met à sangloter, totalement éperdu.

Le matin suivant, Barrie marche de long en large dans son bureau. Il n'a, dit-il, pas fermé l'œil de la nuit. Nico, que son frère Peter est allé chercher à Eton, fait son apparition.

Lorsque Barrie voit Nico, il a un mouvement de recul et s'écrie : « Oh! Éloignez-le, éloignez-le! » Ce simple rappel d'une autre présence lui est devenu provisoirement insupportable. C'est dire l'ampleur de sa détresse.

Durant plusieurs jours, Cynthia craindra pour la santé mentale de Barrie, qui ne mange ni ne dort plus. Il ne s'exprime plus que par monosyllabes et refuse toute parole de consolation. Sa secrétaire passe la journée à repousser poliment tous ceux qui aimeraient exprimer leur sympathie au père adoptif de Michael. Son attitude culpabilisatrice à l'égard du malheureux Nico paraît calquée sur celle de Margaret Ogilvy à la mort de David.

Tous les journaux de Londres, le 20 mai, ont attiré l'attention de leurs lecteurs sur la disparition tragique « d'un des garçons ayant inspiré à sir James Barrie son Peter Pan ». L'un d'eux, avec un troublant sens du raccourci, a même été jusqu'à évoquer « la mort de Peter Pan ». Mais cela est absurde : le Peter diabolique et grimaçant qui surgit peut-être certains soirs devant les fenêtres de l'appartement aérien du dramaturge n'a rien à voir avec le ténébreux instigateur de la mort de Michael, ce même démon qui, six ans plus tôt, a plongé George dans les feux de l'enfer...

Jamie, plus pâle et le regard plus triste que jamais, ne se remettra pas de la mort de Michael. Il feindra de ne pas prêter attention aux commentaires suscités par la double noyade de Sanford, où, curieusement, deux autres jeunes Oxfordiens avaient déjà trouvé la mort, de façon identique, en 1843. Certains étudiants prétendent, en effet, qu'il pourrait bien s'agir d'un suicide maquillé en accident. Un geste de désespoir romantique de la part de deux garçons éperdument amoureux l'un de l'autre. En revanche, Barrie, oubliant la présence de Rupert Buxton, raconte à Cynthia, enfin redevenue sa confidente, qu'il est sans cesse assailli par le souvenir des difficultés avec lesquelles Michael, doué pour tout, avait naguère abordé la natation. Après la cérémonie au cimetière de Hampstead, où Michael a rejoint son frère aîné et leurs parents, Barrie accepte d'accompagner Beb et Cynthia à Margate. L'atmosphère de cette station balnéaire lui redonne des forces, et il passe de longues heures à jouer sur le sable avec Michael et Simon Asquith. Il consigne scrupuleusement ses cauchemars. Dans l'un d'eux, il est en compagnie de Michael – comme sur ces photos qui ont vaincu la mort et nous montrent un garçon de vingt ans au physique assez proche de celui du jeune comédien des sixties, David Hemmings. Tous deux se font des adieux éplorés, car ils savent que Michael, qui n'a jamais aimé l'eau et nage maladroitement, va se noyer. Le garçon s'arrache à lui et part vers la rive, sans pouvoir retenir la main du destin. Dans un autre cauchemar, qui a pour cadre une plage du sud de l'Angleterre, jumelle de Margate, l'oncle Jim apprend à nager à un tout jeune garçon nommé Michael...

La délectation morbide appartient, depuis longtemps, au déroulement ordinaire des jours de Jamie. Depuis la mort de David, très précisément. Barrie ne s'arrachera que très lentement, et comme à regret, à cette torpeur qui inquiète Cynthia. Ensemble, ils font de longues promenades sur la plage mais, écrit la jeune femme dans son journal : « Il marche comme un automate, sans me voir. » Il regagne enfin l'appartement où, forcément, abondent les souvenirs de Michael. Barrie accepte tout de même la présence de Nico, lui-même très affecté par la disparition de son frère. Tandis que sa secrétaire, courageusement, trie le courrier qui s'est accumulé depuis des semaines, Barrie marche de long en large, incapable de travailler. C'est une rude épreuve pour les nerfs de Cynthia. Un matin sont apportés à l'Adelphi les effets et les livres de Michael restés à Oxford. Sans un mot, il s'empare de la boîte contenant ses lettres au garçon et laisse sa secrétaire s'occuper du reste. Charitablement, Cynthia Asquith ne quitte pratiquement plus l'appartement, au point que son mari va finir par se plaindre. À l'approche de l'été, elle tombe littéralement en dépression. Mais Jamie, tel un enfant rendu exigeant par le malheur, feint de ne pas remarquer le déplorable état de nerfs de sa fidèle amie. Beb parvient quand même à exiger que Cynthia prenne, en compa-

gnie de leurs enfants, quelques semaines de congé en
France.

Le vrai retour à la vie publique de sir James Barrie coïn-
cide avec la venue triomphale de l'acteur Charlie Chaplin, à
l'automne 1921. Le retour au pays de cet enfant prodige
des quartiers pauvres de l'East End londonien suscite l'enthousiasme de la foule qui se presse le long de Piccadilly
pour acclamer l'automobile découverte dans laquelle Char-
lot salue et fait le pitre. La bonne société réclame également l'acteur, qui est ainsi convié à un dîner de gala au Garrick Club. Parmi les invités figure Barrie, flanqué de Nico,
superbe dans son smoking. Le comédien et le dramaturge
sont assis côte à côte et fraternisent aussitôt. « Pourquoi ne
vous a-t-on pas demandé de jouer Peter Pan dans le film qui
va être tourné à Hollywood ? » demande Barrie. Chaplin
répond qu'il ne demandait pas mieux, mais que les producteurs n'ont pas eu cette idée. Encouragé par son jeune aco-
lyte, Barrie invite Chaplin à venir finir la soirée chez lui. Ils
y sont rejoints par Gerald Du Maurier et quelques intimes, et
ils vont bavarder, échanger des anecdotes jusqu'à 2 heures.
Chaplin est ravi de connaître enfin l'un de ses auteurs préférés – il dit avoir adoré *The Little White Bird* et il a assisté, à
New York, à une représentation de *Peter Pan*. Avant de monter dans l'ascenseur, il promet à Nico qu'il ira rendre visite à
ses camarades d'Eton !
Le lendemain, dans une lettre vibrante à Cynthia, Barrie
fait le récit de cette soirée mémorable : « Il possède une voix
charmante, une très forte personnalité et une grâce fabuleuse. Les policiers chargés de sa protection passaient leur
temps à lui faire signer des autographes. » Et, redevenu
lui-même, Barrie se lamente de n'avoir pas eu le courage
d'enfermer l'acteur dans la nursery des fils de Cynthia. « Il
leur aurait appris une nouvelle façon de marcher et aussi
l'art de flanquer une tarte à la crème à la figure de Nounou
chaque fois qu'elle leur dit d'aller au lit. »

D'autres événements vont faire diversion, jusqu'à la fin de l'année, au chagrin de Barrie. D'abord un intermède politique, si l'on peut dire. Le dramaturge est invité à déjeuner par le Premier ministre Lloyd George, un homme qui jouit de son estime et le lui rend bien, au 10 Downing Street. Il ne s'agit nullement d'un repas en tête à tête entre vieux amis, mais d'une sorte de Conseil restreint auquel a également été convié le chancelier de l'Échiquier. À l'ordre du jour figure... la préparation d'un traité avec l'Irlande! Que vient donc faire Jamie dans cette galère? Lloyd George a simplement eu envie de connaître l'opinion d'un homme de grande imagination sur l'activité d'un de ses agents, le jeune Michael Collins, chargé d'infiltrer les rangs de la résistance irlandaise. Barrie fait la connaissance de ce Collins, qui lui plaît aussitôt car il a tout du « héros » de roman d'aventure. Ils se reverront à l'Adelphi, pour de secrets conciliabules qui enchantent l'auteur de *Shall we Join the Ladies ?* En août 1922, Barrie apprendra avec tristesse que Collins, qui n'avait pas trente ans, a été abattu au cours d'une embuscade à Belfast.

Barrie goûtera beaucoup, en octobre, la présence de Charles Turley, venu occuper durant quelques jours la chambre d'amis de l'Adelphi. Ensemble, ils vont parler de Michael, dont l'intelligence et le charme n'ont jamais laissé le jeune romancier indifférent. Ils évoquent également, de manière plus joyeuse, la belle époque des Allahakbarries, les matches disputés dans une ambiance un peu folle sous le soleil d'étés enfuis, ô combien mémorables pour ces deux amateurs enragés de cricket!

Après avoir assisté aux répétitions du revival annuel de *Peter Pan*, dans lequel Ernest Thesiger joue le capitaine Crochet, Barrie rejoint Cynthia et ses enfants à Stanway. Il fait des charades avec lady Weymiss et joue interminablement avec Michael, qui a maintenant sept ans, et son petit frère Simon, qui raffole de ce « vieux monsieur » qui n'hésite pas à trotter à quatre pattes et connaît des tas d'histoires de pirates et de fées.

La santé de Jamie laisse à désirer. Il est affligé d'une bronchite chronique sans cesse ravivée par sa vieille liaison avec Lady Nicotine. Cynthia et son médecin ont beau le houspiller, lui brosser un tableau horrifiant des maux bien pis qui le guettent, Barrie continue de fumer, le jour – et même la nuit, lorsqu'il ne parvient pas à dormir. Il tousse comme un malheureux, et seul le bon air de Stanway parvient miraculeusement à espacer les quintes qui signalent sa présence à des lieues à la ronde. Ces ennuis de santé, même s'il les dédaigne, sont peut-être à l'origine d'une altération sensible de son humeur. À l'Adelphi, certains soirs, Barrie se met en colère pour un rien. Jack et sa jeune épouse Gerrie sont venus passer quelques jours en décembre à l'appartement. Battu aux cartes à plusieurs reprises par Gerrie, le dramaturge laisse échapper une sorte de fureur enfantine qui plonge l'assemblée dans l'embarras le plus total. Cynthia est obligée d'intervenir et de gronder, littéralement, ce vieil enfant irascible. Mais la vraie raison de tout cela, son entêtement, ses humeurs, est à mettre sur le compte du chagrin qui le ronge. À la veille des fêtes, il écrit à Audrey Lucas, qui séjourne en Californie : « Beaucoup de choses, à l'appartement, me rappellent à ton souvenir, des fauteuils, des images, des livres et même l'ascenseur qui, l'autre jour, m'a demandé de tes nouvelles. Tous ces objets se joignent à moi pour exprimer le souhait que nous avons de te revoir bientôt ici. Cet endroit est hélas bien différent de ce qu'il était avant le 19 mai. Le monde entier me paraît changé, à présent. Michael représentait le monde à mes yeux. »

En janvier 1922, Barrie semble remis en forme. Pour la première fois depuis la mort de Michael, il va au théâtre et applaudit la nouvelle pièce d'A. A. Milne, dont il a déjà eu l'occasion d'encourager le talent. Puis il emmène Simon Asquith (deux ans et demi) à une matinée de *Peter Pan*. Il vient d'obtenir la remise à l'affiche, pour une brève série de représentations, de *Shall we Join the Ladies?* au même programme que *Loyautés* de Galsworthy, au théâtre St. Martin. Il assistera, bien sûr, à la première de ces soirées, données en mémoire du jeune mort, en compagnie de Beb et de Cynthia

Asquith. Celle-ci rapporte que Barrie, extrêmement fébrile, n'a cessé d'aller et venir des coulisses à la salle, durant la représentation de cette curieuse pièce inachevée...

Début mars, Elizabeth et Audrey Lucas s'installent pour quelques jours à l'Adelphi. Ces dames seront aux côtés du dramaturge lorsque le roi George V lui remettra, au cours d'une cérémonie à Buckingham, les insignes de l'ordre du Mérite. Barrie s'est, pour l'occasion, fait faire un habit chez l'un des meilleurs tailleurs de Savile Row. Mais cette dépense a peut-être été envisagée en prévision d'une autre cérémonie, qui lui tient beaucoup plus à cœur et qui aura lieu deux mois plus tard en Écosse. Sir James Barrie y sera reçu à l'université de St. Andrews au titre de recteur honoraire. Il considère cet hommage comme le plus grand honneur qui lui ait jamais échu et, durant de longues semaines, enfermé dans son bureau, il rédige, rature, peaufine et réécrit sans trêve son discours de réception. Cette « adresse » du recteur Barrie aura pour titre ce simple mot : *Courage*. Il y rend un vibrant hommage à la jeunesse, réclamant pour elle l'accès aux décisions de la vie nationale, ce qu'il appelle un *partnership*, l'impliquant dans la marche du monde. On sent dans ce thème l'écho du récent conflit mondial, mais aussi le désir quelque peu obsessionnel du sexagénaire de nouer des liens philosophiques avec cet âge de la vie qu'il a vécu replié sur lui-même et dont il admire, ou plutôt idéalise, les qualités.

La version définitive de son texte, qu'il connaît par cœur, est ensuite recopiée par Cynthia Asquith en grands caractères, de sorte que, si l'orateur est victime d'un trou de mémoire, il puisse se référer à son texte sans mettre ses lunettes. Le 2 mai, veille du grand jour, Barrie prend le train pour Édimbourg, en compagnie de Cynthia et de E. V. Lucas. À St. Andrews les attendent les autorités de l'université et la célèbre comédienne Ellen Terry. Un grand dîner a lieu dans les salles lambrissées du rectorat, suivi d'une procession aux flambeaux dans les jardins. Le 3 au matin, Barrie est pris d'un trac immense. Et c'est pâle comme un mort qu'il s'avance, silhouette minuscule drapée dans une toge noire trop grande pour lui, parmi les étudiants massés dans la salle d'honneur. Il monte au pupitre et, d'une voix chevrotante, commence à dire son texte. Il est tellement nerveux, soudain si mal à l'aise sous le plafond gothique de ce lieu prestigieux, comme si, de là-haut, Margaret Ogilvy lui faisait les gros yeux, murmurant : « Est-ce toi, David, est-ce toi ? » que sa voix n'est déjà plus qu'un filet, et devient inaudible. De l'assistance juvénile, jaillissent des : « Plus fort ! » Mais, tétanisé par l'angoisse, l'orateur se saisit d'un énorme coupe-papier posé devant lui et se met à jouer avec lui. Une voix narquoise s'élève alors : « Laisse ce couteau, Jamie, tu vas te blesser ! » Étudiants et professeurs ont du mal à réprimer leur hilarité. Barrie lui-même sourit, et c'est comme un déclic. Cette manifestation de complicité entre les garçons et lui le fouette littéralement. Sa voix enfle, son ton se fait péremptoire, et les mots de son discours font mouche. Les visages des garçons écossais à qui sont destinées ces paroles sincères, pleines d'un amour fraternel dénué de flagornerie, sont rivés au masque austère soudain très animé de l'orateur. Le courant passe. Et, lorsque Barrie, dans un silence recueilli, sort de sa poche un papier quelque peu froissé et commence à lire un sonnet composé par Michael Llewelyn-Davies trois jours avant sa mort, l'émotion noue l'assistance. Puis la salle explose en applaudissements, et les jeunes gens conquis vont littéralement cueillir leur glorieux aîné et le porter longuement sur leurs épaules, à travers les couloirs et les salles de l'université. C'est le triomphe de Jamie !

Troisième partie

« PERSONNE N'A PROBABLEMENT JAMAIS EU L'AIR AUSSI VIEUX, EXCEPTÉ UN NOUVEAU-NÉ »

17

LE CAPITAINE CROCHET RETOURNE À ETON

Le 18 mai 1922, Barrie écrit à Elizabeth Lucas : « Souve-nez-vous, il y a un an, jour pour jour, Michael était encore en vie ; le lendemain, il était mort. Je ne peux m'empêcher d'imaginer qu'il est encore vivant, qu'il est dans sa chambre, à Oxford, en train d'étudier, ignorant que demain, il ne sera plus. J'ai parlé de courage, l'autre jour, à St. Andrews et je trouve qu'il y a quelque chose de monstrueux dans le fait que je sois, moi, encore en vie. » Son chagrin est toujours aussi vif, son désespoir aussi profond qu'en ce soir où le journa-liste du *Daily Mail* lui a, brutalement, appris la terrible nou-velle. Jamie est inconsolable. Mais il a découvert, dans l'art du discours et le contact direct, particulièrement émotion-nel, avec le public, une activité terriblement stimulante. Son morceau de bravoure, face aux étudiants écossais, et le triomphe qui en a résulté vont lui inspirer d'autres « adresses », composées pour des occasions très diverses d'une main qui n'est ni la gauche ni la droite, mais celle d'un double qu'il s'est inventé : M'Connachie. Plus tard, Barrie publiera un recueil de ses discours sous le titre *M'Connachie et J. M. B.*, qu'il présentera comme le résultat d'une étrange relation entre ce fantomatique personnage au nom singulier et lui. M'Connachie est né d'une victoire de Barrie sur lui-même, mais il est aussi surtout la part fanfaronne, pom-peuse, de cet Écossais pudique, mais curieux de tout et, de ce fait, particulièrement disert. Les auditeurs de cet orateur intarissable pour fin de banquets, à Londres, Édimbourg ou ailleurs, seront souvent surpris d'entendre la voix rocailleuse de M'Connachie sortir de la bouche du petit homme au masque triste nommé J. M. Barrie.

Pendant ce temps, les amateurs de sa veine théâtrale se désolent. Barrie n'écrit plus. L'année 1922 sera celle des reprises : d'abord celle de *Dear Brutus*, au Wyndham, avec Gerald Du Maurier. Et, bien sûr, l'annuelle visite de *Peter Pan* ravira, des deux côtés de l'Atlantique, de nouvelles générations d'enfants.

Barrie passe l'été à Stanway où il se sent comme chez lui. Cynthia y est une secrétaire en vacances, qui s'occupe de ses enfants et veille sur la santé de son patron, revenu très fatigué d'Écosse, toussant plus que jamais. Nico est là, lui aussi, entouré de quelques-uns de ses condisciples d'Eton. Les garçons jouent au cricket, sous l'œil connaisseur du dramaturge, qui est également réclamé comme arbitre des speeches que les Etoniens prononcent à la fin du dîner. Une preuve que la renommée de M'Connachie n'est déjà plus à faire...

Quelque temps plus tôt, l'appartement de l'Adelphi a été le théâtre d'un bouleversement dont le dramaturge se serait bien passé. La femme de Brown est subitement tombée malade, et le couple de domestiques, sur les instances de leur médecin, a dû quitter la capitale. Barrie s'est donc mis en quête d'un nouveau *butler*. Il a engagé un certain Frank Thurston, taciturne et déférent, et qui, écrit Barrie à l'une de ses amies, « est très familier du grec, du latin, du français et de l'espagnol ». Thurston a derrière lui une déjà longue carrière de valet de chambre et connaît toutes les roueries du métier. Ce Scapin à rouflaquettes imitera bientôt, parfaitement, la voix de son maître au téléphone. Mais ce qui, plus que tout, ravira celui-ci sera de le surprendre, à l'office, en train de lire Pline dans le texte ! À Stanway, Thurston fait l'admiration des hôtes de lord et lady Weymiss, tellement il incarne le serviteur modèle de l'ancien temps. C'est l'époque où l'Angleterre s'émerveille du talent d'un jeune romancier, P. G. Wodehouse, auteur de *L'Inimitable Jeeves*. Jeeves est un *butler* de la trempe de Thurston, voire de l'admirable Crichton naguère créé par Barrie dans sa célèbre pièce. Maîtres et valets, qu'un fossé parfaitement infranchissable sépare socialement, vivent encore en parfaite harmonie. La nouveauté de ces vacances consiste en une variation du cricket, le *lawn-cricket*, à laquelle prennent part, justement, jeunes et vieux, *butlers* et servantes. Barrie, dont le « bras gauche » a longtemps fait l'admiration des membres des Allahakbarries, organise de furieuses rencontres sur la grande pelouse de Stanway. Millie, l'une des nurses des garçons de Cynthia, a dû, bon gré mal gré, apprendre à jouer, mais elle persiste à intercepter la balle de façon peu orthodoxe. « Voyons, Millie, lui dit un jour Barrie moqueur, pourquoi n'attrapez-vous donc jamais la balle avec les mains ? » Ce à quoi la malheureuse répond en rougissant jusqu'aux oreilles : « Ma tête est beaucoup plus maniable, sir. » La réplique restera dans les annales de Stanway et reviendra souvent dans les histoires de Barrie...

Un matin de la fin de l'été, un sergent de police est introduit dans le salon de lady Weymiss. Il annonce que Sa Majesté la reine Mary a exprimé le souhait de visiter le château lors de son prochain séjour dans la région. La fierté le dispute alors à un émoi justifié chez les hôtes de Stanway, sans parler du branle-bas chez les domestiques. Le 15 août, la souveraine est annoncée. Lorsqu'elle se présente sur le perron, flanquée d'une quinzaine de personnes, son premier regard est pour Barrie, qui n'est bien sûr pas un inconnu. Elle le questionne sans préambule sur sa pièce *Shall we Join the Ladies?* – car elle adore les romans et les drames mystérieux –, et son énigme irrésolue. Barrie s'en tire par une pirouette, nullement intimidé par cette femme d'esprit. Il lui promet qu'un jour ou l'autre il s'efforcera de terminer sa pièce. La reine May, comme l'appellent ses familiers, est un personnage excentrique, qui se passionne pour les jouets et, plus particulièrement, pour une fantastique maison de poupées dont elle a hérité de son ancêtre Victoria. Elle a lu et aimé les livres de Barrie, vu et applaudi ses pièces, et un même goût pour le monde de l'enfance et ses sortilèges les unit. Ils auront l'occasion de se revoir par la suite, sans que le baronnet ne devienne pour autant un courtisan, et, chaque fois, la belle souveraine aux yeux bleus et le petit Écossais échangeront des propos teintés d'humour et de compréhension mutuelle.

En octobre, à Londres, Barrie attrape un sérieux rhume. Cynthia tente vainement de l'obliger à se soigner. Nico fait sa rentrée au New College d'Oxford, sur les traces de son frère Michael sans pour autant lui ressembler. Nico est un garçon au tempérament souple, aux goûts conventionnels. Il ne s'est jamais plaint des règles strictes d'Eton. Les principes de cette vie, si souvent raillée par le dramaturge en privé, lui ont rendu l'épreuve de la mort de son frère moins difficile. Cette philosophie stoïcienne, que Barrie refuse et à laquelle il préfère substituer le simple courage humain, n'excluant pas l'émotion – voire, dans son cas, l'émotivité –, est l'une des bêtes noires du dramaturge.

Ses amis le pressent de se remettre à écrire. Mais cet automne, les forces lui manquent. Cynthia Asquith s'inquiète de le voir succomber, coup sur coup, à plusieurs refroidissements qu'il refuse de soigner comme il conviendrait. Elle a fait venir à l'Adelphi une religieuse-infirmière, sœur Thomlinson, qui ne va pas rester insensible au charme de ce vieil enfant de soixante-deux ans. Celui-ci lui demande la permission de l'appeler par son prénom, Mildred, et lorsque, séjournant ensemble à Margate où elle veille Barrie en convalescence, elle tombe elle-même malade, c'est lui qui se met à soigner sœur Thomlinson ! La situation aurait pu être imaginée par lui dans une de ses pièces.

En date du 7 novembre, il note dans un carnet : « Michael... J'ai rêvé qu'il me revenait, ignorant qu'il était mort noyé et sans que j'ose le lui révéler – et tout recommence alors comme avant, jusqu'à cette date fatale du 19... » Et, plus loin : « C'est comme si, longtemps après avoir écrit *Peter Pan*, j'en comprenais enfin la vraie signification. Tentative désespérée de grandir – mais je n'y parviens pas. »

Quelques semaines plus tard, il confie à Charles Turley : « Nicholas est ici et nous avons assisté ensemble à plusieurs répétitions de la nouvelle production de *P. Pan.* Mais je n'y ai pris aucun plaisir. Je serai à Stanway pour Noël et la nouvelle année, et ce sera bon de se retrouver là-bas en compagnie d'enfants. »

1923. La vie du couple Asquith est désormais intimement liée à celle de Barrie. La forte personnalité de Cynthia a eu raison des réticences de son mari. Beb, d'ailleurs, finit par subir lui-même l'influence du dramaturge. C'est après de longues conversations d'après-dîner, en effet, que le papa de Simon et de Michael entreprend d'écrire son premier roman... Cynthia, elle-même, n'a pas renoncé à son ambition littéraire et utilise ses rares moments de liberté, dans leur appartement de Cadogan Square, pour s'atteler à la rédaction d'un ouvrage sur l'éducation des enfants.

Les rapports de Cynthia et de Barrie demeurent cependant fort complexes. Elle est, et restera jusqu'à la mort du dramaturge, sa seule vraie confidente épistolaire. Les lettres de Barrie sont très affectueuses mais aussi, souvent, teintées d'une sorte d'ironie moqueuse qu'on peut interpréter de diverses manières. Il signe souvent « Votre maître bien-aimé », au bas d'une liste de travaux à faire et de recommandations pointilleuses qui sont celles d'un patron à sa secrétaire. Par ailleurs, il ne cesse de s'inquiéter de la santé des deux garçons, dont l'existence, à n'en pas douter, lui est infiniment plus précieuse que celle de Cynthia. Pense-t-il que la jeune femme se sert de sa propre notoriété pour faire carrière dans le monde littéraire et se dit-il, avec un léger cynisme en retour, qu'il n'a aucune raison de la ménager ?

À la lecture de son *Portrait de Barrie*, on sent que l'attitude de Cynthia est celle d'une femme moderne observant, fascinée, un personnage singulier dont elle n'a jamais réussi à percer tout à fait le secret, une sorte de Lob dans le jardin duquel elle s'est longuement promenée, où elle s'est laissé piéger avec complaisance, mais dont les manigances parfois l'effraient. Souvent, aussi, ce personnage qu'elle tient sous sa loupe évoque une sorte de cousin de province aux lubies étranges mais charmantes, terriblement étrangères aux mœurs d'une femme du monde. L'amitié de lady Weymiss, qui, elle, appartient à la génération de Barrie, apparaît beaucoup plus sincère...

Le 12 janvier, il confie à Cynthia qu'il ne parvient pas à écrire, et tente de la culpabiliser en évoquant son bureau où s'entasse une correspondance ressemblant à un tas de charbon. « Ma nouvelle imbécillité consiste à faire des trous de cigarette dans mes vêtements, en forme de O, dans le but pédagogique de plaire à Simon. Frank [Thurston] m'a fait remarquer : "Vous n'êtes vraiment pas très amical à l'égard de vos vêtements, monsieur." » Feindrait-il de jouer celui qui, comme on dit, retombe en enfance ? Dans le cas de Barrie, qui n'a jamais quitté l'enfance, l'argument ne tient pas...

Il accueille à l'appartement, durant quelques semaines, Jack, sa femme Gerrie et leur petit Timothy. L'enfant a un an et demi et est donc un peu jeune pour apprécier à leur juste valeur les efforts de son hôte à vouloir le distraire. Puis, simultanément, Nico est victime à Oxford d'une brutale crise d'appendicite, et Barrie succombe à un accès de bronchite. Le second trouvera tout de même la force nécessaire pour rendre visite, presque chaque jour, au jeune malade, à la clinique de Park Lane où il a été transporté. Durant plusieurs semaines, Nico reste dans un état jugé sérieux.

Ce n'est qu'au début du mois de mai que Barrie se remet enfin au travail. Il assiste aux répétitions d'une version remaniée de sa pièce *What Every Woman Knows*, puis compose un long hommage, à l'occasion de la mort de son ami Robertson Nicoll, dans les pages du journal où celui-ci l'avait accueilli vingt-sept ans auparavant, le *British Weekly*.

Personne, dans l'Angleterre de 1923, ne considère plus J. M. Barrie comme un humoriste. En France, en revanche, il en va autrement, ainsi qu'en témoignent l'anthologie des *Humoristes anglais et américains* de Michel Epuy, parue chez l'éditeur Delagrave, qui reproduit un extrait de *The Little White Bird*, ou celle de Maurice Dekobra, *Le Rire dans le brouillard*, qui paraîtra deux ans plus tard chez Flammarion. Dekobra commentera ainsi la version française d'une chronique déjà ancienne de Barrie : « Il y a dans la verve comique de cet auteur une délicatesse souriante qui plaît infiniment aux jeunes filles anglaises, ses plus fidèles admiratrices. » Au théâtre, Barrie ne sera guère plus flatté, même si la Comédie-Française met brièvement à l'affiche, en 1927, la version française de *The Old Lady Shows her Medals* sous le titre *Vieille Maman.* Le courant ne passe pas.

Au cours de l'été, à Stanway, Jamie trouve un compagnon digne de son invention ludique en la personne de Simon Asquith. Pour la première fois depuis les jours heureux de *Black Lake*, il peut se lancer dans la mise en scène de jeux interminables ayant pour cadre le parc magnifique et les dépendances de la propriété des Weymiss. La complicité de l'entourage familial de Simon est totale. La seule ombre à ce tableau idyllique se manifeste avec l'arrivée dans le voisinage de Mary Cannan, qui, apprend Barrie, a loué une maison au village de Broadway. Une rumeur, qui circule depuis quelque temps à Londres, fait état de son intention de renouer avec son ex-mari. Celui-ci va donc éviter soigneusement d'aller se promener du côté de Broadway et invitera les hôtes de Stanway à en faire de même. Un soir, le chauffeur du château racontera qu'il a failli renverser une « vieille femme » se promenant au crépuscule le long de la route...

En septembre, alors que les Asquith explorent les rives du lac de Garde, Barrie reprend possession de l'Adelphi, en compagnie de Nico, lequel, écrit son père adoptif à Cynthia, « travaille dur en vue de son retour à Oxford. Je devine qu'il est actuellement plongé dans *Les Actes des Apôtres* aux ronflements qui émanent de son fauteuil ». Dans la même lettre, il se laisse aller à rêver que les sorcières de Macbeth ont envahi Stanway et rampent en direction du lit de Simon. « Mais il sourit tellement dans son sommeil qu'elles se changent sur-le-champ en magnifiques créatures [...]. »

La tragédie de 14-18, on s'en souvient, avait exalté les vertus charitables de Barrie. Associé, dès la première heure, au secours des blessés, il ne s'est pas contenté d'aller superviser le travail des infirmières bénévoles (V.A.D.) du château de Bettancourt, ni d'entretenir une correspondance suivie avec l'héroïque Miss Enid Bagnold, dont toute l'Angleterre a lu, en 1921, le *Journal sans date* évoquant ses heures passées au chevet des victimes des tranchées. Il a été jusqu'à parrainer un valeureux blessé australien, le major-général Freyberg, venu à plusieurs reprises, depuis la fin des hostilités, se refaire une santé physique – et sans doute aussi morale – à l'Adelphi. Freyberg et Barrie sont devenus de grands amis, la reconnaissance de l'un s'associant harmonieusement à l'admiration de l'autre. Le dramaturge y a très certainement trouvé un substitut au culte voué à l'illustre capitaine Scott. Au cours de leurs longues conversations dans le bureau de Jamie, l'idée a germé d'un don à long terme en faveur des déshérités de ce monde. La fortune de Barrie excédant largement ses besoins et ceux de ses fils adoptifs, l'auteur de *Peter Pan* a soudain décidé, à l'automne 1923, d'attribuer la totalité des royalties de sa plus célèbre pièce à l'hôpital pour enfants malades récemment créé dans Ormond Street. Une aide appréciable qui ne devait cesser qu'à l'expiration légale du droit d'auteur – cinquante ans après sa mort – et, surtout, inciter plus tard d'autres auteurs pour la jeunesse, comme la romancière Enid Blyton, à suivre cet illustre exemple.

À la fin de l'année, son démon du cinématographe le reprend. Au cours d'un week-end à Stanway, il organise une gigantesque réunion d'amis, anciens ou nouveaux, qu'il a décidé d'impliquer dans un projet aussi singulier que le « Super-Cinéma » d'assez sinistre mémoire. Pour l'occasion, lord et lady Weymiss sont les invités de Barrie, qui met en scène une sorte de spectacle de music-hall, entrecoupé de démonstrations de cricket, le tout filmé par une équipe de cameramen. Barrie, déguisé en « jeune Écossais », s'évertue à divertir les acteurs improvisés de cette pochade qui sera projetée en privé, le 11 octobre, dans une salle de Wardour Street, à Soho. Pendant ce temps, ignorant que l'un de ses plus grands dramaturges vivants rêve en secret de devenir l'un des maîtres du cinématographe, le public applaudit ses pièces dans plus de cinq salles de théâtre, pour ne parler que de Londres.

Le 11 janvier 1924, Barrie est seul à l'Adelphi. Il écrit à Cynthia : « Je n'ai que ma toux pour me tenir compagnie. Jamais elle n'a résonné aussi fort entre les murs, des murs drôlement solides, ma foi, car j'en connais qui auraient été soufflés par un tel vacarme. *Alice au coin du feu* devrait être remise à l'affiche à partir du 23. À mes yeux, cette pièce est un peu démodée, c'est à peine plus qu'une charade. Cette semaine, les salles connaissent une légère baisse de fréquentation, due à la situation politique, mais ce n'est pas le cas de *P. Pan,* qui fait régulièrement ses 750 livres sterling par soirée. Je suis en train de lire *Kangourou*, de D. H. Lawrence. Quelle puissance poétique chez cet homme ! » Il changera d'avis quatre ans plus tard en lisant *L'Amant de lady Chatterley*, dont l'époux bafoué est un héros de la Grande Guerre qu'une blessure a rendu impuissant. Les élections générales de janvier ont ramené les travaillistes aux affaires. « Les gens semblent assez perturbés, écrit Jamie à la duchesse de Sutherland, mais je reste calme. » Ce conservateur à tendance libérale partage-t-il vraiment l'émoi de ses amis de la *gentry*, ou fait-il l'hypocrite ? Ce qui est sûr, c'est que le vieil enfant machiavélique n'entend pas faire de différence entre les deux Premiers ministres. Stanley Baldwin, qui vient de reprendre possession du 10 Downing Street, prie le dramaturge de bien vouloir prononcer un discours devant les membres du Syndicat des imprimeurs. Quelques jours plus tard, l'orateur est à Dumfries et parle à ses anciens condisciples. Il a soudain retrouvé l'agilité de ses vingt ans et fait des projets. Il annonce ainsi, étourdiment, qu'il va bientôt publier un livre sur le poète Robert Burns. La nouvelle sera diffusée dans la presse nationale.

Nicholas Llewelyn-Davies annonce ses fiançailles avec Mary James, la fille de lord Northbourne qu'il a connue à Stanway. Barrie ne cache pas sa désapprobation à l'idée que l'un de ses fils adoptifs se marie avant d'avoir quitté Oxford et d'être entré dans la vie active. Quant à Peter, qui s'est rapproché de ses frères et de Barrie, il fait part à ce dernier de son intention de devenir éditeur. Enthousiasmé par ce projet, le dramaturge l'enverra bientôt apprendre le métier chez un de ses amis d'Édimbourg, typographe de renom. Peter fera ensuite son apprentissage chez Hodder et Stoughton avant de se lancer dans l'aventure éditoriale en créant une maison qui portera son nom, Peter Davies.

La jeune Daphné Du Maurier, alors âgée de dix-sept ans, rencontre souvent celui qu'elle appelle oncle Jim, au théâtre, chez son père ou en week-ends chez leurs amis communs. Elle est très excitée à l'idée que sa sœur Angela ait été choisie cette année-là pour jouer dans *Peter Pan*. Elle écrira dans son livre de souvenirs *Growing Pains* (1977) : « Je ne l'envie pas, car pour moi, ce serait un supplice, même s'il s'agit de *Peter Pan* que nous connaissons, elle et moi, par cœur. » Cinquante-trois ans plus tard, dans son journal intime la romancière retrouve ces mots, datés du 18 décembre 1924 : « Angela très bonne. Plein de monde. A eu d'excellentes critiques. » Les cousines des garçons Llewelyn-Davies partagent avec beaucoup d'autres adolescents de leur époque un véritable culte pour l'œuvre de Barrie. Daphné a baptisé son chien Brutus, évoquant souvent dans son journal, avec malice, son « cher Brutus ». Sa sensibilité d'écrivain s'est éveillée à la fréquentation des romans d'aventure d'Arthur Quiller-Couch et des pièces de l'oncle Jim, tous deux proches de sa famille, et le mélange de glamour, de mystère et de nostalgie de ses premiers contes, écrits pour la plupart à Paris, leur doit tout autant qu'à sa passion pour l'œuvre d'Edgar Wallace, un autre ami de la famille.

L'influence de Barrie sur sa secrétaire est également indéniable. Cynthia Asquith n'est pas encore parvenue à canaliser son ambition littéraire, mais celle-ci se fixera bientôt sur deux registres, la littérature enfantine et le conte fantastique. Au début de cette année, Partridge, un éditeur ami du baronnet, confie à Cynthia l'élaboration d'une anthologie de récits pour enfants. La moindre des choses est d'obtenir une collaboration du grand écrivain. Celui-ci accepte et entreprend alors d'écrire une sorte d'allégorie excentrique, bien dans sa manière, dont l'argument est la présence du capitaine Crochet à Eton. Tous les fans de sa pièce savent que Crochet, avant de mal tourner, a fréquenté le plus célèbre collège d'Angleterre, et les plus âgés d'entre eux, en 1904, ont ri sous cape en découvrant le slogan placardé sur la coque du vaisseau pirate *Jolly Roger* : *Floreat Etonia*, devise de cette vénérable institution. Barrie se perd dans les méandres d'une fable compliquée, pleine de sous-entendus et d'allusions incompréhensibles pour le jeune public. Gênée, sa secrétaire soumet le texte à Partridge qui le refuse. Puis, usant de tout son savoir-faire et de son charme, elle fait comprendre à Barrie qu'il devrait peut-être composer un véritable récit de fiction, accessible à des enfants de l'âge de Simon. Sans un mot, Barrie plonge l'aventure cryptée de Crochet à Eton dans un tiroir et se remet à écrire. De la main droite, sans aucun doute, car cette fois l'histoire est drôle, encore que très nostalgique. En effet le héros de cette nouvelle intitulée *Neil et Tintinabulum* et Michael Llewelyn-Davies se ressemblent comme deux gouttes d'eau. Elle figurera en bonne place dans l'anthologie de Cynthia Asquith, *Le Tapis volant*, qui rassemble aussi des contes de G. K. Chesterton, Walter de La Mare, Hilaire Belloc et A. A. Milne.

Jamie et Simon Asquith sont devenus inséparables. Le jeune garçon possède aux yeux du dramaturge une qualité supérieure : il se passionne pour ses pièces et lui demande sans cesse de les lui raconter et de les « interpréter » avec lui. Ainsi, note Cynthia dans son journal, il arrive souvent qu'à l'heure du thé les deux garnements, affublés de déguisements trouvés dans une malle, se mettent à jouer l'entrée en scène du constable dans *A Kiss for Cinderella* ou le combat de Peter Pan et de Crochet. Le fils de Cynthia appelle Barrie « James » et montre une grande aisance dans leurs rapports. Le temps est loin des promenades et des jeux dans les allées des jardins de Kensington, mais, grâce à Simon, Jamie retrouve quelque chose de la magie de ces jours enfuis. Le charme de cet enfant, son imagination déliée le poussent à se surpasser. Lui qui ne parvient plus à écrire pour les adultes, au grand désespoir des producteurs de spectacles londoniens, entreprend, à la fin de l'année 1925, la composition d'un « mélodrame » en quatre actes très brefs, qu'il intitule : *Mais où est passé Simon? ou le secret de la pyramide.* L'action a pour cadre un Stanway des temps féodaux et la distribution rassemble, outre les fils de Cynthia, leurs innombrables cousins et cousines séjournant en leur compagnie au château, à l'époque des vacances. Les répétitions sont menées à la baguette par l'auteur lui-même, qui a confié à Simon le premier rôle, celui d'un détective nommé Cocksure. Pendant ce temps commencent à Londres d'autres répétitions, à l'occasion de l'annuel retour de Peter Pan, mais Barrie les dédaigne souverainement. À Stanway, en dépit de la difficulté extrême qu'il éprouve à diriger tout son petit monde sur la scène improvisée de l'orangerie, Barrie jubile. Tout doit être prêt pour la veille de Noël. Mais le 24 décembre au matin, Simon n'est pas bien. Son état s'aggrave d'heure en heure et la première de *Mais où est passé Simon?* sera reportée aux premiers jours de janvier.

18

LES DERNIERS BEAUX JOURS
D'UN HOMME DE CŒUR

« C'est lorsqu'il tombe malade, écrit Barrie à Cynthia, qu'on réalise à quel point Simon est un charmant garçon. » Cette maladie, qui va différer les représentations de la pièce écrite à son intention par un auteur de soixante-cinq ans qui l'idolâtre, n'est malheureusement pas l'expression d'une passagère faiblesse. Simon Asquith restera un garçon maladif et malingre et, comme c'est souvent le cas, ce caractère physique ira de pair avec une intelligence aiguë, une soif de connaissances qui en font la proie idéale de Barrie.

À la demande générale du petit peuple de Stanway, *Mais où est passé Simon ?* sera joué à nouveau durant les vacances de Pâques, en 1927. Mais, entre-temps, l'infatigable auteur, qui semble avoir définitivement oublié l'univers des adultes et les salles du West End, s'attelle à une œuvre nettement plus ambitieuse. *The Wheel* (*La Roue*), « pièce pour huit enfants et leur grand-père », est ainsi distribuée :

Acte I
LES ANNÉES D'UN CÉLIBATAIRE

Acte II

Scène I	À travers la Roue
Scène II	Entre la forêt d'Ardennes et un petit bois près d'Athènes
Scène III	Un balcon à Vérone
Scène IV	Un soir tranquille à Glamis

Acte III

LE RETOUR

La pièce n'est pas sans rappeler, de façon un peu caricaturale, *Dear Brutus*. Les personnages passent « à travers la
Roue », comme les invités de Lob entraient dans son jardin
mystérieux. Les personnages ont pour noms Macbeth,
Juliette, Romeo ou Rosalind, mais leurs faits et gestes dans la
pièce font écho à la personnalité propre des acteurs en herbe
que Barrie s'est ingénié à scruter avec malice. En tant qu'auteur, il jubile car il tient là une compagnie rêvée : ces enfants
collent à la perfection aux rôles qu'il a créés pour eux, rôles
miniatures qui sont comme des vêtements ajustés à leur
corps et à leur âme. Et il se pourrait bien qu'il se laissât aller
à méditer sur une version de *Peter Pan* totalement détachée
de l'emprise adulte, uniquement confiée à ceux pour qui et
par qui cette pièce a été conçue...

Un drame va retarder la présentation de *The Wheel*. Alors
que tout est prêt pour la première, à Stanway, Simon tombe
à nouveau malade. Cette fois, son état est sérieux. Le médecin de Cynthia, appelé de Londres, diagnostique une mastoï-
dite, et l'enfant est transporté à l'hôpital. Pendant de longues
semaines, sa mère et sa nurse, souvent relayées par Barrie,
veillent sur le pauvre Simon, très affaibli.

Peu à peu, le terrible vide affectif laissé par la mort de
Michael est en train d'être comblé par le sentiment qui
grandit chez Jamie à l'égard du fils aîné de Cynthia. La maladie assouvit même au-delà de tout espoir le besoin névro-
tique éprouvé par le dramaturge d'un « service affectif » quotidien. L'attachement certainement plus artificiel que
stendhalien éprouvé pour Cynthia n'est rien au regard des
sentiments qu'il voue à l'adolescent qu'il accompagne bientôt à Brighton pour un séjour de repos. Un Barrie aux petits
soins fait la lecture à Simon, et s'entretient longuement avec
lui de la mise en scène de « leur » pièce. L'auteur est bien
décidé à ne pas lésiner sur les moyens. Des lumières très
sophistiquées ont été commandées au meilleur fournisseur
des théâtres londoniens et il est à nouveau question – déci-

dément, c'est une marotte – de faire appel à une compagnie de cinématographe pour immortaliser la première. La pièce est enfin jouée en mai, alors que c'est au tour de l'auteur de ne pas se sentir bien. Il a pris froid au cours du service funèbre célébré à la mémoire de son éditeur sir Ernest Hodder-Williams, mort à cinquante ans. Il y a prononcé un discours : M'Connachie s'en est tiré avec les honneurs, et Barrie, avec un rhume.

En juin, il est l'hôte, à Eton, du doyen Montague Rhode James. Le Dr James, comme on l'appelle, est une figure digne d'intérêt aux yeux de Barrie : ce fils d'un pasteur du Suffolk, né en 1862, a d'abord été doyen du King's College de Cambridge, avant d'occuper les plus hautes fonctions à Eton. M. R. James est adulé des élèves, moins pour son érudition de philologue que parce qu'il est l'auteur de remarquables contes fantastiques, composés à l'origine pour être lus à la veillée. Un premier recueil des *Histoires de fantômes d'un antiquaire*, paru en 1905, a conquis le public anglais et, singulièrement, Jamie, qui a toujours adoré ce genre de récits. Beaucoup de célébrités du monde littéraire ont rendu visite au doyen, et la visite de Barrie survient après celles de Bernard Shaw et de Walter de La Mare. Tandis qu'ils prennent le thé dans l'atmosphère recueillie d'une haute salle gothique tapissée de livres, le Dr James entend la petite voix rocailleuse lui poser cette question : « Saviez-vous que mon capitaine Crochet avait fréquenté Eton, docteur ? » La réponse nullement étonnée du doyen sera suivie d'une invitation faite à l'auteur de *Peter Pan* de venir lire devant les élèves son texte *Captain Hook at Eton*. Barrie est très fier de pouvoir sortir ce texte du tiroir où il l'avait enfoui sur les conseils de Cynthia. La lecture mémorable a lieu le 7 juillet, à la veille du match annuel de cricket entre Eton et Harrow.

Cédant aux effets de l'âge – soixante-sept ans en mai –, le dramaturge devient de plus en plus sensible aux compliments et aux hommages. Ceux de la presse lui vont particulièrement droit au cœur. Cet ex-journaliste entretient d'excellents rapports avec les collaborateurs du *Times*, lequel publie au cours de l'été son hommage etonien à Crochet et consacre très fréquemment des entrefilets relatant les faits et gestes, littéraires ou non, du baronnet.

En octobre, il écrit à Cynthia : « Je viendrai prendre le thé vendredi et demanderai à Simon de faire mon portrait. C'est peut-être lui qui résoudra enfin l'épineux problème : comment rendre mon visage présentable pour les journaux. » Délaissant provisoirement ses propres occupations littéraires, la mère de Simon reprend du service à l'Adelphi, où le courrier s'entasse. Assailli par de terribles maux de tête, Barrie n'en continue pas moins de mener une existence de jeune homme. Il fume toujours autant et sort par tous les temps, ayant repris l'habitude de dîner en ville. On le retrouve ainsi très souvent chez le jeune dramaturge A. A. Milne, à Chelsea. « On se demandait toujours avec une certaine angoisse, rapporte l'auteur de *Winnie l'ourson*, s'il allait transporter l'auditoire vers des hauteurs ou le plonger dans le silence et un malaise des plus profonds. » Mais, un soir, Barrie est tellement en forme qu'il captive les invités de Milne au point que personne n'entendra le fracas terrible causé par un taxi qui défonce le mur du jardin...

Thomas Hardy s'éteint le 11 janvier 1928 dans sa maison des environs de Dorchester. Réunis à l'abbaye de Westminster par ce deuil qui frappe douloureusement le monde des Lettres anglaises, Barrie, Galsworthy, Kipling et Bernard Shaw lui rendent un dernier hommage. L'auteur de *Jude l'Obscur* avait été, avec George Meredith, l'un des maîtres à écrire de Barrie, dont la « silhouette chétive et mélancolique », selon les mots de Margaret Shenfield, apparaît aux yeux du public massé sur le parvis, aux côtés de celle, « visiblement gênée », de Kipling et de la haute stature de l'auteur de *Pygmalion*. Au cours des semaines suivantes, il passera de longs moments en compagnie de la veuve de l'écrivain, une ancienne comédienne de music-hall qui a beaucoup d'affection pour Barrie. Il lui écrit le 28 janvier : « Je voudrais que vous sachiez que ce n'est pas seulement la grandeur de cet homme qui me le rendait merveilleux. S'il s'était agi d'un homme ordinaire, il aurait quand même été à mes yeux le plus charmant des êtres humains. » Peu de temps après, Mrs. Hardy lui soumet le manuscrit d'une biographie de son célèbre époux que celui-ci avait supervisée. Le pauvre Jamie, toujours trop bon avec les veuves, aura toutes les peines du monde à lui faire admettre que ce texte laisse beaucoup à désirer...

En février, la mort d'une de ses cousines le ramène au pays natal. Il n'était pas revenu depuis un certain temps à Kirriemuir, dans les rues étroites de laquelle il va longuement flâner. En cette saison, le brouillard enveloppe fréquemment la ville aux façades rouges, et Jamie, au détour d'une de ses promenades, croit réellement voir surgir un fantôme du passé. Un homme de son âge lui apparaît, qui le reconnaît forcément – Barrie est *la* gloire locale – et lui dit : « Je suis ton ami Robb... » Ce sont des retrouvailles émues, l'évocation des souvenirs de Lilybank, de la buanderie où, petits garçons, ils jouaient ensemble aux pirates. Jamie remarque la cicatrice laissée sur la lèvre supérieure de son vieil ami par un coup porté par lui-même avec une épée volée par les deux garnements au grand-père de Robb. Il s'en repent à des années de distance avec émotion. Les choses, dit-il, ne doivent pas en rester là, et il invite Robb à venir lui rendre visite à Londres. Robb a fait carrière comme maréchal-ferrant à Kirriemuir, et c'est un septuagénaire plutôt fruste, assez peu attiré par le bruit et la fureur de la capitale anglaise. Mais pour faire plaisir au grand homme, il accepte son invitation. Et lorsque, quelques mois plus tard, Robb sort, titubant un peu, de l'ascenseur de l'Adelphi, le baronnet se sent gêné par cette présence incongrue au milieu de l'univers qu'il s'est créé. Tels ces écoliers qui invitent leurs copains à la maison et éprouvent une soudaine détresse à devoir s'occuper d'eux. Durant les quelques jours de la visite de son ami d'enfance, il abandonne le plus souvent Robb à Cynthia et à Thurston, retenu à l'extérieur par ses nombreuses obligations. Lorsqu'il reprend le train à St. Pancras, Robb emporte un chèque de

Barrie destiné à la construction d'une tribune pour le terrain municipal de cricket, un joli pavillon qu'on peut encore admirer aujourd'hui sur les hauteurs de Kirriemuir.

Au cours des mois suivants, Barrie est pris dans un maelström d'événements : les funérailles de la comédienne Ellen Terry, le mariage de Nicholas Llewelyn-Davies, un séjour à Stanway en compagnie de son éditeur américain Charles Scribner, un autre séjour aux *Chequers*, la résidence du Premier ministre Stanley Baldwin – qui lui donne l'autorisation de coller au plafond d'un des salons un timbre-poste en signe d'amitié –, et, surtout, sa nomination à la Société des auteurs. Pour Barrie, c'est une véritable consécration. Cette prestigieuse institution n'a eu, jusque-là, que trois présidents, toujours nommés à vie : le poète Tennyson, George Meredith et Thomas Hardy. Tennyson mis hors concours, on comprend mieux la fierté du fils de Margaret Ogilvy à l'idée de prendre la succession de ses deux « idoles ». Dernier fait notable : la présence du dramaturge à Liverpool, au début de l'été, pour l'inauguration d'une réplique de la statue de Peter Pan, érigée dans Sefton Park.

Le pauvre Jamie passera la majeure partie de l'automne au lit, toussant sans relâche. Il ne pourra même pas assister aux répétitions de *Peter Pan*.

En janvier 1929, Barrie est convié à se rendre à Cannes où il visite un hôpital pour enfants malades dont il est actionnaire. Thurston l'aide à monter dans le Train bleu, car il ne se sent pas encore d'attaque. Mais dès le lendemain, il écrit à Cynthia, de sa chambre à l'Hôtel Californie : « Je n'ai pu fermer l'œil de la nuit dans ce train. J'ouvrais sans cesse la porte du compartiment. Au même instant, un autre voyageur en faisait autant. Ce qui a fini par me terrifier. J'ai compris enfin qu'il s'agissait de mon reflet dans le miroir fixé sur la porte de la penderie. » Il profite, sans manteau ni cache-nez, du soleil de la Riviera, dans un décor qui lui « semble peint en trompe-l'œil sur une toile, comme au théâtre ». Il se sent ragaillardi et rentre à Londres, en pleine forme, juste à temps pour assister à une projection privée du film tiré par les Américains de sa pièce *Half an Hour* sous le titre *Le Secret du Professeur*. Depuis quelques mois, on peut applaudir l'actrice Betty Bronson dans la version hollywoodienne d'*Un baiser pour Cendrillon*, et admirer la première mise en scène anglaise de *Peter Pan*, due au réalisateur Herbert Brennon, un film poétique et délicat, fidèle à la pièce originale. Barrie, qui a décidément pris goût au septième art, confie à A. A. Milne qu'il vient de prendre des parts dans une compagnie anglaise de cinématographe. Son attitude peut s'expliquer par sa fascination déjà ancienne pour cette forme de spectacle tout à fait digne de son imaginaire. Mais elle pourrait aussi être une réponse assez réaliste au malaise grandissant de la forme théâtrale à cette époque où les goûts du public évoluent rapidement. Et ce, au point que certaines figures des scènes du West End, tel Gerald Du Maurier, se sentent éclipsées par les étoiles du cinéma aux yeux du public... Les reprises de *Quality Street*, au Haymarket, puis de *Mary Rose*, vers la fin de l'année, ne feront guère recette.

Barrie arrive à l'âge où la plupart de ses confrères publient leurs mémoires. Ses éditeurs l'incitent à se livrer lui aussi à cet exercice pour lequel on l'imagine tout à fait préparé, mais le dramaturge, pris de vertige, d'une excessive pudeur ou tout simplement de paresse, refuse. L'idée de mettre en forme quelques souvenirs ne lui déplaît cependant pas, et il se lance alors, avec l'aide de Cynthia, à la recherche de son passé journalistique et littéraire. Il va ainsi mettre la main sur ses premiers articles pour la *Pall Mall Gazette*, l'*Edinburgh Evening Dispatch* ou le *Home Chimes*. Il sélectionne ceux qui lui semblent le mieux refléter la personnalité de « James Anon » et ses humeurs d'alors, et les rassemble sous forme de recueil. L'ensemble de ces textes, accompagnés de commentaires ironiques et distanciés rappelant la situation d'Anon au moment où il les a écrits, formera la matière d'un livre qu'il intitule, de manière sibylline pour tout étranger à la mythologie de Barrie, *The Greenwood Hat (Le Chapeau de Greenwood*). Le livre sera imprimé, à titre privé, à cinquante exemplaires numérotés. Les familiers de l'Adelphi auront droit chacun à leur exemplaire, signé par le baronnet. Les plus jeunes membres de son cercle intime découvrent ainsi avec attendrissement les aventures pickwickiennes d'un jeune journaliste écossais faisant le siège des rédactions londoniennes, un haut-de-forme vissé sur la tête...

Fuyant plus que jamais son bureau où le courrier recommence à s'entasser, Barrie voyage beaucoup au cours de cette année 1929. On le trouve successivement à l'Hôtel Albion de Brighton – théâtre deux ans auparavant de la convalescence de Simon Asquith –, à Stanway, bien sûr, pour les vacances de Pâques, où il a invité Mrs. Hardy et Arthur Conan Doyle qu'il n'a guère revu depuis l'échec de *Jane Annie*, à Glasgow pour y faire le discours d'inauguration de l'Exposition annuelle de la maison et de la santé (!)... Il rentre enfin à Londres, où Gerald Du Maurier, douché par quelques récents échecs théâtraux, s'apprête à reprendre son double rôle dans *Peter Pan*.

1930. Barrie noue des relations plus étroites avec son confrère Chesterton. Comme souvent lorsqu'il s'agit d'un couple, c'est l'épouse de l'excentrique auteur des enquêtes de Father Brown, Frances, une femme douce et maladive, qui prend l'initiative du rapprochement de ces deux tempéraments, généreux et doués d'un même goût pour le *nonsense*. Les Chesterton, âgés l'un et l'autre d'une cinquantaine d'années, sont les hôtes de Stanway au printemps. Chesterton, ex-figurant du film de cow-boys de Barrie, est un bon géant qui adore les enfants. Il dessine à merveille et organise pour les jeunes Asquith et leurs cousins une « chasse au trésor » dont chaque indice est représenté graphiquement. Chesterton écrit et dessine comme il respire – et comme il boit, aussi. Le contraste physique entre lui et Barrie évoque Laurel et Hardy. Les farces qu'ils font ensemble laisseront un souvenir impérissable aux hôtes du château. Ils se reverront à Londres au cours de l'automne et parleront plus sérieusement de la conversion de Chesterton à la religion catholique, qui, en 1922, a fait un certain bruit. Barrie ne s'est jamais intéressé aux choses spirituelles, mais l'aventure de son confrère le passionne. Il écrit à Frances : « Il est peu de gens dans cette vallée de larmes que j'admire autant que votre mari. » Mais son humour reprend le dessus lorsqu'il raconte quelque temps plus tard à Chesterton : « Mon *butler* vient de m'avouer qu'il y a deux jours un homme est venu sonner à notre porte pour demander la charité. Il prétendait sortir de chez vous. Thurston l'a flanqué dehors car il savait parfaitement que, ce jour-là, vous vous trouviez à Édimbourg ! »

Cela fait des années que la santé de Barrie ne cesse de se détériorer. Les effets du tabac sur ses bronches défaillantes ont installé une déficience chronique : au moindre courant d'air, le baronnet se retrouve au lit, toussant plus que jamais. L'énergie d'autrefois le déserte. Il sombre bientôt dans une sorte de dépression nerveuse qui, en décembre, suscite l'inquiétude de Cynthia et de ses vieux amis. Il s'alanguit dans une torpeur qui n'a rien à voir avec l'abattement où l'a si souvent plongé le chagrin. Cette fois, c'est autre chose – l'amère certitude, peut-être, qu'il est vieux et qu'il n'a plus rien à attendre de la vie, ni bonheur ni malheur. Simon Asquith lui-même ne semble plus le passionner. Il reste enfermé dans son bureau, plongé dans ses souvenirs. Il relit interminablement les lettres de Michael et refuse d'assister aux répétitions de *Peter Pan*. Rien ne va plus.

Et puis, soudain, aux premiers jours de 1931, alors qu'elle envisage sérieusement de le faire admettre dans une maison de santé, Cynthia se retrouve nez à nez avec un nouveau Barrie. Il n'a pas quitté son bureau, mais, ce qui ne lui était plus arrivé depuis longtemps, il est assis à sa table et il écrit. Des heures durant, penché sur son écritoire, la main gauche relayant de temps en temps la main droite défaillante – ou crispée par la crampe –, il s'est remis au travail. Comme au bon vieux temps, il se lève subitement, marchant de long en large, non plus comme un vieillard mais comme un fantassin de l'imaginaire. Le nuage de fumée qui l'auréole, hélas, est lui aussi de bon augure : si la cheminée fume, c'est que le navire est en bon état ! À l'heure du thé, Barrie avoue fièrement : « J'ai commencé un roman ! » Étonnement justifié de Cynthia qui croyait, comme beaucoup de monde, totalement tarie la source romanesque de son patron. « Ce livre racontera une histoire écossaise et s'appellera *Farewell, Miss Julie Logan* (*Adieu, Miss J.L.*). » Va-t-il donner une suite aux chroniques Auld Licht ? Son entourage se permet d'en douter. D'ailleurs, la frénésie d'écriture des premiers jours bientôt s'émousse – mais pas l'ardeur à vivre, qui semble, elle, vraiment revenue. *Farewell, Miss Julie Logan* n'excédera pas la taille d'une longue nouvelle d'inspiration fantastique, publiée pour les fêtes de Noël dans le supplément littéraire du *Times*. Mais, avec malice, Barrie expliquera qu'il a trouvé la formule du « roman concentré » et qu'on peut dire beaucoup de choses en peu de pages. À ce propos, il paraît étonnant qu'il n'ait pas succombé plus souvent au genre de la nouvelle, où bien des idées consignées dans ses carnets auraient trouvé leur expression idéale.

Il recommence ses longues promenades à travers la ville, Thurston courant derrière lui pour lui faire enfiler un pardessus, s'arrêtant parfois pour entrer dans une salle de cinéma. Il pose longuement pour le buste que Jo Davidson, un sculpteur américain, fait de lui. Et, à Pâques, il part pour Stanway. Il y retrouve Simon, à qui il fera jouer des scènes entières de *Macbeth*. De retour à Londres, il invite à dîner ses amis – E. V. et Elizabeth Lucas, Gilmour –, des écrivains – Chesterton, Wells – ainsi que le Premier ministre Baldwin et sa femme. Tout ce beau monde écoute au dessert le dramaturge raconter ses interminables histoires ou lire des extraits de ses pièces. Il sort pour l'occasion d'un tiroir le manuscrit d'*Ibsen's Ghost*, sa toute première œuvre jouée sur une scène londonienne. Il tousse encore beaucoup, mais son état général s'est considérablement amélioré.

Le vaillant septuagénaire va occuper le début de l'année 1932 à sillonner l'Écosse, prononçant ici et là des allocutions librement inspirées des « commentaires sur ses débuts » publiés dans *The Greenwood Hat*. Au fil de ces speeches, il enjolive de plus en plus ses années de journalisme, avec un humour qui est tout autant celui de M'Connachie que le sien. Pour tout dire, il affabule.

Sa vieille obsession des îles, où s'entremêlent souvenirs d'enfance et de lecture, mais cela est la même chose, se réveille. Dans une lettre à l'une de ses correspondantes écossaises, Mrs. Oliver, qui a eu le privilège de rencontrer Michael autrefois, il évoque les origines de l'île de Robinson Crusoé. « Je pense, dit-il, que Defoe pensait à Londres lorsqu'il a conçu le refuge de son personnage [...]. » Il pense sûrement lui-même, comme le feront certains de ses amis, que son appartement de l'Adelphi ressemble à une île, véritable refuge au cœur d'une capitale dont il a fait naguère la conquête, mais qui lui échappe à présent totalement. Ses visiteurs qui le surprennent, assis sur l'étroit banc de bois installé « dans » sa cheminée, ignorent qu'ils sont en présence du Robinson de *L'Île de corail* ou de *L'Île aux voix* de Stevenson. Mais ce qui n'échappe ni à Gilmour ni à quelques autres de ses très vieux amis, c'est que Jamie est en train de se muer, peu à peu, en une sorte de frère jumeau de Margaret Ogilvy...

La solitude, dit-on, est faite pour ceux qui en sont dignes. Barrie, lui, en souffre silencieusement. Michael lui manque, et lui manquera jusqu'à la fin. Sa terre natale aussi, et, désormais, toutes les occasions seront bonnes pour y retourner. Il est invité à venir inaugurer la tribune offerte par lui au Cricket Club de Kirriemuir. Il saute dans le premier train. À son retour, le 28 octobre, il écrit à Mrs. Hardy : « Je me sens bien après mon séjour en Écosse. »

1933 commence mal pour les Asquith. Cynthia souffre de surmenage. Beb tombe à son tour malade. Barrie propose de prendre Simon, âgé de quatorze ans, en pension à l'Adelphi, afin de rompre la monotonie de ses jours. Le garçon fréquente dans la journée l'école de Westminster et passe les soirées en compagnie de son cher ami.

En avril, Barrie est cloué au lit par une mauvaise grippe. Sœur Thomlinson est appelée à la rescousse. La pauvre Mildred a bien du mal à se faire obéir de son malade qu'elle surprend parfois, penché au balcon dans le courant d'air violent venu de la Tamise, ou fumant sans vergogne dans son lit. Il est insupportable, mais qu'importe puisque sœur Thomlinson est une sainte, dit-il avec effronterie.

Enfin rétabli à la fin du printemps, il loue une maison pour la saison suivante dans les environs de Kirriemuir. Balnaboth House est une grande bâtisse située au bord de la rivière Glamis. Barrie, qui a emmené avec lui Thurston et aura comme hôte permanent Simon Asquith, multiplie les invitations. Stanley Baldwyn et sa femme feront même le voyage, le 14 août, une meute de journalistes et de photographes à leurs trousses. Dès lors, le moindre fait ou geste du dramaturge sera, pour son plus grand plaisir d'ailleurs, divulgué par la presse. Ainsi, la vente de charité organisée par lui à Kirriemuir le 26 août, et qui rassemble une foule impressionnante. Parmi les objets les plus divers vendus au profit des bonnes œuvres de la ville, Barrie propose une clarinette apportée de Londres dans ses bagages. Pour faire monter les enchères, Jamie, très en verve, prétend qu'un canari apprivoisé offert par son ami Robb se tient sur le toit de la salle et lui communique des offres venues de Westminster ! Ce divertissement impromptu, qui conquiert le public, permet d'adjuger la clarinette pour une somme rondelette.

Peu de temps après, se présente un nouveau sujet d'article pour le correspondant du *Times* dans le comté d'Angus. Le château de Glamis, proche de Kirriemuir, a toujours été l'une des résidences d'été de la famille royale. Le duc d'York, son épouse Elizabeth, et leurs deux très jeunes filles, Elizabeth et Margaret Rose, y séjournent. La petite princesse Margaret va célébrer son troisième anniversaire et sa mère, ayant appris que sir James Barrie se trouvait dans la région, a décidé de l'inviter au goûter donné au château pour cette occasion.

« Quelques-uns des cadeaux étaient disposés sur la table, écrira-t-il plus tard, et semblaient provenir de boutiques modestes. Mais la princesse était éperdue d'admiration pour ces présents, et particulièrement pour l'un d'eux qu'elle avait placé près de son assiette. Je lui demandai : "Êtes-vous bien sûre qu'il est à vous ?" Et, voyant que je l'enviais, elle le plaça entre nous, en disant : "Il est à vous et à moi." » Helen Cathcart, biographe de la princesse Margaret, prétend que le dramaturge fit grande impression sur celle-ci, au point qu'elle aurait affirmé quelque temps plus tard, en entendant ses parents évoquer Barrie : « Je connais cet homme : il est mon plus grand ami et je suis sa plus grande amie. » Ces deux jolies répliques de la royale fillette ne seront pas perdues. Barrie se promet de les utiliser dans sa prochaine pièce – mais encore faudrait-il qu'il mette cette œuvre en chantier. Or ses carnets ne signalent rien de tel.

Le séjour à Kirriemuir s'achève sur de nouvelles festivités. Choyé par la population de cette ville qui lui a définitivement pardonné les railleries contenues dans sa chronique Auld Licht – ses détracteurs sont très certainement tous morts –, Jamie prononce un discours mémorable à la salle municipale. Il y parle du fameux goûter à Glamis et de son canari...

Au début de septembre, Simon et lui regagnent avec regret l'Adelphi. Au programme de cet automne figurent un certain nombre de rencontres avec des étudiants, et autant de discours à écrire pour M'Connachie. Barrie est enchanté de retourner aussi rapidement sur ses terres écossaises, et plus encore de savoir qu'il y est devenu la coqueluche de la jeunesse, depuis son triomphe de St. Andrews : le texte de *Courage* a en effet circulé, de collège en collège, à travers tout le pays.

Le 11 novembre, paraît dans le *Times* un long article signé « Mr. Anon » dans lequel Barrie développe sa passion toute neuve pour l'art photographique. Il se dit éperdu d'admiration pour ces reporters qui immortalisent la vie des gens les plus ordinaires aux quatre coins de la planète et se dit prêt lui-même à partir, un appareil photo en bandoulière, sur les routes d'Angleterre... Une lubie qu'il abandonne au premier rhume, au grand soulagement de ses amis du *Times*.

La mauvaise saison venue, il sort de moins en moins, vivant reclus au dernier étage de l'Adelphi, gagné par l'amertume en constatant que son nom apparaît de moins en moins souvent au fronton des théâtres du West End. Les producteurs ne lui téléphonent plus : depuis la mort de son ami Frohman, en vérité, tout lien fécond avec le monde du spectacle a été rompu, par indifférence ou pour la raison plus difficile à avouer que l'on croit sa source d'inspiration tarie. Mais qu'importe, après tout, puisque sa réputation est faite. *Peter Pan* lui assure une rente substantielle, et les reprises de ses anciennes pièces, des deux côtés de l'Atlantique, finissent d'enrober la fortune de cet homme très généreux mais peu dépensier.

Le monde qui s'agite autour de lui, si différent de celui qu'il a connu, continue cependant de le passionner, mais pas au point de lui inspirer de nouveaux sujets de pièces. C'est tout de même la nostalgie qui occupe le plus souvent l'esprit du vieil homme. À la fin de l'année, il se confie à Cynthia, qui séjourne de plus en plus souvent à Stanway. Il lui parle de Balnaboth House et de son séjour estival dans cette maison qui restera jusqu'à la fin de son existence sa référence au paradis sur terre. « Pour la première fois, peut-être, je n'ai pas éprouvé de nécessité particulière à me retrouver à Londres, une ville qui a pourtant représenté le rêve de toute ma jeunesse. J'ai souvent regretté que Branwell Brontë, qui avait lui-même tant désiré se rendre à Londres, sans jamais y arriver, n'ait pu s'y trouver plongé comme j'ai pu l'être. Être capable de vivre de ma plume dans cette ville avait été ma grande ambition littéraire. Je n'ai jamais cherché la notoriété, que je trouve un peu vaine, et je crois que je me serais contenté de vivre chez moi, tranquillement, relativement inconnu au-delà du coin de la rue, à condition qu'il s'agisse d'une rue de Londres... À présent, c'est encore ici que je me sens le mieux, même si ma terre natale me manque parfois cruellement, car j'y suis attaché de toutes les fibres de mon être. »

19

L'ENFANT DAVID

> Et je devins homme alors qu'il
> n'avait jamais cessé, lui, d'être
> un garçon de treize ans.
>
> J. M. Barrie, *Margaret Ogilvy*

Le sourire féminin qui va illuminer les dernières années de Barrie est celui d'Elizabeth Bergner. Miss Bergner est une jeune comédienne autrichienne qui vient de quitter son pays pour incompatibilité d'humeur avec le régime nazi. Interprète d'un certain nombre d'héroïnes shakespeariennes, elle a ensuite épousé Paul Czinner, un cinéaste, et a tourné sous sa direction plusieurs films à Paris. L'imprésario Charles Cochran vient tout juste de l'engager pour jouer à Londres le rôle principal d'une pièce de Margaret Kennedy, *Escape me Never* (*Ne m'échappe jamais*). Peter Scott, maintenant âgé de vingt-quatre ans et reconnu comme peintre de talent, oblige Barrie à poser pour un portrait de lui, assis dans sa légendaire cheminée. Un soir de la fin de janvier 1934, alors que la toile est presque achevée et que Barrie se plaint d'avoir des fourmis dans les jambes, Peter lui propose d'aller au théâtre. *Escape me Never* bénéficie d'une critique élogieuse, et le dramaturge se décide pour ce spectacle. Dès son apparition, la blonde Miss Bergner, dont le matin même il ignorait l'existence, l'ensorcelle. Il se présente après la pièce à la loge de la comédienne qui se montre flattée d'une telle marque de sympathie et d'admiration. Ils décident de se revoir, et, quelques jours plus tard, Elizabeth reçoit une invitation à venir dîner à l'Adelphi.

Tout, alors, va très vite. Le vieil homme et la jeune femme sympathisent, et Miss Bergner fait savoir à J. M. Barrie qu'elle aimerait plus que tout jouer dans une de ses pièces – *Mary Rose*, par exemple. Cet hommage fouette l'esprit chevaleresque de Jamie qui répond : « Mieux que cela, Miss, j'écrirai pour vous ! »

Tout reste à faire. Enfermé au long des semaines suivantes dans son bureau, Barrie va s'efforcer de faire surgir de sa rencontre avec la comédienne une idée – l'étincelle d'une pièce ! Dans celle de Margaret Kennedy, Bergner joue le rôle d'une adolescente. Elle a confié à Barrie qu'elle préférait incarner un personnage de l'Histoire – comme la *Jeanne d'Arc* de Bernard Shaw, qu'elle a jouée en Allemagne –, ou de la mythologie. Il lui propose alors Mary, reine d'Écosse, mais la belle Elizabeth sourit sans répondre. Un peu plus tard, elle l'entretient d'une toile qu'elle a vue en Italie et qui représente le jeune roi David de la Bible. Barrie murmure : « David et Goliath... », mais en son for intérieur, le nom même de David évoque un souvenir toujours vivace, la tragédie de son enfance qui a modelé sa vie. David, le fils de Margaret Ogilvy qui n'a jamais grandi parce qu'il est mort dans l'éblouissement de l'adolescence. David, le héros à peine masqué de *The Little White Bird*, l'ombre de *Peter Pan*, le fils de *Mary Rose*, l'un des fantômes de l'Adelphi...

Tandis qu'il écoute sa ravissante amie évoquer le personnage biblique, il ressent soudain ce désir qu'il croyait mort depuis la mort de Michael – l'envie d'écrire. Elizabeth Bergner, pense-t-il, vient de lui souffler l'idée, sa meilleure idée depuis *Peter Pan* !

Dès le lendemain, il est à sa table de travail. Il ne s'en éloigne que pour de maigres repas – son appétit égale celui de son canari – ou de courtes promenades au bord du fleuve.

Le premier acte vient rapidement sous sa plume : c'est la rencontre de David et Goliath. Ensuite, son imagination s'égare. Les contraintes bibliques l'insupportent, et il n'a pas la force, ou l'intention, de les détourner de son chemin. À la fin du mois de mars, il sombre tout à coup dans un état dépressif consécutif à ce blocage. Son énergie créatrice défaille quelque peu. En juin, cependant, le *Times*, à sa demande, annonce que sir James Barrie est en train d'écrire une nouvelle pièce.

Charles Cochran accepte ce projet, enthousiaste, et se dit prêt à monter la pièce dès qu'elle sera écrite. Le seul problème qu'il pose est celui de la disponibilité de la comédienne. Elle va tourner dans plusieurs films et ne sera pas libre avant de longs mois. À la fin de juin, une première version du texte est terminée, et Barrie fait à nouveau publier un entrefilet dans le *Times* : *Une pièce de Barrie, écrite pour Miss Bergner, montée l'an prochain à Londres...*

Le court article précise que Miss Bergner et l'auteur « ont longuement discuté de l'idée de faire jouer à la comédienne son rôle en dialecte écossais. Une version anglaise a tout de même été prévue ». Mais on ne dit rien de la nature de ce rôle, pas plus que du sujet de la pièce. L'aura de mystère qui entoure la production, entretenue par Cochran, n'est pas pour déplaire au dramaturge. Ce qui le chagrine, en revanche, c'est de ne pas pouvoir commencer les répétitions rapidement. Miss Bergner n'est toujours pas libre, et son entourage ne semble pas décidé à faciliter les choses. Barrie en conçoit un certain dépit, qui tourne bientôt à la dépression. Celle-ci est avivée par la mort de Gerald Du Maurier, seulement âgé de soixante et un ans. Ce décès met fin à une longue amitié complice entre les deux hommes, par ailleurs très différents mais que *Peter Pan* avait réunis. Gerald était vraiment devenu le capitaine Crochet aux yeux de milliers de petits garçons anglais, qui s'accordaient à considérer ce personnage, selon le mot d'A. A. Milne, « comme celui qui a décuplé les plus douces terreurs de nos jeunes existences ». En 1935, la romancière Agatha Christie rendra au comédien un hommage mérité en le faisant apparaître dans son livre *Cartes sur table* sous le nom de sir Charles Cartwright.

Les mois passent. Miss Bergner s'est envolée pour les États-Unis où elle restera jusqu'en janvier 1935. Pendant ce temps, l'état de santé de Barrie demeure stationnaire. Cynthia Asquith, qui se remet difficilement d'une longue série de problèmes nerveux, fait accepter à Barrie de se joindre à Beb et à elle pour une croisière en Méditerranée. L'idée semble d'abord incongrue à l'ermite de l'Adelphi. Après réflexion, il envisage cette aventure comme le parfait dérivatif à son attente du bon vouloir d'Elizabeth Bergner, bien qu'il ne conçoive aucune animosité à l'égard de l'actrice. Les trois voyageurs embarquent à bord de l'*Arandora Star* en juillet, Barrie s'étant muni d'une « ceinture anti-mal de mer » et d'une tonne de médicaments destinés à combattre les ennuis physiques dont il craint d'être victime, sitôt larguées les amarres... Mais rien ne se passe et, ses premières frayeurs calmées, Barrie commence à fraterniser avec les passagers. Il arpente sans arrêt le pont-promenade, observant tout. Il se plaint à Cynthia du spectacle choquant de femmes bronzant au bord de la piscine. Au mieux de sa forme, il goûte pleinement les escales de Tripoli, de Naples et de Monte-Carlo, et rentre à Londres enchanté, ne toussant presque plus.

En octobre, il est à St. Andrews, auprès de ses chers étudiants. Les brumes d'Écosse, sans doute jalouses du périple estival de Barrie sur la Méditerranée, se vengent cruellement : il restera au lit une partie de novembre. Puis, il rencontre Charles Cochran, et tous deux s'entendent sur la date de production de la pièce toujours sans titre : il devra patienter six longs mois.

En janvier 1935, Nico rejoint son frère Peter à la direction de sa maison d'édition. Barrie en est très heureux. Il n'aurait pas rêvé occupation plus saine pour ces deux garçons chers à son cœur et qui restent très proches de lui. Jack, en revanche, semble avoir définitivement pris le large, sa femme, Gerrie, ne supportant pas Barrie.

Celui-ci est plongé dans l'écriture d'une seconde version de sa pièce. Il éprouve de plus en plus de peine à se concentrer, dort très mal. Peut-être ressent-il aussi un sentiment d'abandon de la part d'Elizabeth Bergner, qu'il ne cesse de considérer comme l'inspiratrice de son œuvre en cours, mais qui ne se manifeste pas suffisamment.

Mais son vrai souci, en ce début d'année, est d'ordre immobilier. La municipalité de Londres a décidé d'abattre la rangée d'immeubles d'Adelphi Terrace. Les locataires ont été priés de quitter les lieux. Ils refusent en bloc, tout en sachant bien qu'ils ne résisteront pas éternellement à la fureur destructrice à peine ralentie par leurs pétitions. Barrie a compris qu'à plus ou moins brève échéance il lui faudra quitter son cher nid d'aigle et il en souffre. Il assimile cette obligation de décamper à une terrible infidélité du destin auquel il demande juste un peu de répit pour le temps qui lui reste à vivre – et qu'il sait compté.

Désabusé, il écrit à Chesterton, qui lui a recommandé une jeune comédienne : « Pour dire la vérité, je suis à présent tout à fait retiré du monde du théâtre. Je parlerai volontiers de cette personne autour de moi, mais je ne vois plus guère de monde et délègue tous mes pouvoirs. D'ailleurs, si j'étais logique avec moi-même, je chargerais quelqu'un d'autre d'écrire ma nouvelle pièce. » Son moral est très bas. Ceux qui l'apercevront, le 6 mai, à la cathédrale St. Paul, parmi les invités au jubilé de George V, garderont le souvenir d'un vieillard ratatiné, emmitouflé – grâce à Thurston – dans un épais pardessus de laine sombre. Ce jour-là, dédaignant, comme trop souvent, d'appeler un cab, il rentrera chez lui à pied et prendra froid.

Quelques jours plus tard, il invite à dîner au Ritz sa très épisodique secrétaire. Cynthia lui passe commande d'un texte destiné à figurer dans un livre d'hommage du monde artistique à la princesse Elizabeth, maman de son amie Margaret Rose. C'est par égard et affection pour celle-ci que Barrie acceptera de rédiger son unique contribution littéraire de l'année...

Une déception l'attend encore, en juin, lorsqu'il apprend que Miss Bergner a décidé de reprendre le rôle de Jeanne d'Arc dans la pièce de Shaw. Pincement au cœur du voisin de l'Irlandais. Il tombe malade, et sœur Thomlinson reprend du service. Barrie se raccroche à l'idée que sa pièce sera mise en répétition à l'automne. Cynthia lui propose alors de repartir en croisière, en compagnie cette fois de Simon, sa vieille nounou et du neveu de celle-ci, que Barrie a décidé d'inviter en apprenant que la mère de ce garçon était très malade. La présence de Simon met du baume au cœur de Jamie. Ils vont former à bord un duo plutôt turbulent. Une surprise attend Barrie à l'escale de Naples : un message d'Elizabeth Bergner lui apprenant qu'elle se trouve, avec son mari, à Cortina d'Ampezzo et qu'une voiture est à sa disposition pour qu'il vienne les rejoindre. Au risque de froisser Cynthia, Barrie saute aussitôt dans l'automobile. Dans les montagnes, il apprend une bonne nouvelle : Miss Bergner renonce à jouer Shaw, mais, en revanche, elle tournera en septembre aux studios d'Elstree une version moderne de *Comme il vous plaira*. « *As you like it, my dear!* » lui lance Barrie...

La vie de Barrie à Londres, cet automne, sera calme et plutôt détendue, quoique toujours « solitaire », selon le terme qui revient de plus en plus souvent dans sa correspondance. Il hésite encore sur le titre de sa pièce. Il lit et relit la Bible, surtout les épîtres de saint Paul, confie-t-il à Cynthia.

La démolition des immeubles de sa rue a commencé. C'est comme si la mort usait d'un lourd symbole pour lui signaler sa présence alentour. Mais Barrie, stoïque, ne songe qu'à cette pièce dont le sort s'acharne encore à reculer la mise au monde. Lui, en tout cas, a fait un pas en avant, en lui donnant enfin un titre : *David*. Il invite Elizabeth et son mari à dîner, et leur lit son texte, guettant leur approbation. Celle-ci se révèle discrète.

Charles Cochran ne donne plus de nouvelles. Pendant quelques semaines, Barrie vit un enfer. Dans la journée, il ne peut s'empêcher d'écouter le bruit des pioches et des pics en train de grignoter, inexorablement, les constructions environnantes. Et la nuit, lui qui éprouve une répulsion particulière pour les rats, il imagine que ces odieux rongeurs, surgis des caves mises à nu, se préparent à prendre d'assaut l'Adelphi. Pour s'occuper, il s'oblige à répondre systématiquement au flot de lettres qui continue d'affluer. Le 10 novembre, il s'adresse à une adolescente de quatorze ans,

Pauline Follett, rencontrée pendant sa dernière croisière et qui rêve d'incarner Peter Pan sur scène. Il lui a sans doute fait des promesses impossibles à tenir, car il est à présent contraint d'invoquer la versatilité des producteurs pour lui avouer que son souhait est sans espoir. Comme toujours, il y a quelque chose de pathétique dans cette lettre d'excuse, le signe en tout cas d'une timidité qui ne s'est jamais évanouie – l'ombre du petit Jamie cousue au personnage de Barrie.

Le voile se lève enfin, en décembre, sur la mystérieuse pièce de J. M. Barrie, prévue, annonce la presse, pour une avant-première écossaise le 14 mars 1936. Le titre annoncé, *Les Deux Bergers*, n'est encore, selon Cochran, que provisoire. Le peintre Augustus John a déjà reçu commande des décors et des costumes, et l'auteur s'exalte enfin à l'idée d'une issue si proche. Mais voilà qu'il apprend que sa sœur Maggie, âgé de soixante-treize ans, vient de tomber gravement malade. Il la fait transporter à la clinique de Park Lane où il a lui-même été soigné et passe de longs moments auprès d'elle. Il annule tout déplacement pour la fin de l'année, pour se consacrer à sa sœur dont l'état s'aggrave chaque jour.

Barrie apprend par la presse la mort du roi George V et le rappel à Londres du prince de Galles. Il n'ignore pas non plus la liaison tapageuse du futur monarque avec Mrs. Simpson, une Américaine divorcée de surcroît. Mais, pas plus que ses compatriotes, il ne sait que l'Angleterre est à la veille d'une tempête monarchique sans précédent.

Le 18 janvier 1936, disparaît Rudyard Kipling, qui ne fut jamais un intime mais qu'il admirait énormément. Il ne pourra assister à ses obsèques, car Maggie est déjà au plus mal. Elle s'éteint le 10 février dans ses bras. Sa peine est immense, après tant d'années de mutuelle affection. Ils ne s'étaient plus beaucoup vus depuis la guerre mais s'écrivaient beaucoup. Cynthia et les survivants de la famille Llewelyn-Davies assisteront, aux côtés de Barrie, à l'inhumation de Maggie Winter dans un petit cimetière du Hampshire.

Le 18 février, un communiqué de Charles Cochran fait

connaître le titre définitif de la pièce de Barrie : *The Boy David* (*L'Enfant David*). Les répétitions commencent enfin à Londres, jusqu'au jour où – catastrophe – Miss Bergner est transportée d'urgence à l'hôpital avec une crise d'appendicite aiguë. Cochran est fou de rage, car l'état de la comédienne va l'obliger à reporter de plusieurs semaines, voire davantage, la production.

Barrie a le sentiment d'avoir engagé une partie de bras de fer avec le destin. De l'Adelphi, qui ressemble de plus en plus à une île au milieu des décombres des immeubles voisins, il contemple un monde qu'il juge de plus en plus hostile. Il prend chaque jour des nouvelles d'Elizabeth Bergner et lui rend visite chaque fois qu'on l'y autorise. En mai, la comédienne quitte la clinique pour aller se reposer avec son mari dans un cottage du Sussex. Barrie les rejoint bientôt et observe avec intérêt son rétablissement. Il regagne l'Adelphi au début de juin. La chaleur transforme l'appartement en fournaise. Ses amis se plaignent de ce que Thurston leur oppose un sempiternel « Désolé, sir James est très occupé en ce moment et ne peut vous parler ». Cette canicule est responsable de troubles respiratoires que Cynthia trouve alarmants. Elle oblige Barrie à partir pour Stanway. Là, au contact de la charmante lady Weymiss et de ses invités, il retrouve un semblant de bonne humeur. Mais, au fond de lui-même, il se languit autant de ne pas voir la belle Miss Bergner que de savoir sa pièce retardée – les deux choses allant bien sûr de pair. Il prend souvent congé des occupants du château pour s'en aller faire de longues promenades à travers le parc, dont il revient toujours essoufflé et un peu pitoyable. Mais tous respectent ce génial vieillard. L'un des invités, toutefois, observant un après-midi le dramaturge, le voit qui s'avance dans une allée du jardin à la française, poussant un landau. Intrigué, il s'approche de Barrie, le sourire aux lèvres, pour s'enquérir de l'identité de la petite personne à qui a échu le privilège d'avoir l'auteur de *Peter Pan* comme « pilote » – et s'aperçoit trop tard, confus, que le landau est vide.

En septembre, alors qu'il contemple de son balcon les ruines du Savage Club – son club ! – qu'on vient de démolir à quelques dizaines de mètres de chez lui, Barrie entend le téléphone sonner. Thurston décroche et vient aussitôt le prévenir : « C'est Mr. Cochran, sir ! » Cette fois, le producteur est formel : l'avant-première de *The Boy David* a été fixée au 18 octobre, à Édimbourg. La première londonienne aura lieu, elle, le 13 décembre.

Les répétitions ont repris et Barrie y assiste le plus souvent possible. Miss Bergner joue le rôle de David, adolescent en proie à bien des démons. Le thème de l'histoire n'est pas le combat entre David et le géant Goliath, mais traite des rapports entre David, Saül et leur mère – dont la Bible ne dit rien. La première réplique du personnage, dans la pièce, est : « Mère ! », ce qui n'étonnera aucun connaisseur de l'œuvre de Barrie. La réplique suivante, « Mère, j'ai tué un lion », n'étonnera pas davantage ceux qui connaissent *Peter Pan* : « Wendy, j'ai tué un pirate. » La suite de la pièce n'a malheureusement ni la légèreté ni l'humour des chefs-d'œuvre d'antan.

Le 17 novembre, toute la compagnie prend le train pour l'Écosse. Barrie est du nombre, en dépit d'un terrible mal au dos qu'il n'avoue, bien sûr, à personne. À son arrivée à Édimbourg, il s'enferme dans la suite qui lui a été réservée au Caledonian, une immense construction victorienne qui surplombe Princes Street. Cynthia doit venir l'y rejoindre deux jours plus tard. En attendant, il reçoit la presse. Son retour en Écosse, non plus comme simple visiteur, mais comme auteur à part entière, est en effet considéré comme un grand événement. Il s'entretient longuement avec J. W. Herries, le critique dramatique du *Scotsman*, à qui il fait des confidences sur le contenu de sa pièce. « David, dit-il, a toujours été pardonné alors que Saül, lui, semble avoir beaucoup souffert pour ses péchés et ses faiblesses. » Il ajoutera qu'il trouve étrange que Dieu ait voulu faire de ces deux hommes, qui n'étaient que de simples bergers, des figures hautement symboliques. L'article paraîtra le 21 novembre : il constitue la seule interview jamais accordée par J. M. Barrie à un journaliste !

Cynthia arrive comme prévu, mais sa mine est sombre, car elle apporte une bien triste nouvelle : Gilmour est mort. Gilmour, l'ami de toujours, à la fois le plus fidèle et le plus discret, Gilmour le banquier, le cricketer, membre fondateur des Allahakbarries, le soutien des jours difficiles. Cette perte est un choc pour Barrie, qui se réfugie moralement dans la perspective de la création – *at last* – de sa pièce. Mais le lumbago qui le terrasse l'empêche, ce soir-là, de se rendre au King's Theatre pour assister à l'événement dont tout Édimbourg parle à présent...

Les journaux, le lendemain, sont pleins d'éloges pour le « nouveau chef-d'œuvre » de J. M. Barrie. En vérité, le public et les critiques écossais, conquis d'avance, n'ont pas voulu se pencher de trop près sur les répliques pompeuses, les personnages englués dans le déroulement de ce drame biblique, tellement éloignés du subtil génie de *Dear Brutus* ou de *Mary Rose*, et plus encore de *Peter Pan*. La pauvre Elizabeth Bergner a mis tout son cœur dans ce rôle, qu'elle avait d'ailleurs souhaité, mais elle n'a pu faire de miracle. D'ores et déjà, comme Cochran ou Cynthia, elle a compris que *The Boy David* était en sursis : l'accueil du public anglais est plus que jamais à craindre.

Pendant ce temps, à Londres, la crise institutionnelle bat son plein. Le roi Édouard VIII, percé de mille flèches par la presse et l'opinion, menace d'abdiquer. Il y est contraint le 10 décembre, et celui qui conservera le titre de duc de Windsor tire sa révérence au peuple d'Angleterre. Barrie, rentré chez lui sans avoir mis les pieds au King's Theatre d'Édimbourg, apprend la nouvelle à la radio, troublé peut-être à l'idée que le jeune monarque se prénomme David. Il est aussi secrètement flatté, et fier, de se savoir un ami personnel des futurs souverains et de leurs filles – surtout de Margaret Rose, dont il a scrupuleusement intégré les deux fameuses répliques dans *The Boy David*...

Le soir du 13 décembre arrive enfin. Mort de trac et souffrant du dos, Barrie renonce à se rendre au Théâtre de Sa

Majesté. Il y délègue une Cynthia ayant mission de lui télé-
phoner dès l'entracte pour l'informer de l'accueil du public.
Celui-ci est composé d'invités choisis par Cochran. Tout ce
que le West End compte de personnalités a pris place dans la
salle et, sitôt le rideau levé, fait une ovation à Miss Bergner.
Cynthia retient son souffle. Quelques fous rires fusent çà et
là. Cependant, lorsque le rideau retombe sur la première
représentation de *The Boy David*, l'assistance applaudit poliment. Celle-ci ayant appris par la presse que l'auteur n'as-
sisterait pas à la représentation, Barrie n'est pas demandé.
Mais il est perceptible que seule la courtoisie de ce public trié
sur le volet l'a retenue de siffler. L'échec patent du spectacle
est confirmé le matin suivant par la critique. Barrie est
atterré. Même le *Times*, son cher *Times*, l'assassine ! Le critique A. B. Walkley, qu'il considérait comme un ami, écrit :
« J. M. Barrie n'est plus que l'ombre de lui-même. » Le coup
est fatal, ou le serait, si Barrie n'était soudain pris d'un espoir
insensé : la première n'est qu'un test, il faut, songe-t-il,
attendre le verdict du public. Le deuxième soir, la salle est
presque pleine. Durant près d'une semaine, en dépit d'une
critique très négative, les spectateurs affluent. Le retour de
Barrie, après tant d'années, semble avoir arraché leur adhésion. Le 22, il assiste à sa première représentation, assis dans
une loge. Il est pâle et tendu, selon Cynthia qui l'accompagne.
Il n'avait plus revu Elizabeth Bergner sur scène depuis près
de trois ans et il est à nouveau subjugué par sa présence, sa
beauté. Incorrigible Barrie, qui succombe à sa propre héroïne
parée du masque de *David*...
   Une chose étrange se passe soudain, alors que, le rideau
tombé, Barrie, très fatigué, est sur le point de quitter sa loge :
la porte de celle-ci s'ouvre et apparaît... un fantôme ! Miss
Lydia Lopokova – il la reconnaît avec stupéfaction –, la jolie
danseuse du ballet de Diaghilev pour laquelle, seize ans
plus tôt, il avait écrit l'argument de *La Vérité sur les danseurs
russes*. Elle s'était évanouie dans la nature et la voici qui surgit et le salue respectueusement. Ils évoquent le passé avec
humour et nostalgie, bien sûr, de la part de Barrie. Lydia lui
apprend qu'elle a épousé l'économiste J. Maynard Keynes,

un ami de Virginia Woolf, et qu'elle ne danse plus. En rentrant à l'Adelphi, Barrie éprouve la force de son propre destin, obstiné, soumis à une fascination répétée pour des figures de femmes qui le charment et l'oublient tour à tour, et qui sont l'une de ses raisons de vivre. Miss Bergner incarne aujourd'hui un rêve qui s'estompe mais auquel il se raccroche avec une énergie vacillante, quoique bien réelle.

The Boy David quittera l'affiche après sept semaines, ce qui n'était plus arrivé depuis longtemps à une « nouveauté » signée J. M. Barrie. Mais celui-ci a tout de même la satisfaction de constater que le public se montre moins ingrat que la critique. Chaque soir, lui dit-on, la salle est pleine, et l'assistance se laisse captiver par la fable biblique jugée férocement par les journalistes. Mais c'est pour Charles Cochran que la pièce se révèle un cuisant échec. Cette production lui a fait perdre tellement d'argent qu'il prendra, sans consulter Barrie, la décision de la remplacer par un spectacle de music-hall.

Lorsque Cynthia Asquith, qui s'est absentée durant quelques semaines sur le continent, laissant par précaution Barrie aux soins d'une garde-malade, reprend le chemin de l'Adelphi, à la fin de janvier 1937, c'est pour retrouver l'infirmière souffrante, veillée attentivement par le dramaturge. Lui-même est en bien meilleure forme en dépit de l'échec de *David*, sans doute très touché de constater qu'Elizabeth Bergner était encore « avec lui ». La comédienne, dont le talent, d'ailleurs, n'a aucunement été mis en doute par la critique, est restée son amie. Barrie est souvent invité chez elle pour le thé, de même qu'elle vient souvent le voir, seule ou avec son mari, à l'Adelphi. Il éprouve pour elle l'amour innocent d'un enfant éperdu...

20

« MOURIR EST UNE FORMIDABLE AVENTURE »

En décembre 1936, fouillant dans les affaires de sa sœur Maggie après la mort de celle-ci, Barrie a retrouvé une miniature représentant leur mère. Il est resté de longs moments en contemplation devant ce portrait de Margaret Ogilvy, éprouvant, dit-il à Cynthia, le sentiment qu'il ne tardera plus guère à la rejoindre.

Plus rien ne le rattache à ce monde ingrat. Mais voici qu'une rumeur arrive jusqu'à lui, faisant état de ce que *The Boy David* va revivre le temps d'une représentation exceptionnelle à l'occasion des fêtes du couronnement de George VI. Puis, tout aussitôt, alors que le cœur du vieil homme s'enfle d'un légitime orgueil, la nouvelle est infirmée. Barrie sombre dans une dépression grave, ses douleurs physiques le reprennent au point que Cynthia doit le veiller jour et nuit.

Au mois de mai, après quelques sorties en ville et, notamment, un dîner au 10 Downing Street avec Stanley Baldwin, quelques jours avant son remplacement par Neville Chamberlain, il tente de se remettre à écrire. Mais, comme il le dira à la comtesse de Lytton, l'une de ses innombrables correspondantes, il n'est même plus capable d'assembler des mots.

L'accession au trône des parents de Margaret Rose n'a pas relégué dans les oubliettes de l'histoire d'Angleterre l'affaire des « deux répliques » de la jeune princesse. Celle-ci, âgée de sept ans, a convaincu ses parents d'exiger de la façon la plus amicale, les « royalties » naguère proposées par le dramaturge sur sa pièce *The Boy David* dont elle se considère comme le légitime coauteur ! Averti par une lettre à en-tête de Buckingham qu'il doit s'acquitter de sa dette, Barrie éprouve l'une des plus grandes joies de sa vie. Cette preuve d'humour est une preuve d'amour de la part de la famille royale dont il se sent soudain le complice absolu. Cynthia et lui imaginent alors en détail la mise en scène du règlement des royalties de la jeune princesse Margaret. La somme d'argent, bien sûr infime, est rassemblée sous forme de pièces neuves d'un penny et disposée dans une bourse de velours que le dramaturge compte bien porter lui-même au palais...

Une sorte d'euphorie inespérée envahit l'Adelphi, faisant même oublier l'horrible progression des démolisseurs, qui sont un peu comme le crocodile de *Peter Pan* traquant sans relâche le pauvre Crochet. Des contacts ont été établis avec Buckingham, et une date choisie pour la rencontre entre les deux « collaborateurs », à une distance raisonnable de la fin des fêtes du couronnement.

Comme un bonheur, même tardif, n'arrive jamais seul, Barrie reçoit l'annonce que sa pièce *Dear Brutus* sera jouée sur les ondes de la BBC. On lui soumet les coupes faites dans le texte, qu'il approuve, et on lui propose même d'assister aux répétitions. Mais il se sent trop faible pour se rendre jusqu'à l'immeuble de Portland Place, et se contentera d'écouter le programme depuis son lit. Le 15 juin, à quelques jours seulement de la date proposée par la reine pour sa rencontre avec la princesse, l'état de santé de Barrie se détériore soudain de façon dramatique. Son médecin, lord Horder, juge plus sage de le faire transporter à la clinique de Manchester Street, dans le quartier de Marylebone. Peter et Nico accourent à son chevet, bientôt rejoints par Elizabeth Lucas. Jamie vient d'avoir soixante-dix-sept ans, et son dernier rêve s'écroule : il n'ira pas à Buckingham remettre ses royalties à Margaret Rose. Le petit garçon joueur de Lilybank, Kirriemuir, ne connaîtra pas ce dernier plaisir.

Il souffre beaucoup. L'après-midi du 19 juin, Cynthia se penche vers le petit homme qui ressemble à un très vieil enfant perdu dans un grand lit, et elle entend la voix rocailleuse lui murmurer : « Je ne peux plus dormir. » Et, comme par un dernier caprice, Barrie s'endort aussitôt, d'un sommeil paisible dont il ne sortira plus jamais.

Dans les heures qui suivent, les télégrammes affluent à l'Adelphi comme à la clinique de Marylebone. George VI et son épouse seront parmi les premiers à venir témoigner leur chagrin. La presse anglaise se fera l'écho d'un véritable deuil national, gage de l'affection de plusieurs générations de lecteurs et de spectateurs pour la vie et l'œuvre de Barrie.

Les obsèques du dramaturge ont lieu quelques jours plus tard à Kirriemuir, sous un radieux soleil estival. Toute la population de la petite ville – à l'exception de Robb, l'ami retrouvé, mort quelques semaines avant Jamie – est massée le long de Brechin Road, la petite route menant au cimetière perché sur la colline. Le corps de Barrie est enseveli sous l'une des deux simples dalles où sont déjà gravés les noms de ses parents et de la plupart de ses frères et sœurs. Cette sépulture austère rappelle à sa façon la manière dont les Barrie vécurent dans les *tenements*, littéralement empilés les uns sur les autres dans leur maison de poupée.

À Londres, pendant ce temps, les démolisseurs sont sur le point de s'attaquer à l'Adelphi. Cynthia Asquith et Peter Llewelyn, désignés comme exécuteurs testamentaires de Barrie, rassemblent à la hâte meubles, objets et archives. Une bonne partie de ceux-ci seront envoyés à Kirriemuir et se trouvent aujourd'hui dans la maison natale de Jamie, transformée en musée. Puis, comme sous l'effet d'une décision céleste – Jamie, résident perpétuel du Never Neverland y est sûrement pour quelque chose –, les marteaux-piqueurs se taisent. L'immeuble de Barrie est sauvé. *In extremis.*

Le cher Thurston, très attristé, relit alors la dernière lettre de son maître, écrite la veille de sa mort : « Personne n'a fait davantage pour moi que vous-même. Que votre nom soit béni! Je vous prie de bien vouloir choisir dans la bibliothèque une centaine de volumes, et l'un ou l'autre objet m'ayant appartenu, auquel vous vous êtes attaché. Peu de gens, parmi ceux qui ont vécu sous mon toit, n'ont manifesté autant d'intérêt que vous pour les livres. »

ÉPILOGUE

Nous l'avons attendu une heure.
Enfin Ruby a sonné pour le
dîner, mais le service était terminé, et de toute façon, c'était
l'alerte. « Tout s'explique, dit-
elle : il sera descendu dans un
abri. »

Evelyn Waugh, *Capitulation*

Barrie disparu, le monde se mit à changer. Avec lui, comme le fit remarquer Stanley Baldwin, c'était un peu du Londres de Mr. Micawber et de Charles Lamb qui s'était enfui pour toujours. Deux ans plus tard, alors que dans un roman d'Evelyn Waugh, un général américain amoureux de *Peter Pan* et une vieille mondaine étourdie attendaient en vain sir James Barrie au Dorchester, les immeubles de l'Adelphi étaient pris dans la tourmente du Blitz.

« Malheur à qui écrira ma biographie ! » s'était un jour écrié Jamie. En 1941, parut *The Story of J. M. B.*, œuvre du jeune journaliste Denis Mackail, qui reste à ce jour la somme indispensable à toute exploration de la vie de Barrie. Lady Cynthia Asquith entreprit après la guerre la publication d'une série d'anthologies d'histoires de fantômes (*The Ghost Books*) qui établirent sa renommée à travers le monde entier. Elle mourut, entourée des siens, en 1960. « Q » connut une vieillesse heureuse à Fowey, bercé par l'admiration de sa voisine Daphné Du Maurier. Celle-ci eut même le privilège de terminer *Le Château d'or*, roman abandonné par Arthur Quiller-Couch à sa mort, survenue en 1944. Le discret Alfred Mason ne devait jamais connaître la gloire littéraire, et il s'éteignit en 1948, après avoir rédigé quelques pages superbes sur J. M. Barrie, publiées l'année suivante dans *The Dictionary of National Biography*. En 1950, alors que Mary Barrie mourait paisiblement dans une villa de Biarritz, sur une scène new-yorkaise, l'acteur Boris Karloff offrait au capitaine Crochet son masque grimaçant et complice. Pendant ce temps, sur la côte Ouest, l'équipe de Walt Disney mettait la dernière main à un dessin animé promis au destin que l'on sait. En avril 1960, Peter Llewelyn-Davies se jetait sous une rame du métro londonien, à la station Sloane Square, quelques mois seulement après la mort de son frère Jack. Nico restait le seul survivant des cinq fils de Sylvia, la dernière étincelle brillant dans le ciel scruté encore avidement par les yeux des enfants qui attendent le retour de Peter Pan.

Juin 1991,
et juin 2004 pour la présente édition.

DÉDICACE DE *PETER PAN* AUX CINQ

Par J. M. Barrie
(1928)

*Traduit de l'anglais
par François Rivière*

La version définitive de sa pièce Peter Pan *ne fut publiée par Barrie qu'en 1928, dans le recueil de ses* Complete Plays, *chez l'éditeur Hodder & Stoughton. Le texte – version semi-romancée de la pièce originale – était précédé d'une longue « dédicace », morceau de bravoure, par lequel le dramaturge rendait hommage aux fils de Sylvia Llewelyn-Davies, inspirateurs de* Peter Pan. *Ces pages sont du plus pur Barrie. Elles témoignent de sa fantaisie et de sa sentimentalité exacerbée, de son goût pour les anecdotes, les digressions futiles et les comparaisons fantasques. Leur style en est aimablement maniéré, emberlificoté aussi parfois, mais il restitue parfaitement l'état d'esprit dans lequel fut composé son chef-d'œuvre. En lisant cette dédicace, on comprend mieux que l'imaginaire de J. M. Barrie, tel celui d'une sorte d'insecte malicieux et difficile à suivre à la trace, ne pouvait que l'inciter à nourrir une fiction sans pareille.*

Au moment où l'on imprime enfin *Peter Pan*, je me dois de faire quelques aveux inconfortables, parmi lesquels, en tout premier lieu, celui-ci : je n'ai aucun souvenir d'avoir écrit cette pièce. Ou à peu près aucun. Mais je veux tout d'abord offrir Peter aux Cinq sans qui il n'eût jamais existé. J'espère, messires, qu'en mémoire de ce que vous avez été les uns et les autres, vous accepterez cette dédicace ainsi que mon affection. L'histoire de cette pièce est indissociable de vous, et vous le savez mieux que quiconque. (Un certain nombre d'actes ont dû être laissés de côté, dans lesquels vous figuriez, bien sûr.)

Rappelez-vous : nous avions naguère capturé ensemble Peter Pan, d'un seul jet de flèche, aux jardins de Kensington. Il me revient du reste aussi que nous l'avions cru mort, alors qu'il n'était que blessé, et qu'après avoir exulté de cette digne prouesse, le plus sensible d'entre nous y alla de sa larme avant que nous ne songions tous que la police allait sans doute rappliquer. Vous auriez certainement témoigné sur l'honneur de cette apparition, et j'aurais corroboré ce témoignage de toutes mes forces, mais je ne vous en ai malheureusement pas donné l'occasion. J'ai toujours su, quant à moi, que j'avais fait naître Peter en vous frottant les uns contre les autres, à la façon dont les sauvages font jaillir le feu de leurs bâtons. Peter Pan est l'étincelle jaillie de vous tous à la fois.

Nous avons beaucoup joué avec lui avant d'en faire le personnage idéal. Certains d'entre vous n'étaient pas encore nés quand son histoire a commencé et d'autres déjà grands lorsque nous décidâmes de mettre un terme à ce jeu. Vous rappelez-vous le jardin à Burpham et l'initiation du n° 4[1] qui

1. N° 1 pour George Llewelyn-Davis, n° 2 pour Jack, n° 3 pour Peter, n° 4 pour Michael et n° 5 pour Nico. *(N.d.T.)*

n'était alors âgé que de quatre semaines, trois d'entre vous manifestant assez peu d'entrain à le laisser entrer dans le jeu ? N° 3, avez-vous oublié les violettes blanches de l'abbaye cistercienne où nous rencontrâmes nos premières fées en chasubles, qui toutes étaient dans les meilleurs termes avec saint Benoît, vous encore, qui gémissiez sous les étoiles : « N'ai-je donc tué qu'un seul pirate ? » Vous rappelez-vous la hutte des Indiens dans les bosquets hantés de Waverley, le saint-bernard au masque de tigre qui vous attaquait sans relâche, et, bien sûr, mon récit de cet été-là, *Le Garçon naufragé*, resté l'ouvrage le plus prisé et le plus rare de son auteur ? Que s'est-il donc passé pour que nous en arrivions au seul contenu d'une pièce plutôt mince, et portée vers un large public, alors que tout ce qu'elle contient n'était destiné qu'à nous-mêmes et à personne d'autre ? Je ne sais que trop bien, hélas ! ce qui s'est passé : j'ai tout simplement perdu le contrôle de la situation.

L'un après l'autre, tels les jeunes singes du bois des Faux-Semblants, gagnant, de branche en branche, l'arbre du Savoir, vous n'avez plus fait, bientôt, qu'un détour inconscient par les chemins de l'école buissonnière. Vous vous perchiez parfois sur la branche maîtresse, pour me faire croire que vous jouiez à ces jeux. Et puis, ce bois n'a plus été qu'un souvenir pour vous – vous savez bien qu'il disparaît dès que vous vous mettez à le chercher...

Le temps est venu où le n° 1, le plus chevaleresque d'entre vous, cessa de labourer des champs ensanglantés et, avec un dernier regard vers moi, passa le relais au n° 2 pourtant peu enclin à me faire confiance. À cette époque, le n° 3 se demandait avec angoisse s'il passait véritablement ses nuits dans son lit. Il en restait deux qui n'en savaient pas davantage, mais déjà le jour se levait pour eux. C'était il y a un quart de siècle, et je dois faire des efforts désespérés pour me rappeler s'il s'agissait alors, de ma part, du désir forcené de vous retenir encore un peu auprès de moi ou de la décision que j'aurais prise, tout à coup, de rentabiliser notre relation...

Cela nous ramène à l'aveu inconfortable d'après lequel je n'aurais plus dans ma mémoire aucune souvenance d'avoir composé *Peter Pan*, dont le texte est publié, longtemps après qu'il a fait sa première révérence sur une scène. Vous l'avez vous-mêmes interprété jusqu'à en avoir par-dessus la tête, l'avez piétiné puis abandonné dans la boue des chemins, décidés à chanter d'autres chansons. Alors, je l'ai ramassé, l'ai nettoyé et ravivé d'un coup de plume d'oie. C'est très certainement ce qui s'est passé, mais je ne m'en souviens pas vraiment. J'ai seulement le souvenir d'avoir écrit *Peter et Wendy* quelques années après la création de la pièce, mais je l'ai « bidonné » à partir d'une version imprimée du texte original. Je puis me remémorer le moindre texte écrit à mes débuts et tout à fait oublié du public, mais cette pièce avec Peter, non, vraiment pas. Même ma première tentative au théâtre, *Bandelero le Bandit*, remonte à la surface depuis l'époque de mes études à Dumfries. Tout comme ce spectacle produit pour Mr. Toole, *Le Fantôme d'Ibsen*, une parodie des pièces géniales d'un de nos plus célèbres voisins d'en face. J'avais moi-même recopié le texte pour chacun des acteurs, pour faire faire des économies à la production, et j'entends encore une comédienne – qui allait devenir célèbre – dire mes premiers mots écrits pour le théâtre : « D'échapper à mon second mari me rappelle le bon vieux temps où je fuyais le premier. » Le soir de la générale, un homme au poulailler trouva *Le Fantôme d'Ibsen* divertissant au point qu'on dut le faire sortir de force tellement il hurlait. Puis, plus personne ne parla de cette pièce. Comme il est étrange que de tels souvenirs puissent rester collés à notre esprit, alors que le plaisir d'avoir écrit Peter a, lui, totalement disparu. Cela est d'autant plus troublant que je ne possède même plus le manuscrit original de *Peter Pan*, hormis quelques pages. Je possède un autre manuscrit, recopié bien plus tard, mais qui *ne prouve rien*. J'ignore si je l'ai perdu, détruit ou offert distraitement à quelqu'un[1]. Je parle de vous dédier cette pièce, mais qu'est-ce qui me prouve qu'elle est bien de moi ? Que se passerait-il si une autre main

---

1. En réalité, Barrie avait offert le manuscrit de la pièce à la comédienne Maude Adams. Celle-ci en fit don à la bibliothèque d'une université américaine où il se trouve encore. *(N.d.T.)*

que la mienne en réclamait soudain, froidement, la paternité ? Une paternité qui précéderait sans difficulté les premiers éclats de vos rires datant de l'époque où nous ne fîmes, après tout, que mettre la main sur lui. Peter existera toujours, mais pour moi il repose à présent dans les eaux glacées de *Black Lake*.

N'importe lequel d'entre vous cinq peut se réclamer d'une propriété littéraire de la pièce que ne s'autorisera personne d'autre, et je ne m'insurgerai pas contre ce fait. Mais il vous aurait fallu réclamer votre dû il y a déjà bien longtemps, à l'époque où vous m'admiriez et où la rumeur disait que la pièce me rapportait un shilling six pence par représentation. C'était faux, bien sûr, mais cela me permit de gagner votre estime. Vous avez alors attendu la pièce suivante avec impatience, espérant y être associés. Il doit tout de même subsister quelque part un document stipulant que le n° 2 en est mon collaborateur, au tarif d'un demi-penny par matinée.

Pendant les répétitions de Peter auxquelles je fus convié, un pauvre diable au visage triste, vêtu d'une blouse grise et tenant une tasse de thé, apparaissait parfois. Il murmurait à mon oreille : « Les garçons des balcons ne supporteront pas cela », puis disparaissait mystérieusement comme s'il avait été le fantôme du théâtre. Il incarnait le désespoir absolu et je me demande, au fond, si ce n'était pas lui, l'auteur. Beaucoup de garçons que j'ai vus jouer à Peter, chez eux, auraient manigancé cela beaucoup mieux. Au point que je dus par la suite ajouter des répliques au spectacle, à la demande des parents qui me tenaient pour responsable de tout. Ils me prièrent notamment de ne pas faire voler les enfants avant que la poudre de fées ait été distribuée, car leur progéniture se jetait des lits avec une ardeur nécessitant parfois une hospitalisation.

À défaut d'autres hypothèses, je pense que j'ai écrit *Peter*, et si cela est le cas, j'ai dû le faire avec une plume et de l'encre. Cela dut avoir lieu dans ma ville natale, l'endroit le plus cher à mon cœur, même si celui-ci bat – et battra jusqu'au bout – pour la ville de Londres que j'ai mis tant d'années à conquérir. Je devais être assis à ma table, un grand chien attendant avec impatience que je termine mon travail, mais sans se plaindre car il savait que c'était ainsi que je gagnais notre pitance à tous deux. Ce chien me regardait intensément chaque fois qu'il estimait qu'il devait se trouver dans le texte, ayant bien sûr changé de sexe. Des années plus tard, lorsque l'acteur qui jouait le rôle de Nana dut partir pour la guerre, il apprit à sa femme à tenir le rôle du chien jusqu'à son retour, et je suis heureux de n'avoir pas trouvé étrange cette sorte d'échange qui restait tout à fait dans l'esprit de la pièce. Ce qui, d'ailleurs, constitue peut-être l'une des meilleures preuves que j'en suis l'auteur.

Certains prétendent que nous sommes des êtres différents à différentes époques de notre vie, non sous l'effet d'un quelconque effort de notre volonté, mais parce que la nature, de dix en dix ans, le veut ainsi. Cette théorie explique sans doute mon trouble présent, mais je n'en suis pas convaincu. Je pense que l'on reste la même personne tout au long de la vie, passant, d'une époque à l'autre, comme on le ferait d'une pièce dans une autre, tout en restant à l'intérieur d'une même maison. Si nous déverrouillons les portes du passé, nous pouvons nous revoir tels que nous étions, occupés à devenir ce que nous sommes devenus, vous et moi. Ainsi, si je suis bien l'auteur en question, je devrais forcément l'apercevoir en visitant à nouveau les pièces par lesquelles je suis passé naguère. Le voici à l'âge de sept ans, en compagnie de son camarade de jeux Robb, un bonnet « glengarry » sur la tête. Ils sont en train de s'amuser dans une minuscule buanderie qui existe d'ailleurs encore. Cette buanderie n'a pas seulement été le théâtre de ma première pièce, elle demeure étroitement liée à la mise au monde de Peter. C'est la version originale de la petite maison construite par les Garçons perdus pour Wendy, au pays imaginaire, avec pour seule différence que sa cheminée ne fut jamais le haut-de-forme de John. Si Robb en avait possédé un, je suis sûr qu'il l'aurait posé sur le toit de la buanderie.

Revoici le garçon, quelques années plus tard, que ses lectures portent à s'intéresser fébrilement aux histoires d'îles désertes. Il les appelle des « îles naufragées ». Il fait l'acquisition de ces contes sanguinaires sous la forme de fascicules à bon marché. Mais je vois un changement s'opérer en lui : il vient de découvrir, dans le magazine baptisé *Chatterbox*, un réquisitoire contre cette littérature qu'il aime par-dessus tout. Il se rend compte que sa soif pour les « îles naufragées » risque de causer sa perte. Alors, il sort en trombe de la petite maison et – je le suis comme son ombre – il se dirige vers la campagne où je le vois en train d'enterrer le contenu de sa bibliothèque. Je passe au compartiment suivant. Le revoici de dix ans plus âgé, diplômé à présent, décidé à devenir explorateur ou l'un de ces hommes qui font les choses au lieu d'en parler. Plus tard encore, et ailleurs, il est à présent un homme, il a renoncé à l'exploration (personne n'aurait voulu de lui). Bientôt, il songe à écrire des pièces, tremblant à l'idée que des gens vont méchamment faire le compte du nombre d'îles qu'il met dedans. Je remarque que, les années passant, ses îles deviennent de plus en plus sinistres, mais c'est parce qu'à présent il doit souvent écrire de la main gauche, la droite ayant déclaré forfait. À l'évidence, on crée de façon plus amère de la main gauche. Je regarde à travers le trou de la serrure, à l'intérieur de la pièce où nous nous trouvons maintenant, lui et moi, et vous pouvez réaliser que nous sommes en train de nous demander s'il y aura encore des îles dans nos écrits. Ce voyage à travers la maison ne convaincra peut-être personne que je suis l'auteur de Peter, mais il devrait permettre de m'envisager dans ce rôle. Je fais une pause pour me demander si, ayant à nouveau lu le *Chatterbox*, j'aurais été assez fou pour enterrer le manuscrit de la pièce dans un champ.

Bien sûr, j'exagère un peu. Sans doute changeons-nous, à l'exception d'une parcelle de nous-mêmes qui n'excède pas la taille d'une poussière dans l'œil, et qui, de la même manière que celle-ci, danse dans notre regard et colore chacun de nos jours. Je suis incapable de couper le cheveu auquel elle est suspendue.

La forte évidence qui fait de moi l'auteur se trouve à jamais contenue dans ce nostalgique volume intitulé *Le Garçon nau-*

fragé, aussi veuillez me pardonner d'en faire longuement mention à présent. Monsieur l'huissier, faites entrer *Le Garçon naufragé*! Le témoin s'avance et se révèle être un livre que vous connaissez bien, même si vous ne l'avez plus lu depuis longtemps. Je l'extrais du rayon de la bibliothèque, non sans difficulté, car jusqu'à ce jour c'est lui qui supportait le contenu de la bibliothèque. Je suppose, mais je n'en suis pas très sûr, que c'est moi (et non vous) qui avais placé cet objet à cet endroit où il apparaîtra fort utile. Il s'est légèrement gauchi sous le poids des autres livres et il ressemble à ces témoins qu'on tire de leurs cellules pour venir étayer l'argument d'un avocat. J'ai déjà dit que c'était le plus rare d'entre mes écrits, et ce, pour la raison qu'il ne fut imprimé qu'à deux seuls exemplaires, dont l'un – car il y a toujours eu quelque chose de démoniaque dans ce qui touche à Peter – s'est perdu au cours d'un voyage en chemin de fer[1]. Celui-ci est donc l'unique survivant. Le public nonchalant de la salle d'audience fera remarquer qu'il ne s'agit de rien d'autre que d'un long texte écrit à la main et sera impressionné par sa taille. En fait, le volume a été imprimé par Constable (joli travail, mon cher Blaikie), il contient trente-cinq illustrations et est relié en tissu avec une image collée sur le premier plat de couverture, montrant trois d'entre vous « sur le point d'être naufragés ». Ce livre est censé avoir été publié par le plus jeune d'entre vous, en dépit des tentatives répétées de sa nounou de l'arracher à nos aventures pour lui faire faire la sieste. Le n° 4 se reposait si souvent à cette époque qu'il aurait pu être considéré comme un membre honoraire de la bande, nous gratifiant d'un signe du pied chaque fois que nous partions, armés de nos arcs et de nos flèches pour tenter de ramener du gibier. Et l'on secouera en vain le volume pour en faire surgir la trace du n° 5. Voici la page de titre – où vous n'êtes pas nommés, mais numérotés :

---

1. L'exemplaire fut perdu par le propre père des garçons. *(N.d.T.)*

LE GARCON
NAUFRAGÉ DE
L'ÎLE DU LAC NOIR

Récit des Terribles
Aventures de Trois Frères
au cours de l'été 1901
racontées loyalement
par le n° 3

Londres
Édité par J. M. Barrie
de Gloucester Road
1901

Il y a une longue préface du n° 3 dans laquelle sont consignés vos âges respectifs. « Le n° 1 avait huit ans et un mois, le n° 2 approchait ses sept printemps, et j'avais déjà dépassé les quatre années. » Des deux aînés, dont il mentionne les courageuses dispositions d'esprit, le commentateur se plaint qu'ils voulaient s'accaparer toutes les expéditions punitives, ne laissant à personne le soin de porter les arcs et les flèches. Il est particulièrement modeste quant à sa propre personne : « Du n° 3, je préfère ne rien dire dans l'espoir que le conte lui-même révélera qu'il est un garçon d'actes plutôt que de mots », une qualité qui, remarque-t-il, n'est pas particulièrement familière au tempérament des n°s 1 et 2. Sa préface se conclut sur cette considération : « Je ferai remarquer que cette œuvre ne fut d'abord envisagée que comme le récit destiné à stimuler nos propres souvenirs, et qu'il est à présent publié au profit du n° 4. S'il lui permet d'apprendre, par notre exemple, le courage et l'endurance nécessaires à toute vie, alors nous n'aurons pas été naufragés en vain. »

Publié pour « stimuler nos propres souvenirs » – ah, oui, vraiment ? Entendez-vous encore, comme un sifflet depuis longtemps oublié – celui de Robb qui m'appelait par la fenêtre pour aller à la pêche –, ces appels nostalgiques contenus dans chacun des chapitres ? « Chapitre II : Le n° 1 apprend à son maître Wilkinson une leçon d'abordage – Nous prenons la mer. Chapitre III : Un ouragan furieux – Naufrage du *Anna Pink* – Nous devenons fous à force de privations – Proposons de manger le n° 3 – Terre en vue. » Tel est le contenu de deux des seize chapitres. Vous reviennent-ils encore à la mémoire lorsque vous marchez dans la brume bleutée des bois de pins ? Transpirez-vous encore en arpentant la terrible vallée des Pierres-Qui-Roulent et essuyez-vous vos mains, pleines du sang des pirates tués par vos soins, sur notre Terre Nourricière ? Savez-vous encore faire un feu (ainsi que notre ami Mr. Seton-Thompson nous l'apprit naguère dans un endroit aussi peu adéquat que le Reform Club) en frottant deux bâtons l'un contre l'autre ? La maison souterraine de Peter n'est-elle pas née de votre aptitude à construire des cabanes ? Le superbe dessin représentant une bouteille et des bols, d'ailleurs sous-titré « Une dernière nuit sur l'île », semble suggérer que vous êtes passés de l'état de Garçons perdus à celui de pirates, ce qui est sans doute aussi le fait de Peter.

Les illustrations en pleine page du *Garçon naufragé* sont constituées par des photographies prises par moi-même, celles révélant des « phénomènes » ayant, bien sûr, été réalisées par la suite, car vous étiez souvent en train de faire autre chose lorsque je pressais sur le bouton de l'appareil. Je constate également que nous mêlions toujours l'utile à l'agréable – ce devait être notre maître mot. Comment alors aurions-nous pu écrire des commentaires du genre de celui-ci : « Il est certain, dit le n° 1, debout devant un sapin auquel ont été accrochés des fruits artificiels, qu'il s'agit de *Cocos Nucifera,* nous le voyons en examinant la couronne de feuilles entourant gracieusement la tige. » ... Le n° 1 était sûrement le naufragé idéal. Quant au n° 3, c'est-à-dire l'auteur du livre, on le voit sur très peu de photographies, mais c'est pour la raison dont j'ai déjà parlé : cette femme qui venait le chercher régulièrement pour le soustraire à nos activités et l'obliger à dormir, comme par hasard à midi, l'heure idéale pour les clichés ! Mais cela n'a pas empêché le photographe – dont on ne reconnaîtra jamais assez les mérites – d'immortaliser le n° 3, pour les besoins de photos de « la vie sauvage », lorsqu'il se trouvait sur son lit. La légende précisait que, pendant ce temps, ses frères jouaient sur des instruments de musique barbares, ce qui explique parfaitement les grimaces qu'on observe sur le visage du n° 3.

Bien que composé de seize chapitres, *Le Garçon naufragé* ne comporte rien d'autre que des illustrations – une absence de texte dont les lecteurs auraient pu se plaindre, encore qu'il y ait bien des façons d'écrire un livre. Son contenu anticipait la pièce *Peter Pan*, même si de nombreuses aventures vécues dans les jardins de Kensington n'y sont pas intégrées, telle la découverte de l'Antarctique, lorsque nous atteignîmes le Pôle bien avant notre ami le capitaine Scott, y laissant l'empreinte de nos pas et anticipant sur ce qui s'y déroula vraiment. Dans *Le Garçon naufragé*, c'est le capitaine Crochet qui débarque sous le nom du capitaine Swarthy, et les illustrations nous le montrent sous les traits d'un homme noir. Un détail autobiographique destiné aux initiés, et seulement à eux... Vous l'avez beaucoup combattu, même si vous ne lui avez jamais coupé le poignet droit, avant d'en arriver à ce terrible chapitre intitulé : « À l'aube, nous prenons d'assaut le bateau pirate – N° 1 Coupe-les-en-morceaux et n° 2 mérite le nom de Hache Sanglante – Un holocauste de Pirates – Sauvons Peter. » (Tiens, on vole au secours de Peter, et non pas le contraire ?) La mort du capitaine n'aura pas eu lieu dans la gueule du crocodile, bien que nous ayons eu des crocodiles dans notre réserve (« tandis que le n° 2 faisait sortir les crocodiles du fleuve, le n° 1 tuait quelques perroquets *Psittacidae* pour le repas du soir »). Je pense que notre capitaine connut plusieurs morts différentes, dues à l'émulation qui régnait entre vous, chacun voulant lui couper la main à sa façon. La représentation graphique de la fin du capitaine s'est faite de deux manières distinctes : la première, intitulée « Nous le lions et le suspendons en l'air », montre le n° 1 et le n° 2 en train de hisser le corps saucissonné du malheureux au haut d'un arbre, ses vêtements couverts de mousse. L'autre, photographiée le jour suivant, est intitulée de façon explicite : « Les vautours ont nettoyé notre homme. »

Le chien du *Garçon naufragé* ne s'est jamais appelé Nana,

mais il s'y exerçait à l'évidence. À l'origine, il avait Swarthy pour maître (ou le capitaine Marryat[1]?) et la première image que nous avons de lui, patrouillant sur l'île pour les besoins de son monstrueux maître, squelettique et presque bossu – comment donc ai-je réussi à rendre cet effet? –, cette image ne rend pas justice du rôle éminent qu'il allait être amené à jouer dans notre histoire. Nous lui inculquâmes une forme de vie meilleure, et nous trouvons, plus loin, une image qui n'est pas sans évoquer la nursery des Darling, portant comme légende : « Nous apprîmes au chien à veiller sur nous tandis que nous dormions. » Sur cette illustration, il est assoupi dans une attitude qui évoque l'importance de sa charge. L'ennui fut qu'ayant compris qu'il jouait dans une histoire cet animal voulut absolument nous ressembler en tout ce que nous faisions. Et comme il était anxieux de bien nous montrer qu'il comprenait le jeu et, plus désintéressé en cela que vous-mêmes, il ne chercha jamais à faire croire qu'il avait tué le capitaine Swarthy. Je n'insinue pas qu'il manquait d'initiative, puisque c'est lui qui eut l'idée d'aboyer chaque jour à midi moins cinq afin de prévenir le n° 3 que sa nounou n'allait pas tarder à se montrer (Disparition du n° 3). Et il parvint à se sentir tellement à l'aise au pays du faux-semblant que lorsque nous atteignions, au matin, la hutte principale, il nous attendait, l'air un peu idiot, aboyant d'un air interrogateur comme pour demander le mot de passe. Il était toujours disposé à jouer de nouveaux rôles, comme celui du tigre masqué, et, lorsque cela fut fait, il ne révéla jamais à quiconque – complice jusqu'au bout – la part qu'il avait prise dans cette mascarade. Longtemps plus tard, lorsqu'il assista depuis une loge à la représentation de la pièce, il prit l'air le plus ennuyé que j'aie jamais vu sur la gueule d'un chien. Lors d'une matinée, on lui accorda la permission de jouer le rôle de Nana, et je crois bien que personne, dans l'assistance, ne s'en aperçut, même s'il introduisit dans son jeu certains tours inconnus des spectateurs mais

1. Célèbre romancier d'aventures maritimes, très lu par Jamie durant son enfance à Kirriemuir. *(N.d.T.)*

bien connus de vous et de moi. Oh! mais j'ai bien l'impression d'être en train de mêler à tout cela des souvenirs afférentes à son successeur, lequel fut bientôt chargé de venir nous apporter nos repas à la hutte – c'était un terre-neuve loyal dont la robe et le visage servirent de modèles au Nana de la pièce.

Le petit peuple inventé pour le théâtre semble provenir tout droit de cette île, sauf peut-être la figure la plus énigmatique, celle qui s'enfonce dans le bois à mesure que nous y pénétrons nous-mêmes. Cet être déteste qu'on l'approche, comme si quelque tare secrète rendait sa vision impossible, au point que, lorsqu'il meurt, il s'arrange pour jeter loin de lui le petit tas de ses cendres.

Wendy n'était pas encore apparue, mais sa venue s'est amorcée dès que la loyale nounou de ses frères eut, par son seul manège perturbateur, rendu souhaitable la présence sur scène d'un authentique élément féminin. Encore qu'à l'évidence, ce personnage aurait certainement tout fait pour apparaître, tôt ou tard. Il est probable que Peter n'avait pas désiré la voir l'accompagner au pays imaginaire, mais il savait qu'il ne pouvait l'en éloigner. Même la fée Clochette aborda notre île avant que nous l'ayons quittée. Cela eut lieu la nuit où nous grimpâmes à l'arbre avec le n° 4 pour lui montrer la traînée d'étoiles. Tandis que nos lanternes scintillaient à travers le feuillage, le n° 4 aperçut un éclat lumineux qui demeurait fixe durant quelques secondes et, agitant gaiement son petit pied, il créa Clochette. Qu'on n'aille pas croire pour autant qu'il se soit passé quoi que ce soit de sentimental entre la fée et le n° 4. En fait, quand il la connut mieux, il la soupçonna de pénétrer en douce dans la hutte pour savoir ce que nous avions mangé, ou nous voler de la nourriture, et il ne perdit pas une occasion de la tancer vertement.

Une manière efficace mais terrible de sonder le passé consiste à ouvrir à fond un tiroir plein comme un œuf. Si vous cherchez quelque chose de particulier, vous ne le trouvez pas, mais la chose qui tombe du tiroir par l'arrière est souvent beaucoup plus intéressante. C'est de cette façon que je procède dans mon examen de la pièce, qui inclut les quelques pages du manuscrit en ma possession – encore que, les cherchant à nouveau dans le tiroir, je ne les trouve plus, comme par un diabolique tour de passe-passe. Elles témoignent, s'il est besoin, que naguère j'eus souvent l'occasion de faire des coupes ou d'ajouter des lignes à Peter. Dans le tiroir, je retrouve quelques notes de la superbe musique de Mr. Crook, ainsi que des éléments de textes esquissant le personnage de Peter. Voici la repartie que me fit un petit garçon à qui j'avais offert une place dans ma loge et qui, lorsque je lui demandai, à la fin de la pièce, ce qu'il avait préféré, me dit : « Déchirer le programme en mille morceaux et l'avoir balancé par-dessus bord. » J'ai souvent perdu de bonnes occasions de me taire. Un exemplaire de ce même programme se trouve lui aussi dans le tiroir. Au cours de la première – ou la seconde – année de Peter, le n° 4 se trouva empêché d'assister au spectacle pour cause de maladie, aussi la pièce se transporta dans sa nursery, dans une maison située à la campagne, à la façon d'un cirque ambulant. Les rôles principaux furent joués par les enfants de la compagnie de Londres et le n° 4, âgé de cinq ans, se tint dressé dans son lit durant toute la représentation, ne daignant pas sourire une seule fois. Ce fut la seule et unique fois que j'apparus moi-même sur scène et la preuve qu'ils me considéraient comme un acteur est qu'ils imprimèrent mon nom en lettres encore plus petites que pour les autres.

Je n'ai pas dit encore grand-chose ici des n°⁵ 4 et 5, et il est grand temps que je commence à en parler. Ils avaient des journées très occupées, et je m'ennuyais souvent lorsqu'ils étaient à l'école. Un lundi, je servis d'escorte au n° 5 qui devait se rendre à une réunion d'enfants et dus même lui brosser les cheveux dans le vestibule. Le mardi suivant, il me colla le dos au mur dans le couloir du métro, disant : « C'est moi qui vais aller acheter les billets ; ne t'avise pas de bouger ou tu vas te perdre. » Le n° 4 est passé très vite du stade de petit gars perché sur mes épaules tandis que je tenais la canne à pêche, les genoux tremblants dans le courant, à celui de mon plus féroce critique littéraire. Dès qu'il faisait « non » de la tête, je jetais mes pages. J'ai certainement privé ainsi le monde d'authentiques chefs-d'œuvre. Ce fut le cas d'une courte tragédie que j'affectionnais assez, jusqu'au jour où, étourdiment, je la montrai au n° 4, qui fit la grimace et, me tapotant l'épaule comme seuls le n° 1 et lui furent jamais autorisés à le faire, dit : « Tu sais bien que tu ne peux pas te permettre de te lancer dans ce genre de choses. » Fin d'un tragédien. Parfois, cependant, le n° 4 admirait mes efforts, et je n'oublierai jamais ce jour glorieux où, tandis que nous marchions côte à côte, il me rendit le manuscrit de *Dear Brutus* en disant entre ses dents : « Pas si mal. » Alors qu'il venait d'avoir dix ans, je lui fis cadeau du manuscrit de mon livre *Margaret Ogilvy*. « Oh ! merci », me dit-il, puis il ajouta aussitôt : « Mais, tu sais, mon bureau est déjà très encombré. » Je lui rappelai qu'il pourrait peut-être se débarrasser de certaines choses nullement indispensables. « Mais j'ai déjà lu le livre », dit-il. Ce que j'ignorais et j'en fus – au fond – secrètement flatté. Je lui dis tout de même que les gens, parfois, aimaient conserver ce genre de souvenirs. Il fit encore : « Oh ! » Alors, j'avançai qu'il n'était nullement obligé d'accepter mon cadeau. « Mais bien sûr que je l'accepte, mais mon bureau... » Il sortit en courant de la pièce et revint presque aussitôt, poussant devant lui le n° 5. Il fit alors, triomphant : « Donne-le plutôt au n° 5 ! »

Combien d'affronts ai-je pu recevoir de votre part ? Je fus tout particulièrement amer lorsque, ayant quitté l'âge où l'on croit aux fées, vous m'avez soudain considéré comme un menteur. Je me suis bien vengé avec *Peter Pan* – bien que cela ne soit pas dans la pièce –, lorsque, longtemps après que le n° 4 eut cessé de croire, je l'ai ramené à la foi pour deux minutes au moins. Nous nous trouvions ensemble dans le bateau qui nous emmenait pêcher, quelque part dans les Hébrides Extérieures (là où nous avons capturé Mary Rose). Le n° 4 avait déjà le sac à l'épaule, bien que le voyage n'eût fait que commencer. Il regrettait amèrement l'absence de Johnny Mackay, qui avait été son grand compagnon d'aventures l'été précédent et lui avait appris tout ce qu'il savait sur les mouches et l'art de la pêche. Tandis que le bateau s'approchait de la jetée du Kyle de Lochalsh, je dis aux n°ˢ 4 et 5 qu'il s'agissait d'un ponton célèbre pour les vœux qu'on pouvait y prononcer et qu'ils avaient tout intérêt à en faire le plus possible. Le n° 5 fit le vœu de se trouver face à face avec lui-même, mais le n° 4 pensa que je venais une fois de plus de me moquer d'eux et déclina mon invitation. Je lui demandai : « N° 4, quelle personne désirerais-tu le plus revoir en ce moment ? – Oh ! Johnny Mackay, bien sûr ! – Eh bien, fais un vœu ! – Ça ne servira à rien de faire une chose pareille. » Mais il s'exécuta tout de même, et, lorsque le bateau accosta, nous trouvâmes Johnny qui nous attendait, son attirail de pêche sur le dos. Nul au monde ne ressemble moins à une fée que Johnny, mais, durant deux bonnes minutes, le n° 4 parut égaré dans un autre monde que le nôtre. Lorsqu'il en revint, il me gratifia d'un sourire qui signifiait que nous nous comprenions, puis ne me regarda plus durant le mois suivant, devenu l'ombre de l'ombre du cher Johnny. Comme je l'ai dit, cet épisode ne figure pas dans *Peter Pan*. Aussi, bien que je vous dédie à tous cette pièce, je garde pour moi ce sourire, ainsi que les quelques fragments d'immortalité qui l'accompagnent.

BIBLIOGRAPHIE DE J. M. BARRIE

Better Dead, roman, 1887.
Auld Licht Idylls, roman, 1888.
When a Mans Single, roman, 1888.
An Edinburgh Eleven, essais, 1888.
A Window in Thrums, roman, 1889.
My Lady Nicotine, chroniques, 1890. (Paru en France sous le même titre au Passeur, dans une traduction d'Évelyne Chatelain et Jean-Paul Mourlon, avec une préface de François Rivière, en 2004.)
The Little Minister, roman, 1891.
Sentimental Tommy, roman, 1896.
Margaret Ogilvy, souvenirs, 1896. (Paru en France sous le même titre au Mercure de France, dans une traduction de Robert d'Humières, en 1907.)
Tommy and Grizel, roman, 1900.
The Little White Bird, roman, 1902.
Peter Pan in Kensington Gardens, roman pour enfants, 1906. (Traduit en français chez différents éditeurs, dont Hachette, Gallimard et Flammarion.)
Farewell, Miss Julie Logan, nouvelle, 1931.
The Greenwood Hat, souvenirs, 1937.
M'Connachie and J. M. B., discours, 1938.

PRINCIPALES PIÈCES DE THÉÂTRE

The Little Minister, 1897.
Quality Street, 1902.
The Admirable Crichton, 1902. (Adapté en français par Alfred Athis et publié dans la *Petite Illustration théâtrale*, en juillet 1920.)
Peter Pan, 1904. (Adapté en français par Claude-André Puget, en 1951, chez Flammarion.)

Alice-Sit-By-The-Fire, 1905.
What Every Woman Knows, 1908.
A Kiss for Cinderella, 1916.
Dear Brutus, 1917.
Mary Rose, 1920. (Ces deux dernières pièces, traduites en français par Leo Lack, ont été publiées ensemble aux éditions Rivarol, en 1946.)
The Boy David, 1936.

J. M. Barrie a en outre fait imprimer, à titre privé, les ouvrages suivants :

Allahakbarries, 1893. (Commentaires sur les activités de l'équipe.)
The Boy Castaways of Black Lake Island, 1901. (Deux exemplaires.)
Charles Frohman, 1915. (Reprise d'un article paru dans la presse.)
Cricket, 1926. (Articles sur le cricket.)
The Greenwood Hat, 1930. (Souvenirs, cinquante exemplaires.)
Il a préfacé, en 1914, *The Voyages of Captain Scott* et, en 1919, *The Young Visitors* de Daisy Ashford, un auteur prodige âgé de neuf ans.

OUVRAGES CONSULTÉS

The Story of J. M. B., de Denis Mackail, Peter Davies, 1941.

J. M. Barrie, The Man behind the Image, de Janet Dunbar, Collins, 1970.

Letters of J. M. Barrie, rassemblées par Viola Meynell, Scribner's, 1942.

J. M. Barrie, Glamour of Twilight, d'Allen Wright, The Ramsay Head Press, 1970.

J. M. Barrie and the Lost Boys, d'Andrew Birkin, Constable, 1979.

A Portrait of Barrie, de Cynthia Asquith, Peter Davies, 1954.

Carriages at Eleven – The Story of the Edwardian Theatre, de W. Macqueen-Pope, Hutchinson, 1947.

A. A. Milne, his Life, d'Anna Thwaite, Faber and Faber, 1990.

Men of Letters, de Philip Guedella, Hodder et Stoughton, 1920.

My Story, de M. R. Rinehart, Farrar et Rinehart, 1931.

An Autobiography, G. K. Chesterton, Sheed et Ward, 1936.

Gerald, de Daphné Du Maurier, Albin Michel, 1958.

Growing Pains, de Daphné Du Maurier, Gollancz, 1977.

To Tell my Story, Irene Vanbrugh, Hutchinson, 1948.

TABLE DES MATIÈRES

Troisième partie
« PERSONNE N'A PROBABLEMENT JAMAIS EU L'AIR AUSSI VIEUX, EXCEPTÉ UN NOUVEAU-NÉ »

Du même auteur

ROMANS

Fabriques, Paris, Seuil, 1977
Le Dernier Crime de Celia Gordon, Paris, Seuil, 1979
Profanations, Paris, Seuil, 1982
Tabou, Paris, Seuil, 1985
Julius exhumé, Paris, Seuil, 1990
Kafka, Paris, Calmann-Lévy, 1992
Le somnambule de Genève (Blasphème I), Paris, Le Masque, 1997
En Enfer avec James Whale (Blasphème II), Paris, Le Masque, 2000
La Bibliothèque souterraine (Blasphème III), Paris, Le Masque, 2002
L'Ombre de Frankenstein, Paris, Les Cahiers du Cinéma, 2004

ROMANS POLICIERS

Le Livre de Kipling, Paris, Le Masque, 1996
Le Colloque de Biarritz, Paris, Le Masque, 1997
La Testament de Rebecca, Paris, Le Masque, 1998
Le Jardinier de Babbacombe, Paris, Le Masque, 2000

BIOGRAPHIES, ESSAIS

L'École d'Hergé, Paris, Glénat, 1976
Jules Verne : images d'un mythe, Paris, Veyrier, 1979
Grand Guignol (avec Isabelle Wittkop), Paris, Veyrier, 1979
Agatha Christie, duchesse de la mort, Paris, Seuil, 1981, édition revue et
    commentée, Le Masque, 2001
Un personnage de roman, Paris, Horay, 1987
Les couleurs du noir, Paris, Le Chêne, 1986
Jeux d'enfance, Paris, Du May, 1995
Le Club de la rue Morgue, Paris, Hatier, 1995
Frédéric Dard ou la Vie privée de San Antonio, Paris, Fleuve Noir, 1999
Edgar P. Jacobs ou les Entretiens du Bois des Pauvres, Paris, Carabe, 2000
Un long et merveilleux suicide. Regard sur Patricia Highsmith, Paris,
    Calmann-Lévy, 2003
Femmes fatales, anthologie, Paris, Le Masque, 2004
Enid Blyton et le Club des Cinq, Paris, Les Quatre Chemins, 2004

BANDES DESSINÉES

Le Rendez-vous de Sevenoaks (avec Floc'h), Paris, Dargaud, 1977
Révélations posthumes (avec Andreas), Paris, Bederama, 1981
Une trilogie anglaise (avec Floc'h), Paris, Dargaud, 1992
Le Privé d'Hollywood (avec Bocquet et Berthet), Paris, Dupuis, 1999
Victor Sackville (avec Carine, 18 volumes parus), Paris, Lombard, 1986-
    2003

Photocomposition CMB Graphic
44800 Saint-Herblain

Impression réalisée sur CAMERON par
FIRMIN-DIDOT

pour le compte des Éditions Calmann-Lévy
31, rue de Fleurus, Paris 6ᵉ
en janvier 2005

Imprimé en France
Dépôt légal : janvier 2005
N° d'éditeur : 13823/NED01 – N° d'impression : 71707